Bibliografische Information der Deutschen Nationalbibliothek
Die Deutsche Nationalbibliothek verzeichnet diese Publikation
in der Deutschen Nationalbibliografie; detaillierte
bibliografische Daten sind im Internet über
http://dnb.ddb.de abrufbar.

Anna Schober / Brigitte Hipfl (Hrsg.)
Wir und die Anderen.
Visuelle Kultur zwischen Aneignung und Ausgrenzung
Klagenfurter Beiträge zur Visuellen Kultur, Band 7
Köln: Halem, 2021

Veröffentlicht mit Unterstützung des Forschungsrates der Alpen-Adria-Universität Klagenfurt sowie der Forschungsförderung der Kulturwissenschaftlichen Fakultät der Alpen-Adria-Universität Klagenfurt.

Die Reihe *Klagenfurter Beiträge zur Visuellen Kultur* wird herausgegeben
von Jörg Helbig und Rainer Winter.

Alle Rechte, insbesondere das Recht der Vervielfältigung und Verbreitung sowie der Übersetzung, vorbehalten. Kein Teil des Werkes darf in irgendeiner Form (durch Fotokopie, Mikrofilm oder ein anderes Verfahren) ohne schriftliche Genehmigung des Verlages reproduziert oder unter Verwendung elektronischer Systeme (inkl. Online-Netzwerken) gespeichert, verarbeitet, vervielfältigt oder verbreitet werden.

© 2021 by Herbert von Halem Verlag, Köln

ISBN (Print):   978-3-86962-395-5
ISBN (PDF):   978-3-86962-396-2

ISSN 2197-0602

Den Herbert von Halem Verlag erreichen Sie auch im
Internet unter http://www.halem-verlag.de
E-Mail: info@halem-verlag.de

SATZ: Herbert von Halem Verlag
LEKTORAT: Imke Hirschmann
DRUCK: docupoint GmbH, Magdeburg
GESTALTUNG: Claudia Ott Grafischer Entwurf, Düsseldorf
Copyright Lexicon ©1992 by The Enschedé Font Foundry
Lexicon® is a Registered Trademark of The Enschedé Font Foundry.

KLAGENFURTER BEITRÄGE ZUR VISUELLEN KULTUR

Anna Schober / Brigitte Hipfl (Hrsg.)
Wir und die Anderen

Visuelle Kultur zwischen Aneignung
und Ausgrenzung

HERBERT VON HALEM VERLAG

Danksagung

Ein Großteil der Beiträge in diesem Buch beruht auf überarbeiteten Vorträgen, die im Rahmen der Ringvorlesung Visuelle Kultur zum Thema ›Wir und die Anderen‹ im Wintersemester 2017/2018 an der Universität Klagenfurt, Österreich unter der Leitung von Anna Schober und Brigitte Hipfl gehalten wurden. Wir danken Andrea Feichter, die uns als Studienassistentin bei der Organisation der Ringvorlesung unterstützt hat. Unser Dank für das Korrektorat der Texte geht an Gitti Geiger, für die Formatanpassungen der Texte und die Assistenz beim Schlusslektorat an Erec Gellautz. Den Autor*innen danken wir für die gute Zusammenarbeit und für ihre Geduld sowie Imke Hirschmann vom Herbert von Halem Verlag für ihre ausdauernde Unterstützung und das sorgfältige Lesen aller Texte.

Klagenfurt, im Oktober 2020
Anna Schober und Brigitte Hipfl

Inhalt

ANNA SCHOBER / BRIGITTE HIPFL   9
Einführung: Wir und die Anderen –
Visuelle Kultur zwischen Aneignung
und Ausgrenzung

ANNA SCHOBER / EREC GELLAUTZ   28
Trying to Find Out What Is Really Going on
with Common Sense – Interview with Richard Dyer

ALICE PECHRIGGL   43
Gesichtssinn und Einbildungskraft in der Konstruktion und
Erfahrung der anderen als Andere_r

SIMONE EGGER   62
Exotik // Folklore.
Ästhetiken der Differenz und des Hybriden

KLAUDIJA SABO   82
Nationale Identitäten, die durch den Magen gehen.
Die Vermarktung von Nahrungsmitteln und
ihre visuelle Darstellung in Südosteuropa

ANNA SCHOBER   99
Naheinstellungen auf Kindergesichter:
Bilder von undokumentierten Einwandernden
als ambivalente Vermittler von Öffentlichkeit

BRIGITTE HIPFL 125
Paradies Liebe – (Sex-)Tourismus als wechselseitiges Othering

ANGELA FABRIS / JÖRG HELBIG 149
Fragmentierte Körper:
Begegnungen zwischen dem Menschlichen
und dem Nicht-Menschlichen im erotischen Film

ISABELL KOINIG 171
Super Bowl LI und die 89th Academy Awards:
›Anders sein‹ als In-Strategie des Werbejahres 2017

MARTIN ERIAN 198
Zwischen Voyeurismus und Engagement.
Zur Wiener Sozialreportage des frühen 20. Jahrhunderts

VAIA DOUDAKI / NICO CARPENTIER 222
The Articulation of the Homeless Subject Position
as a Subaltern Other: A Visual Analysis of the
Greek Street Paper *shedia*

INA PAUL-HORN / GABRIELE C. PFEIFFER 251
»Die eigene Wut und die Wut der Anderen«.
Jelineks *Wut* intermedial in Szene gesetzt,
interdisziplinär diskutiert

VOLKER MÄRZ 271
Fremde Früchte oder:
Der Affe fällt nicht weit vom Stamm

Autorinnen und Autoren 281

ANNA SCHOBER / BRIGITTE HIPFL

Einführung: Wir und die Anderen – Visuelle Kultur zwischen Aneignung und Ausgrenzung

Unsere Beziehung zu denjenigen, die wir als ›Andere‹ oder ›Fremde‹ bezeichnen, ist eine, die in vielfältiger Weise unseren Alltag bestimmt. Sie wird deshalb auch in verschiedenen disziplinären Kontexten wie Philosophie, Psychologie, Psychoanalyse, Soziologie, Anthropologie, Kunst-, Kultur-, Politik-, Sprach- und Literaturwissenschaft sowie in der Bildenden Kunst und in der visuellen Populärkultur thematisiert. Eine zentrale Rolle im Umgang miteinander – und der dabei erfolgenden Konstituierung von Anders- und Fremdsein – spielen Bilder, Imaginationen, Wahrnehmungen und Projektionen sowie soziale Praktiken und deren sichtbare Inszenierung sowie die oft ambivalenten Effekte, die visuelle Gestaltungen und Aufführungen in sozialen und politischen Räumen nach sich ziehen. Diese vielfältigen und auf verschiedenen Ebenen stattfindenden Prozesse der Bedeutungsgebung und der Rezeption und Aneignung von Bildern und die Beziehungsgefüge, die sich daraus ergeben, stehen im Zentrum dieses Buches. In ihm werden in einer Reihe von Fallstudien visuelle Medien und Inszenierungsweisen, Blickregime und Praktiken des Visuellen sowie die darüber entstehenden Erscheinungsformen von Subjektivität und Kollektivität untersucht. Medien wie Film, Fotografie, Pressebilder, Bildende Kunst, Theateraufführungen, Werbung und visuelle Populär- und Produktkultur kommen zur Sprache.

Idealtypisch können folgende Formen der über visuelle Kultur vermittelten Bezugnahme zu Anderen bzw. Fremden unterschieden werden, die wir in einer einleitend zusammengestellten kleinen Bilderreihe an-

ABBILDUNG 1
Christy in Rajasthan, Inez van Lamsweerde (mit Vinoodh Matadin), 2001 für die Modezeitschrift *Vogue Paris*

Copyright: Inez van Lamsweerde und Vinoodh Matadin. Quelle: Ausstellungskatalog *Inez Van Lamsweerde & Vinoodh Matadin. Pretty Much Everything*, Köln: Taschen 2013: 127

schaulich machen möchten. Die erste dieser Formen besteht darin, dass Praktiken, Artefakte und Stile fremder Kulturen angeeignet werden, um etwas Neuem und Eigenem Ausdruck zu verleihen. Elemente der anderen Kultur fungieren in diesem Fall als Medium der Selbstreflexion und Welterweiterung, über die mittels Praktiken der ›kulturellen Bastelei‹, d.h. der Aneignung und Transformation, ein neuer Stil bzw. eine Selbstpositionierung geschaffen wird. Beispiel dafür ist die Fotografie *Christy in Rajasthan*, die von der niederländischen, in den USA lebenden Künstlerin und Fotografin Inez van Lamsweerde, die gemeinsam mit Vinoodh Matadin arbeitet, 2001 für die Modezeitschrift *Vogue Paris* hergestellt wurde (Abb. 1). Farbenprächtige, nomadische, temporäre Behausungen aus dem Norden Indiens und der lokale Kleiderstil wurden in Form eines Bildes, das zwischen Modefoto und künstlerischer Fotografie changiert, adaptiert, um eine stilistisch nicht leicht einzuordnende Positionierung zwischen nomadischem Lebensstil und postmoderner Selbststilisierung zu kreieren. Dabei wird diese Anverwandlung einer überkommenen Formen- und Farbensprache für eine neue Selbstkultur des Dazwischen durch den collageartigen Charakter der Gestaltung zugleich auch thematisierbar. Das kulturell Andere, Fremde wird hier als Reservoir aufgerufen, über das kreative Welterweiterung in Form interkultureller und wohl auch intermedialer[1] Bastelei erfolgt. Die Realität der Gruppe, von der Stilelemente angeeignet wurden, sowie Konflikte innerhalb und zwischen kulturellen Kreisen werden dabei nicht zum Thema.

Bilder sind aber auch daran beteiligt, Fremde als ›ganz Andere‹, d. h. als Kreaturen, die an der Grenze zur Zivilisation angesiedelt sind, zu konstituieren.[2] Beispiel dafür ist eine Fotografie von Olivier Jobard (Abb. 2), die einem am 22. Oktober 2009 im *Economist* erschienen Artikel beigegeben ist. Der Text berichtet über eine etwa zwei Jahre nach Aufnahme des Fotos zwischen dem 6. August und dem 4. Oktober 2009 durchgeführte Amnestie für Tausende militante Angehörige der *Niger Delta People's Volunteer Force*. Mitglieder dieser auch als ›Rebellen‹ bezeichneten Gruppe sabotierten im Niger Delta in Nigeria u. a. als Protest gegen die Verwüstung und Verschmutzung der Landstriche, die von den Gemeinschaften, denen sie sich zugehörig fühlen, bewohnt sind, über sechs Jahre lang die Ölproduktion von multinationalen Konzernen wie Royal Dutch Shell und Exxon Mobil und kidnappten ausländische Ölarbeiter.[3] Die Fotografie zeigt ein mittelgroßes Boot in einem der Wasserläufe des Deltas, das mit zusammengedrängt stehenden und für die Kamera posierenden Militanten überfüllt ist. Andersheit wird hier an einer Fülle von Gesten, Posen, an Kleidung, Maskierung und einer konfrontativen, ja aggressiven Haltung vis à vis der Kamera evident. Die Aufmachung ist zwar aus modernen Kleidungsstücken zusammengesetzt, die jedoch zum Teil als Masken über den Kopf gestülpt getragen werden, was an Bilder von afrikanischen Männern in traditionellen Kostümen erinnert. Dieser Eindruck wird durch Stirnbänder und Munitionsgürtel, die wie Schmuckketten um den Hals gelegt sind, noch unterstrichen. Die Rebellen halten Waffen in der Hand, die zum Teil auf das Gegenüber gerichtet, zum Teil aber auch mit Drohgebärden nach oben gerichtet sind, was die Botschaft von Gewaltbereitschaft, die schon

---

1 Zur Arbeitsweise von Inez van Lamsweerde und Vinoodh Matadin: SCHOBER 2020.
2 Homi Bhabha (1994: 66) hat in seiner Untersuchung des Umgangs mit ethnisch Anderen dargestellt, dass die Repräsentation der/des Anderen in unserer westlichen Kultur insofern »fixiert« und »arretiert« ist, als diese in Texten und Bildwelten entweder ästhetisiert und in eine Reflexion der Menschheit als Ganze verwandelt werden, wodurch Andersheit tendenziell auf Gleichsein reduziert werde, oder sie werden als essenziell Andere definiert und so gewissermaßen an den Grenzen der Menschheit angesiedelt.
3 https://www.economist.com/middle-east-and-africa/2009/10/22/a-chance-to-end-the-delta-rebellion [01.05.2020]

durch die Haltung der Dargestellten kommuniziert wird, verstärkt. Die Kleinheit des Bootes steigert zudem die explosive Kraft, die von der dichten Menschengruppe auszugehen scheint. Unordnung, Explosivität, Schrillheit der Aufmachung und Gewaltbereitschaft verschmelzen hier zu einer Andersheit, die an der Grenze zwischen westlicher Zivilisation und dem, was uns als ›Barbaren‹, ›Kriminelle‹ oder ›Terroristen‹ bekannt ist, zuordenbar wird. Das Grelle und Bunte der Aufmachung sowie die Verschmelzung des Zeitgenössischen mit dem Traditionellen lässt Anderssein aber auch exotisch und auf zeitlose Weise ›primitiv‹ erscheinen.

ABBILDUNG 2
Militante Rebellen im Niger Delta, 4. Juni 2007

Copyright: Olivier Jobard

Neben diesen beiden Bildern, die Extrempole markieren, gibt es aber auch Beispiele visueller Kultur, die anders geartete Resonanzen in Bezug auf unser Verhältnis zu Anderen und Fremden hervorrufen. So vermögen visuelle Gestaltungen auch, das optisch Unbewusste aufzurufen und überraschende Bildereignisse zu provozieren, die verdrängte Aspekte der Gegenwart blitzartig wahrnehmbar machen (dazu: TAUSSIG 2014: 72). Dies wird am Beispiel eines visuellen Objekts deutlich, einem T-Shirt (Abb. 3), das dem damals vierjährigen Sohn einer der Autorinnen im Frühjahr 2016 geschenkt worden ist. Der Aufdruck zeigt ein im Meer versinkendes Schiff und einen Hai mit spitzen Zähnen, aus dessen Mund in einer Sprachblase der Schriftzug »Lunch Over Board« zu lesen ist. Der Kontext der europäischen Flüchtlingskrise (2015-2019) und die damit verbundene wachsende Anzahl von sinkenden Schiffen und sterbenden Migrant_innen im Mittelmeer führten dazu, dass dieses Objekt in der Betrachtung unter Umständen momenthaft monströs erschien. Der bildhafte Aufdruck ruft Bilder des sozialen Gedächtnisses, etwa von sinkenden Flüchtlingsbooten und an den Strand gespülten Kindern auf – insbesondere die Fotografie (von Nilüfer Demir, 2. September 2015) des dreijährigen syrischen Jungen Aylan Kurdi, der Anfang September 2015 tot am Stand von Bodrum (Türkei) aufgefunden wurde. Solche Zusammenstöße von Bildern und Objekten machen blitzartig die Ignoranz einer kommerzialisierten Gesellschaft deutlich, in deren für Kinder aufbereiteten Objektwelten diese Realität ausgeklammert bleibt.

ABBILDUNG 3
T-Shirt, H&M

Foto: Anna Schober

Darüber hinaus präsentieren Bilder, und hier vor allem solche der Kunst, abweichende Sichtweisen, Einsprüche und Übersteigerungen in Bezug auf solche Umgangsweisen mit dem Anderen und Fremden. Dies geschieht manchmal auch in Form einer ikonischen Inszenierung, die »Fremdes nicht nur toleriert, sondern als Verbundenheit mit der Welt genießen kann«

(SCHMIDT-LINSENHOFF 2010: 11). Diese beiden Aspekte werden in einer Arbeit der türkisch-österreichischen Künstlerin Nilbar Güreş greifbar. In ihrer Fotografie *Wildness* (2014, Abb. 4) treffen wir am Rande des Dachs eines hohen Wohnhauses auf die Inszenierung einer Transfrau in einer leger-erotischen Aufmachung. Der Körper, der hier der Kamera dargeboten wird, ist bunt gekleidet. Sie trägt ein gestreiftes Bikini-Oberteil, einen blauen Rock und an nur einem der ausgestreckten Füße einen bestickten Schuh. Mit der gebräunten, warm-schimmernden Haut im Abendlicht, den leicht geschminkten Lippen sowie den stolz hergezeigten Ringen und Tattoos steht ihre Gestalt in Kontrast zur leicht vernebelten Stadtkulisse im Hintergrund. Der mit dem Schuh bekleidete Fuß ist hochgereckt und unter dem Rock kommen Kakteen mit leuchtend gelben Blüten hervor. Beides verleiht dem Bild eine sexuelle Konnotation, wobei vor allem die aus dem Rock hervorwachsenden Blüten das Bild auch zu einer Art Montage machen, bei der die Bruchstellen nicht ganz geglättet sind. Das Geschlecht wird durch die unter dem Rock herauswachsenden Kakteen sowohl betont als auch metonymisch auf die Pflanzenwelt verschoben inszeniert und so verdeckt. Die sorgfältige Aufmachung der Dargestellten sowie das Einbringen eines Blumenarrangements geben der Inszenierung eine festliche und feierliche Note, was jedoch durch die legere liegende Haltung am Rande des Hausdachs zugleich konterkariert wird. Auf diese Weise ruft das Bild uns bekannte Inszenierungen von sexueller Andersheit sowohl auf, als diese durch die überraschende, widersprüchliche Zusammenstellung auch verwischt bzw. unterbrochen werden. Das Fremde, Exotische wird zelebriert und tritt zugleich irritiert in Erscheinung, es wird aufgerufen und durch Zuspitzung und Übertreibung auch herausgefordert. Die Platzierung des Körpers an der Kippe zum Abgrund betont den Aspekt des Prekären, der dem inszenierten Körper innewohnt, noch. Zugleich lassen die spielerisch eingenommene, durch den Blumenstrauß leicht verfremdete Pose und der direkte Blick der Dargestellten in die Kamera auch eine gewisse Vertrautheit und Nähe zwischen Modell und Künstlerin erahnen, die sich im Zuge einer längeren Zusammenarbeit in einem Projekt mit Sexarbeiter_innen ergab, das Nilbar Güreş 2014 im Rahmen der *São Paulo Biennenale* in Brasilien realisierte. Das Gebäude selbst, auf dem die Szene fotografiert wurde, hat in Brasilien ikonischen Status – es handelt sich um das *Copan*-Gebäude in *São Paulo* (Büro Otto Niemeyer, 1952-1966), ein Wohnhaus von so enormer Größe, dass es eine eigene Postleitzahl verliehen bekommen hat. Über diese Beziehung werden auch Fragen von sexueller Abweichung und Eingliederung in den gesellschaftlich dominanten Wohn- und Arbeitsalltag angesprochen.⁴

ABBILDUNG 4
Nilbar Güreş, *Wildness*, 2014

Copyright: Nilbar Güreş, mit Dank an die Galerie Martin Janda Wien

Diese Beispiele stecken ein Untersuchungsfeld ab, das in den letzten Jahrzehnten verstärkt von den Kunst- und den Medienwissenschaften sowie den neu entstehenden Studien der visuellen Kultur und den Bildwissenschaften sowie der Kunstgeschichte bearbeitet worden ist (HALL 1997; DYER 1997; POLLOCK 2006; SCHMIDT-LINSENHOFF 2010; BELOW/VON BISMARCK 2006; KARENTZOS 2012). Diese Forschungen beziehen sich meist auf kulturwissenschaftliche, philosophische, literatur- und sprachwissenschaftliche Vorarbeiten sowie politische Theorie, die sich vor allem seit den 1980er-Jahren verstärkt und ganz grundsätzlich damit auseinandersetzt, dass die Konstitution jeglicher Form von Identität ohne Anderes nicht möglich ist. Einflussreich waren dabei Arbeiten des Sprachwissenschaftlers Ferdinand de Saussure (1967), der gezeigt hat, dass die Bedeutung eines sprachlichen Zeichens nicht dem Zeichen selbst innewohnt, sondern sich aus der Differenz zu anderen Zeichen ergibt. Zum Beispiel ist

---

4 Darauf verwies Nilbar Güreş in einem Interview, das Anna Schober am 14. Februar 2020 in Wien mit ihr führte.

unser Verständnis von ›Mädchen‹ davon bestimmt, was ›Mädchen‹ nicht ist, nämlich nicht Junge, nicht Frau, nicht Android etc. Alle Prozesse der Gruppenformierung funktionieren auf der Basis von Differenzsetzungen, über die spezifische Entitäten als von anderen unterschiedlich gelebt und erfahrbar werden. Philosoph_innen wie Judith Butler (2010) oder Ernesto Laclau und Chantal Mouffe (1985) sprechen diesbezüglich auch vom ›konstitutiven Außen‹, das Identität überhaupt erst möglich macht. Ein Eigenes und ein Wir sind dabei weder natürlich gegeben, noch sind sie stabil und gleichbleibend. Vielmehr haben wir es mit sich historisch und regional kontingent ergebenden Positionen zu tun, in denen sich die einzelnen Bildakte, Handlungen und Wahrnehmungsereignisse stets auch in einer Hierarchie situieren, in der manche Auftrittsweisen von Differenz zelebriert, andere dagegen diffamiert und abgewertet werden. Es gibt aber auch viele Abschattierungen dazwischen sowie Fallstudien, die zeigen, dass und in welcher Form bestimmte Gruppen zu Sündenböcken werden, die mit Hass und Ressentiment verfolgt werden.

Dabei kommen die eingangs angesprochenen Muster, wie die Beziehung Eigenes und Fremdes bzw. Selbst und Anderes in der Praxis gelebt wird, zum Vorschein. Der, die oder das Andere wird einerseits an der Grenze zur Zivilisation angesiedelt. Dann werden diese Anderen im Zuge der Prozesse, über die sich soziale Gemeinschaften von ›Wirs‹ und ›Anderen‹ konstituieren, nicht bloß als different in Szene gesetzt und wahrgenommen, sondern – auch visuell erfahrbar – als geringer wertig präsentiert, was wiederum in positiven Selbstbildern resultiert (siehe z. B. WIESBÖCK 2018: 7). Dies geschieht auf der Mikroebene, wobei sich das Wir je nach Situation unterschiedlich zusammensetzt. In solchen Prozessen stellen sich oft Gefühle moralischer Überlegenheit ein, die mit einem Sich-besser-Fühlen etwa aufgrund eines spezifischen Lebensstils einhergehen.

Ein anderes Muster besteht darin, dass die/der oder das Andere zu einer Art ›Ersatzselbst‹ bzw. Spiegel wird, der in der imaginativen Begegnung befähigt, über sich selbst nachzudenken. Dabei wird Modernität und Fortschrittlichkeit signalisiert, Liebe und Fantasie als Abwehrmittel gegenüber Konflikten eingesetzt und Andersheit manchmal, aber nicht immer, erhöht und fetischisiert oder exotisch aufgeladen, um Differenz zu betonen und die Einverleibung in das Eigene zu zelebrieren (MORRISON 1994: 80). Zugleich sind aber auch Welterweiterung, Neupositionierungen und kulturelle und gesellschaftliche Innovation über solche mimetischen Bezugnahmen möglich (GEBAUER/WULF 1998).

Eine dritte Möglichkeit, die in den letzten Jahren besonders viel wissenschaftliche und künstlerische Aufmerksamkeit erfahren hat (SCHMIDT-LINSENHOFF 2010; KARENTZOS 2012), besteht darin, dass der oder die Andere als ›Zwischengestalt‹, als Figur des Dritten (NAIL 2015; SCHULZE WESSEL 2017; SCHOBER 2019), d. h. als ambivalente Position der Vermittlung ganz diverser Sichtweisen und emotionaler Antworten fungiert. Diese verschiedenen, auch eingangs erwähnten Muster stehen im Zentrum dieses Bandes. Die Beiträge setzen sich auf vielfältige Weise mit ihnen auseinander und thematisieren deren Genealogien. Sie greifen dabei auf verschiedenste kultur- und bildwissenschaftliche, philosophische, soziologische, kunst- und medienwissenschaftliche, psychologische und politikwissenschaftliche Werkzeugkisten zurück.

Die sozialen Praktiken, durch die jemand zu einem Anderen gemacht wird, werden als ›Othering‹ (SAID 1978), auf Deutsch auch als ›VerAnderung‹ (REUTER 2002) bezeichnet. Paul Mecheril und van der Haagen-Wulff (2016: 126) verwenden die Begriffe ›Othering‹/›Selfing‹, um auf die untrennbare Verknüpfung der Konstitution von Anderen mit Konstitutionen des Selbst zu verweisen. Diese Praktiken laufen nicht immer bewusst ab, doch knüpfen sie meist an ältere Handlungsmuster und motivgeschichtliche Überlieferungstraditionen an.

Solche Prozesse des über visuelle Medien operierenden ›Otherings‹ werden in zwei Beiträgen in diesem Band verhandelt, die sich auf (Zeitungs-)Berichte über marginalisierte soziale Gruppen beziehen. MARTIN ERIAN untersucht die Sozialreportagen über das andere Wien, die Max Winter, Emil Kläger und Bruno Frei in Zeitungen, Lichtbildvorträgen und Büchern zu Beginn des 20. Jahrhunderts dem Publikum zugänglich machten. Er zeigt auf, welche unterschiedlichen journalistischen Zugänge zu Wiens sozialer Unterschicht, d. h. gegenüber Personen aus anderen sozialen Klassen, damals praktiziert wurden. Während sich Winter und Kläger verkleideten, d. h. sich eines Klassen-Cross-Dressings bedienten und für kurze Zeit in die Rolle eines Kanalarbeiters oder Obdachlosen schlüpften, um verdeckt recherchieren zu können, gab sich Frei als recherchierender Journalist im Feld zu erkennen. Winter ergriff Partei für die das Elend repräsentierenden Anderen, Kläger präsentierte sich als Abenteurer, der Einblicke in das Leben der potenziell gefährlichen Anderen gab und damit die Distanz zwischen den Klassen betonte. Sowohl Kläger als auch Frei setzten stark auf die Wirksamkeit von Fotografien, wobei diese im ersten Fall als Schnappschüsse aus dem Hinterhalt, im zweiten Fall als erschütternde Porträtfotografien angelegt waren.

Die medialen Repräsentationen von Obdachlosen stehen dagegen im Mittelpunkt des Beitrags von VAIA DOUDAKI und NICO CARPENTIER. Wenn Obdachlose überhaupt in Mainstream-Medien vorkommen, dann in stereotyper, stigmatisierender Weise: als Opfer, Parasiten, Untermenschen, kurz als subalterne Andere. Um alternative Sichtweisen und Diskurse bezüglich Obdachlosigkeit in das Blickfeld zu rücken, diskutieren Doudaki und Carpentier Bilder und Berichte in der griechischen Straßenzeitung *shedia*. Obdachlose werden dort als Menschen mit Agency ins Bild gesetzt, und die begleitenden Berichte verweisen auf die soziostrukturellen Grundlagen von Wohnungslosigkeit. Gleichzeitig wird jedoch in vielen der Darstellungen der Mangel eines eigenen Heims, der vor allem auch den hegemonialen Diskurs von Obdachlosigkeit charakterisiert, als Stigma weiter tradiert.

In Spannung zu diesen beiden Kapiteln zeigt der Beitrag von ISABELL KOINIG anhand der im Rahmen von Super Bowl LI und den Academy Awards 2017 präsentierten Werbespots auf, wie Anderssein in der Werbung explizit zum Thema gemacht wird. Sie stellt in den Vordergrund, dass in jüngerer Zeit in den bei diesen medialen Großereignissen ausgestrahlten Werbespots einerseits Vielfalt und Anderssein als Stärke propagiert, andererseits versucht wird, das Denken in traditionellen Gegensatzpaaren zu durchbrechen. Dabei nehmen einzelne Unternehmen Stellung zur aktuellen politischen Situation in den USA, wie etwa die *Four Years*-Kampagne des Unternehmens ›It's a 10 Haircare‹, die auf Donald Trumps Frisur anspielt, oder die *Make Love not Walls*-Kampagne von Diesel. Der Werbespot *We accept* von Airbnb plädiert dagegen dafür, ethnische und religiöse Differenzen nicht als etwas Trennendes, sondern als etwas Bereicherndes zu sehen. Auf diese Weise tritt in den Vordergrund, in welcher Form gegenwärtig über populäre visuelle Medien Einsprüche gegenüber bestehenden Repräsentationsmustern vorgebracht werden und eine implizite, manchmal aber auch explizite Auseinandersetzung mit dem Erbe von Kolonialismus, Migrationsbewegungen und ethnischen Selbstbehauptungen und Protesten erfolgt. Dies zeugt selbst von einer Transformation hegemonialer Diskurse in Bezug auf Differenz.

Parallel zu einem Diskurs, der Prozesse der ›Veranderung‹ in Bildmedien sowie die Herausforderung derselben durch Bildmedien thematisiert, kamen in den letzten Jahrzehnten vor allem auch die unterschiedlichen Interdependenzen zwischen dem Eigenen und Fremden, Selbst und Anderen in den Blick. Psychoanalytische Zugänge wie jener von Julia Kristeva (1990) betonten die Verflechtung von Eigenem und Fremden. Kristeva spricht vom ›Fremden in uns selbst‹ (1990) und meint damit die verborgene, unbewusste Seite unserer Identität. Der Philosoph Bernhard Waldenfels (1990) theoretisiert ebenso das Fremde im Eigenen unserer Erfahrung und meint damit unsere Antworten oder, wie er es bezeichnet, die Responsivität auf all jenes, das uns widerfährt und uns in Anspruch nimmt. Hier setzt der Beitrag von ALICE PECHRIGGL im vorliegenden Band an. Unter Rückgriff auf philosophisch-psychoanalytische Konzepte verdeutlicht Pechriggl die konstitutive Funktion des Anderen für die Herausbildung von Selbst und Wir. Detailliert skizziert sie das komplexe Zusammenspiel von Affekten, Begehren, sinnlicher Wahrnehmung und Einbildungskraft sowie die psychischen Prozesse der Relationen zwischen Ich und Anderem und verdeutlicht damit, dass die Annahme eines klar abgrenzbaren Ich bzw. Wir psychisch gesehen eine Illusion ist. Diese Prozesse der Illusion und Verkennung kennzeichnen auch die Bilder, die wir von uns und anderen und die sich umgekehrt andere von uns machen.

SIMONE EGGER dagegen setzt sich in ihrem Kapitel mit der Bezugnahme auf den Fremden in der anthropologischen Forschung auseinander. Sie geht dabei von der in der Anthropologie und Ethnologie insbesondere durch die sogenannte ›Writing Culture-Debatte‹ gewonnene Einsicht aus, dass in der Beschreibung einer (fremden) Kultur diese erst erzeugt werde. Egger verweist darauf, dass dies auch auf den visuellen Bereich zutrifft. Auf welche Weise wird das ›Eigene‹ und das ›Fremde‹ visuell konstituiert? In ihrem Beitrag geht sie insbesondere den Verknüpfungen, Uneindeutigkeiten und Ambivalenzen an der Schnittstelle von ›Exotik‹ und ›Folklore‹ anhand von Beispielen eines alltäglichen, gelebten Kosmopolitismus nach.

In der Soziologie war die Auseinandersetzung mit dem Phänomen des Fremden von Anfang an integral – wie etwa an den Arbeiten von Georg Simmel, Robert Ezra Park, Alfred Schütz, George Herbert Mead und in jüngerer Zeit insbesondere bei Zygmunt Bauman deutlich wird. Hier steht meist ebenfalls die untrennbare Relation des Fremden zum Eigenen im Zentrum der Auseinandersetzung. So zeigt etwa auch Julia Reuter (2002: 14) in einer Zusammenschau auf, dass, wenn jemand als fremd bezeichnet oder erlebt wird, weil er/sie anders aussieht und/oder sich in einer Weise verhält, die nicht den uns vertrauten, als ›normal‹ geltenden Vorstellungen unserer gesellschaftlichen Ordnung entspricht, damit zugleich die eigenen Vorstellungen von Normalität gestärkt und bestätigt werden. Auch sie hält fest: Das Fremde ist »*als das Andere dennoch ein Teil der Ordnung* und demzufolge nicht vom Eigenen zu trennen« (REUTER 2002: 14; Hervorhebung im Original).

In Zusammenhang mit seiner Untersuchung der räumlichen Ordnung von Gesellschaft untersucht Georg Simmel (1992: 764-780) die ambivalente Rolle des »bleibenden Fremden« innerhalb derselben. Er bezieht sich dabei auf den Fremden nicht »als der Wandernde, der heute kommt und morgen geht, sondern als der, der heute kommt und morgen bleibt« (SIMMEL 1992: 764). Dieser Figur wohnt zum einen eine große Beweglichkeit inne, da sie zwar gelegentlich mit jedem einzelnen Element von Gesellschaft in Berührung kommt, aber mit keinem einzelnen durch verwandtschaftliche, lokale oder beruflich überlieferte Fügung organisch verbunden ist. Zum anderen ist ihr eine Objektivität bzw. Freiheit zu eigen. Denn da der ›bleibende Fremde‹ nicht von vorneherein für bestimmte Organisationen oder Tendenzen der Gruppe einsetzbar ist, steht er allem mit Nähe und Ferne, Gleichgültigkeit und Engagiertheit gegenüber. Diese Objektivität ist auch eine Freiheit: Er ist vorurteilsloser, nicht durch Gewohnheit, Pietät, frühere Vorkommnisse etc. gebunden. Bereits Simmel beobachtet unterschiedliche Formen des Umgangs mit einer solchen Differenz: Gleichheit, Harmonie und Nähe, die aber jeweils davon geprägt sind, dass dabei ein Allgemeineres involviert ist, das allen gehört. Zugleich gibt es aber eine Art von ›Fremdheit‹, bei der die Gemeinsamkeit auf dem Boden eines Umfassenden ausgeschlossen ist: Dem Anderen werden die Eigenschaften, die als allgemein menschlich gelten, abgesprochen. Fremde haben hier keinen positiven Sinn, die Beziehung zu ihnen ist eine Nicht-Beziehung: Sie sind ausgeschlossen.

Zu Beginn des 21. Jahrhunderts sind es vor allem Migrant_innen und Asylwerber_innen, die eine ähnlich ambivalente Rolle einnehmen, wie Simmel sie anhand des ›bleibenden Fremden‹ beschrieb. Dies kann etwa in der Rede von einer ›Migrationskrise‹ beobachtet werden, von der sowohl Europa als auch die südliche Grenze der USA betroffen sein soll. Für Zygmunt Bauman (2016: 7) ist Migrationskrise ein »politisch korrekter Deckname für den ewigen Kampf der Meinungsmacher um die Eroberung und Kontrolle des Denkens und Fühlens der Menschen«. Bauman bietet auch Erklärungen dafür an, wie die Ängste, die Migrant_innen auslösen, zustande kommen. In Anlehnung an Bertold Brecht meint er, dass Migrant_innen als »Boten des Unglücks« verstanden werden können, die »auf irritierende, ärgerliche und erschreckende Weise an die Verwundbarkeit unserer eigenen Stellung und an die endemische Zerbrechlichkeit unseres hart erarbeiteten Wohlstands« erinnern (BAUMAN 2016: 21). Bauman, aber auch Alessandro dal Lago (2009: 17) verweisen auf die Tendenz, diese

Boten zur Projektionsfläche für eigene Unsicherheit, Zorn und Angst zu machen – diese werden so zu Sündenböcken.

Migration und ›illegale Migration‹ wurden in jüngerer Zeit auch in den Studien der Visuellen Kultur vermehrt zum Thema (z. B. BISCHOF/FALK/KAFEHSY 2010; DOGRAMACI 2016; HOLERT/TERKISSIDIS 2006; HIGBEE 2013). Dabei werden aber nicht mehr in erster Linie der Konstruktcharakter von Bildern der Alterität und deren Beteiligung an der Durchsetzung von hegemonialen Verhältnissen ›entlarvt‹ – die damit, wie Viktoria Schmidt-Linsenhoff (2010: 9) aufgezeigt hat, oft auch festgeschrieben wurden –, sondern es kommen neue Fragen in den Blick wie die nach den räumlichen Dimensionen von Migration bzw. den Effekten von Migration im sozialen Raum und in der Öffentlichkeit oder die nach den mit Flucht und Einwanderung verbundenen Übergangs- und Transformationsprozessen. Zugleich sind jüngst mimetische Handlungen in Zusammenhang mit kultureller Differenz und visuellen Medien verstärkt untersucht worden (KRINGS 2015; TAUSSIG 2014; COWDELL/FLEMING/HODGE 2015). In diesen Arbeiten wird meist davon ausgegangen, dass Prozesse kultureller Aneignung nicht einfach mit kultureller Assimilation gleichgesetzt und als illegitime Bemächtigung von ›anderer‹ Kultur und ›Exotisierung‹ kritisiert werden können. Gegenüber einer solchen Sichtweise wird stark gemacht, dass kulturelle Aneignung als mimetische Interpretationen von ganz unterschiedlichen Gruppen, d. h. nicht nur gesellschaftlich dominanten, sondern auch von marginalisierten Gruppen, ausgeht und von grundsätzlicher Ambivalenz geprägt ist, da sie auch Welterweiterung beinhalten kann. An diese Zwiespältigkeit, die gegenwärtig Figurationen der Migrantin/des Migranten in visuellen Medien charakterisiert, schließt ANNA SCHOBER in ihrem Beitrag an. Sie untersucht Fotografien flüchtender Kinder, die im Zusammenhang mit der europäischen Flüchtlingskrise (2015-2019) in großer Anzahl im öffentlichen Raum präsent wurden. Dabei analysiert sie die ästhetischen Strategien der Publikumsadressierung, die in diesen Fotos eingesetzt werden, und deren ikonografische, historische und politische Traditionen. Zugleich nimmt sie aber auch weitere Bilder undokumentierter Einwandernder in den Blick, die diese Close-ups auf Kindergesichter – zum Teil in Form von Gegenbildern – begleiten. Im Fokus ihres Beitrages steht die ambivalente Dynamik, die diese Bilder innerhalb der zeitgenössischen Öffentlichkeit in Gang setzten. Dementsprechend wird sowohl gezeigt, wie diese Bilder die Reflexion eigener Erfahrungen, Bestrebungen und Sehnsüchte sowie eine ereignishafte

Präsenz der Repräsentierten ermöglichen, als auch, wie sie zu Katalysatoren von Hass und Gewalt werden.

Es gibt also auch spezifische raum-zeitliche Situationen, in denen es verstärkt zu Begegnungen einander fremder oder als anders wahrgenommener Menschen kommt – wie z. B. in Metropolen, im Rahmen von Grenzregimen, beim Reisen, im Zuge von Krieg und Vertreibung oder in Prozeduren der Kolonialisierung, der Globalisierung oder des Imperialismus. In diesem Kontext werden gegenwärtig verstärkt Bilder, die sich dichotom gegenüberstehen, gestaltet und zirkuliert, Bilder der/des Anderen werden dabei auch mit Blick auf Welterweiterung und Innovationen angeeignet.

Der gegenwärtige Lebensalltag von Menschen in der industrialisierten westlichen Welt wird insgesamt als einer diskutiert, der von performativen Inszenierungen des Selbst als ›Singularitäten‹ lebt (RECKWITZ 2017). Bei diesen Selbstinszenierungen wird auf je nach Kontext unterschiedliche Versatzstücke zurückgegriffen, und es werden zunehmend heterogene Elemente kombiniert, wobei vor allem auch Elemente räumlich oder zeitlich fremder Kulturen adaptiert werden, um die je eigene Singularität zu akzentuieren und innerhalb eines Netzwerks von Augenblicksgemeinschaften zu differenzieren. Ein Beispiel dafür ist etwa die Cross-over-Küche, die völlig neue Geschmackskombinationen eröffnet (ebd.: 312). Für bell hooks ist letzteres ein Beispiel dafür, wie in einer Warenkultur Ethnizität zur Würze wird, die neue Geschmackserlebnisse verspricht (HOOKS 1994: 33). In Bezug auf solche, seit den 1980er-Jahren verstärkt und breiter sichtbare Erscheinungen der Inszenierung partikularer und oftmals auch politisierter Gruppenidentitäten spricht etwa Michel Wieviorka (2003: 29f.) von einem »Markt« bzw. einer »Politik der Differenz«. Mit einem diesbezüglichen frühen historischen Beispiel aus Südosteuropa beschäftigt sich KLAUDIJA SABO in ihrem Beitrag. Anhand von Fallstudien aus dem ehemaligen Jugoslawien zeigt sie auf, wie über die Repräsentation von Nahrungsmitteln die Bildung einer multikulturellen bzw. nationalen Gemeinschaft vermittelt wird. Zum einen veranschaulicht Sabo dies an der Werbung für die slowenische Mineralwassermarke *Radenska*, in der über die bildliche Darstellung aller Teilrepubliken und den Slogan ›Radenska verbindet uns‹ sowohl die Vielfalt als auch die gleichzeitige Einheit Jugoslawiens zum Ausdruck gebracht wurde. Umgekehrt zeigt sie anhand der sich verändernden Werbestrategie für Produkte des kroatischen Süßwarenkonzerns *Kras* den Wandel hin zu einer neuen national bestimmten Identität im Kontext der Konflikte der 1980er- und 1990er-Jahre auf. Die

Nationalisierung von Geschmackserlebnissen wurde beispielsweise während des Krieges 1991 daran sichtbar, dass die Tierfotos, die traditionell auf dem Einwickelpapier der Schokoladenriegel zu sehen waren, durch Abbildungen kroatischer Soldaten ersetzt worden waren.

Der Beitrag von BRIGITTE HIPFL schließt ebenfalls an diesen Themenkomplex der über Bilder mitkonstituierten multikulturellen Gesellschaft an. Am Beispiel des Films *Paradies Liebe* von Ulrich Seidl diskutiert sie verschiedene Facetten der Begegnung mit dem Anderen und des Umgangs mit dem Anderen im Kontext des Sextourismus von Frauen. Zum einen wird die Faszination für das exotische Andere aufgezeigt – eine Faszination, die mit Fantasien und Zuschreibungen verknüpft ist, die auf kolonialen, rassistischen Denkmustern beruhen. Zum anderen wird Sextourismus als eine Auswirkung des globalen Kapitalismus vorgeführt, die sich in einer spezifischen Form des Umgangs von Menschen aus reichen Ländern mit Menschen aus armen Ländern niederschlägt. Im Film *Paradies Liebe* führt dies zu wechselseitigen Prozessen der ›VerAnderung‹, welche aus der Perspektive postkolonialer und feministischer Theorie diskutiert werden.

Drei Positionen in diesem Band verhandeln künstlerische Arbeiten zum Verhältnis des Eigenen und Fremden und daran gebundene Blickmuster und stereotype Zuschreibungen. In ihnen kommen auch verstärkt bisher kaum in die Diskussion einbezogene Differenzen wie jene zwischen Tier und Mensch, aber auch ironische oder parodistische Verfremdungen und in Zusammenhang mit visueller Kultur bislang wissenschaftlich wenig beachtete emotionale Phänomene wie Wut zur Sprache.

So thematisieren ANGELA FABRIS und JÖRG HELBIG Begegnungen zwischen dem Menschlichen und dem Nichtmenschlichen in den Filmen *Fly* (Yoko Ono) und *Casanova* (Fellini) unter Blickpunkten der Gender- und Film-Studies. Beide Filme stammen aus den 1970er-Jahren, einem Zeitalter sexueller Emanzipation. Die Lektüre von Fabris und Helbig zeigt jedoch, dass in ihnen die Beziehung zwischen Mensch und Nichtmensch den entsprechenden Erwartungen nicht entspricht. In *Fly* bleibt der menschliche Part völlig passiv; der weibliche Körper wird exhibitionistisch und provokativ ausgestellt und von dem nicht-menschlichen Part, einer Stubenfliege, erkundet. In *Casanova* dagegen zeigt der männliche Protagonist emotionales Interesse an der künstlichen Figur, einer weiblichen Puppe. Im Vergleich der beiden Filme wird auf die unterschiedlichen visuellen Darstellungen der Körper, wie auch auf die Frage suggestiver Projektionen erotischer Fantasien eingegangen.

Die Theateraufführung des von Elfriede Jelinek als Reaktion auf die Terroranschläge auf die Redaktion des Satiremagazins *Charlie Hebdo* verfassten Stückes *Wut* machen CARINA PAUL-HORN und GABRIELE C. PFEIFFER zum Ausgangspunkt ihrer interdisziplinären Konversation über die verschiedenen Ebenen, auf denen hier Wut thematisiert wird. Sie diskutieren, wie in der intermedialen Inszenierung mittels Videokamera, Musik und Kostümen sowie durch die Schauspieler_innen selbst Bilder reproduziert, produziert und projiziert werden. Damit verbunden wird nicht nur die Wut der Terrorist_innen, sondern auch die eigene Wut sowie Wut als ein kulturelles Phänomen generell zum Thema gemacht.

Der Künstler VOLKER MÄRZ gibt in seinem Essay *Fremde Früchte* – der als eine künstlerische Intervention im Buch fungiert – einen Einblick in seine lebenslange Auseinandersetzung mit Projektionen, Fantasien und Bildern, die wir uns in Europa in Bezug auf Menschen in Afrika schaffen und ständig einsetzen. März arbeitet mit kleinen, von ihm geschaffenen Figuren unter anderem von bekannten Kunst- und Kulturschaffenden wie Franz Kafka oder Frantz Fanon, um diese Projektionen und Bilder in Bewegung zu versetzen und andere Blickweisen und Umgangsformen zu eröffnen.

Den Anfang des Buches macht jedoch ein Rückblick: In einem Interview sprechen ANNA SCHOBER und EREC GELLAUTZ mit RICHARD DYER unter anderem über sein inzwischen zum Klassiker avanciertes Buch *White* (1997), in dem er Repräsentationen des Weißseins als über Bildwelten in kontingenter Weise historisch entstandene und sich transformierende kulturelle Hegemonie umfassend diskutiert. So argumentiert Dyer dort beispielsweise, dass Weißsein in westlichen Repräsentationen (vor allem in Filmen und Fotografien, aber auch in Gemälden oder in Zeitschriftenwerbung) als Code für Normalität fungiere und Farbige immer in Relation dazu, als Andere, repräsentiert werden. Zugleich geht Dyer auch auf die für ihn von Anfang an bestimmende Frage nach der politischen Bedeutung von Unterhaltung und Vergnügen ein. Er bettet seine damalige Position wissenschaftshistorisch in den Entstehungszusammenhang der Cultural Studies und Film Studies ein, reflektiert aber auch über zeitgenössische politische Phänomene wie Populismus und aktuelle Entwicklungen der Queer-Bewegung.

Literatur

BAUMAN, ZYGMUNT: *Die Angst vor den anderen. Ein Essay über Migration und Panikmache.* Berlin [Suhrkamp] 2016

BELOW, IRENE; BEATRICE VON BISMARCK (Hrsg.): *Globalisierung/ Hierarchisierung. Kulturelle Dominanzen in Kunst und Kunstgeschichte.* Marburg [Jonas Verlag] 2006

BHABHA, HOMI K.: The Other Question. Stereotype, discrimination and the discourse of colonialism. In: BHABHA, HOMI K.: *The Location of Culture.* London, New York [Routledge] 1994, S. 66-84

BISCHOFF, CHRISTINE; FRANCESCA FALK; SILVIA KAFEHSY (Hrsg.): *Images of illegalized Immigration: Towards a critical iconology of politics.* Bielefeld [transcript] 2010

BUTLER, JUDITH: *Raster des Krieges. Warum wir nicht jedes Leid beklagen.* Frankfurt/M., New York [Campus] 2010

COWDELL, SCOTT; CHRIS FLEMING; JOEL HODGE (Hrsg.): *Mimesis, movies, and media* (= Violence, Desire, and the Sacred, Bd. 3), New York [Bloomsbury Academic] 2015

DAL LAGO, ALESSANDRO: *Non-Persons. The exclusion of migrants in a global society.* Translation by Marie Orton. Milano [IPOC] 2009

DE SAUSSURE, FERDINAND: *Grundfragen der allgemeinen Sprachwissenschaft.* Hrsg. Charles Bally und Albert Sechehaye unter Mitwirkung von Albert Riedinger. Berlin [de Gruyter] 1967

DOGRAMACI, BURCU: Heimatlos – Orte des Übergangs. In: DOGRAMACI, BURCU: *Heimat. Eine künstlerische Spurensuche.* Köln [Böhlau] 2016, S. 112-122

DO MAR CASTRO VARELA, MARIA; PAUL MECHERIL: Die Dämonisierung der Anderen. Einleitende Bemerkungen. In: DO MAR CASTRO VARELA, MARIA; PAUL MECHERIL (Hrsg.): *Die Dämonisierung der Anderen. Rassismuskritik der Gegenwart.* Bielefeld [transcript] 2016, S. 8-19

DYER, RICHARD: *White.* London, New York [Routledge] 1997

GEBAUER, GUNTER; CHRISTOPH WULF: Mimesis als Begriff der Sozialwissenschaften. Zur Einführung. In: GEBAUER, GUNTER; CHRISTOPH WULF (Hrsg.): *Spiel, Ritual, Geste. Mimetisches Handeln in der sozialen Welt.* Reinbek b. Hamburg [Rowohlt Tb.] 1998, S. 7-22

HALL, STUART: The spectacle of the »other«. In: HALL, STUART (Hrsg.): *Representation: Cultural Representations and Signifying Practices.* London, Thousand Oaks/CA, New Delhi [Sage] 1997, S. 223-290

HIGBEE, WILL: Of Spaces and Difference in the Films of Abdellatif Kechiche. In: HIGBEE, WILL (Hrsg.): *Post-Beur Cinema. North African Émigré and Maghrebi-French Filmmaking in France since 2000*. Edinburgh [Edinburgh University Press] 2013, S. 96-129

HOLERT, TOM; MARK TERKISSIDIS: *Fliehkraft. Gesellschaft in Bewegung – von Migranten und Touristen*. Köln [Kiepenheuer & Witsch] 2006

HOOKS, BELL: *Black Looks. Popkultur – Medien – Rassismus*. Berlin [Orlanda Frauenverlag] 1994

KARENTZOS, ALEXANDRA: Postkoloniale Kunstgeschichte. Revisionen von Musealisierungen, Kanonisierungen, Repräsentationen. In: REUTER, JULIA; ALEXANDRA KARENTZOS (Hrsg.): *Schlüsselwerke der Postcolonial Studies*. Wiesbaden [Springer] 2012, S. 249-26

KRINGS, MATTHIAS (Hrsg.): *African Appropriations. Cultural Difference, Mimesis, and the Media*. Bloomington, Indianapolis [Indiana University Press] 2015

KRISTEVA, JULIA: *Fremde sind wir uns selbst*. Frankfurt/M. [Suhrkamp] 1990

LACLAU, ERNESTO; CHANTAL MOUFFE: *Hegemony and socialist strategy. Towards a radical democratic politics*. London, New York [Verso] 1985

MECHERIL, PAUL; MONICA VAN DER HAAGEN-WULFF: Bedroht, angstvoll, wütend. Affektlogik der Migrationsgesellschaft. In: DO MAR CASTRO VARELA, MARIA; PAUL MECHERIL (Hrsg.): *Die Dämonisierung der Anderen. Rassismuskritik der Gegenwart*. Bielefeld [transcript] 2016, S. 119-141

MORRISON, TONI: *Im Dunkeln Spielen. Weiße Kultur und literarische Imagination*. Reinbek b. Hamburg [Rowohlt Taschenbuch Verlag] 1994

NAIL, THOMAS: *The Figure of the Migrant*. Stanford [Stanford University Press] 2015

POLLOCK, GRISELDA: *Differencing the Canon: Feminist Desire and the Writing of Art's Histories*. London u. a. [Routledge] 2006

RECKWITZ, ANDREAS: *Die Gesellschaft der Singularitäten. Zum Strukturwandel der Moderne*. Berlin [Suhrkamp] 2017

REUTER, JULIA: *Ordnungen des Anderen. Zum Problem des Eigenen in der Soziologie des Fremden*. Bielefeld [transcript] 2002

SAID, EDWARD: *Orientalism*. New York [Pantheon Books] 1978

SCHMIDT-LINSENHOFF, VIKTORIA: Einleitung. In: SCHMIDT-LINSENHOFF, VIKTORIA (Hrsg.): *Ästhetik der Differenz. Postkoloniale Perspektiven vom 16. bis ins 21. Jahrhundert*. Bd. 1. Marburg [Jonas Verlag] 2010, S. 9-19

SCHOBER, ANNA: Particular faces with universal appeal: An iconography and typology of everybodies. In: SCHOBER, ANNA (Hrsg.): *Popularisation and Populism through the Visual Arts: Attraction Images* (Arts and Visual Culture Series). London, New York [Routledge] 2019, S. 59-79

SCHOBER, ANNA: Das Bild im Plural: Methoden der qualitativen Forschung und Leitfragen der Analyse. In: DONLIC, JASMIN; IRENE STRASSER (Hrsg.): *Gegenstand und Methoden qualitativer Sozialforschung. Einblicke in die Forschungspraxis*. Leverkusen [Verlag Barbara Budrich] 2020, S. 153-176

SCHULZE WESSEL, JULIA: *Grenzfiguren. Zur politischen Theorie des Flüchtlings*. Bielefeld [transcript] 2017

SIMMEL, GEORG: Der Raum und die räumlichen Ordnungen der Gesellschaft. In: RAMMSTEDT, OTTHEIN (Hrsg.): *Georg Simmel. Soziologie. Untersuchungen über die Formen der Vergesellschaftung* (= Gesamtausgabe Bd. 11). Frankfurt/M. [Suhrkamp] 1992, S. 687-780

TAUSSIG, MICHAEL: *Mimesis und Alterität. Eine eigenwillige Geschichte der Sinne*. Konstanz [Konstanz University Press] 2014

WALDENFELS, BERNHARD: *Der Stachel des Fremden*. Frankfurt/M. [Suhrkamp] 1990

WIESBÖCK, LAURA: *In besserer Gesellschaft. Der selbstgerechte Blick auf die Anderen*. Wien [Kremayr & Scheriau] 2018

WIEVIORKA, MICHEL: *Kulturelle Differenzen und kollektive Identitäten*. Hamburg [Hamburger Edition] 2003

Trying to Find Out What Is Really Going on with Common Sense – Interview with Richard Dyer

Anna Schober and Erec Gellautz in conversation with the author of *White* (1997) on October 24, 2018

EG: How did you open up the academic fields of film and cultural studies for your work?

RD: I studied French at university. I was very inspired by a course I did, called ›pre-romanticism‹. That was a new field at the time and it was all about the kind of things that led to romanticism. Amongst other things, we studied Jean-Jacques Rousseau, particularly *Julie ou la nouvelle Héloïse*. What we really studied was the impact of *La nouvelle Héloïse* at *the* time and we did the same with *Die Leiden des jungen Werthers* also. I think somehow from that I got the idea of culture as something more than texts, something living. Books and other cultural forms had a life beyond their textural existence and it opened up the idea of understanding texts within a wider social context – somehow this worked for me. I was also always interested and involved in theatre as theatre, not just as literary texts. I originally was going to do a PhD about Molière after I left university and that was going to be about Molière as an entertainer. In 1968, when I graduated, academics and critics talked about Molière, but not in those terms. I was very interested in that and trying to understand, e.g. what it meant when he said ›The most important thing about any work of art is to please‹. What did it mean to say ›please‹?

So, I do think a lot of what I got was from studying French – it was a good and lively department, it was St. Andrews in Scotland. We studied Marxist theory, which now seems something like a bit of the dark ages, but then it was actually seen as something very exciting and extraordinary to study. I remember when we studied André Gide in my first year the lecturer talking about the importance of homosexuality – you know, just taking it very seriously. I was lucky to be in that department. Then I started to work in the theatre and I realized I did not have the talent. I had always done theatre at university and so on and at school, but I was not talented. I somehow discovered the Birmingham Cultural Studies Centre, which had only really just started and I applied to it. I was going to write a thesis about images of homosexuality in fiction and then when I got there I thought that what I really wanted to study was the idea of entertainment.

We talk about entertainment all the time. What do we mean by that? Around that time, one of the earliest and most influential writings for me was Alfred Schütz's ›Common-sense and Scientific Interpretation in Human Action‹ (in *Philosophy and Phenomenological Research*, 14: 1-38 [1953]). I am sure I misunderstood it, but the idea I took from it was that theory is a second order common sense structure. What we were doing is trying to find out what is really going on with common sense, in ordinary words that you use. I would say that practically all my career has been about that. What do we mean when we say ›*serial* killer‹? What do we mean when we say ›entertainment‹? Or ›marginality‹ – which we are talking about today. What is at issue, using these terms? What is the sense in common sense? What is really going on? That's what I took from Schütz.

The other big influence for me was Susanne Langer. Particularly *Feeling Form: A Theory of Art* (1953). She is a forgotten author today who was interested in very different things: about how you can talk about the feelings in art without just being subjective and in an analytic way that does not kill the emotions – because that is what I think psychoanalysis does. Many people turned to psychoanalysis, because they thought ›We need to understand the irrational‹, e.g. why do people vote for Trump? Why did people vote against their best interest? We need to understand the feelings involved and people felt that psychoanalysis was a developed theory of feeling – so they turned to that. I feel psychoanalysis is a way of rationalising feeling: Clamping it down, naming it, and turning it into structures and so on. (Actual therapeutic practice is another matter than the way the theory has been taken up in the humanities) I think Langer opened up for me – at least in the relation to art – a notion of feeling in a much broader sense. Not just feeling that you can name. The feelings of colours, the feelings of sounds, the feelings of rhythm – all of those sorts of things. I felt she opened up a way of talking about that. Which stays within – and it think I always try to put that back together with – a more sort of sociological concern. This is a bit rambling, but various things came together and I somehow went with them.

AS: There was a kind of turn towards images in the cultural studies centre. It was not Stuart Hall himself but I think Dick Hebdige for example worked on visual culture. Can you describe this turn?

RD: People always talk about Richard Hoggart and Raymond Williams as kind of foundational – which is right. Stuart [Hall] actually had written quite a lot about film. The book called *The Popular Arts* he wrote with Paddy Whannel, which was published in 1964, has just been republished [2018] – I wrote an introduction for the new edition. It is a kind of forgotten pre-cultural-studies book. I read that book at the time and I sort of forgot it, but then I went back and I looked at it. Amongst other things both Stuart and Paddy were, you know, very much into film. For them film was important, it was for them the popular art along with jazz. Television was there, but they did not really like television in the book. Television was not quite yet art as far as they were concerned. Stuart certainly was interested in art and Richard Hoggart who set up the cultural study centre was not that interested in film, but it was kind of a logical part of what he was talking about because a lot of the concern was with what we might now call popular media. He was more interested in written media I suppose. He [Hoggart] certainly was not hostile to film. The way it came through into cultural studies was through an engagement with an idea of popular culture. Even in a way – although one has to ask ›where is this now in cultural studies?‹ – of popular aesthetics – and I think that got lost. I was just thinking today about one of the things that Stuart said about Black British cinema. He said: »It is not enough for it to be black, it's got to be good as well.«

So well, it is interesting that there was always that interest with him. I think that got lost, but I think the initial project was to marry an awareness of a social place, the cultural placing of different kinds of cultural production and to put that together with what I would prefer to call a formal understanding. The reason I put it that way is that I think it is very hard to get questions of aesthetics away from ›is it good or not‹. I am not interested whether something is good or not. However, I am interested in exactly what it is doing formally and affectively – that is when Susanne

Langer comes in there. I think there is a kind of pre-history of cultural studies, which does include books on Shakespeare and Molière, which were very much about situating them in their historical moment in order to understand how they worked culturally and historically in specific situations. I mean, the key difference of the Cultural Studies Centre was that it was called the Centre for Contemporary Cultural Studies – and the contemporary was partly just about ›you study what is there now‹. This implied: you do not study things that have already been picked out by ›the‹ selective tradition as Raymond Williams called it, things that have already been selected as being worthy of studying. You study what is there now, but of course, it also meant you could study film, television, and in general new media. Thus, it is logical now to study e.g. video games and even that is not a new medium anymore. No one in cultural studies at the time ever talked about visual culture – even the study of film was just seen as an instance of popular culture.

I think the key shift in cultural studies was away from interest in popular culture – in the sense of films, television, books, whatever – to what might be called an ethnographic or anthropological notion, a culture seen as a way of life. That is what people became increasingly interested in, particularly through the idea of subculture – that was after I had left the Cultural Studies Centre.

EG: And how did you come to film or visual culture in general?

RD: In my case, I was interested in entertainment. I was not necessarily intellectually interested in film, although I had always loved it. I could talk about my own personal history and film, but that was not significant when I was making decisions about the PhD.

What I wanted to talk about was ›what is this notion of entertainment‹? I did consider and start looking at pantomimes and circuses, both live forms, and I did write about television very early on in terms of entertainment. The reason I looked at film was that film you can look at more than once, it has not just gone. It was a practical decision. I then also focused even more on musicals. Because musicals in a way are about entertainment. They have done some of the work for you in defining what is meant by entertainment and many big songs in musicals are even just about being entertaining.

So, I really got into film because it was a good research object for the question ›What is entertainment?‹ and then because film studies was for other reasons developing – outside of the cultural studies context, in jobs. I had the opportunity to teach film that led me into being much more within film studies as a discipline. I did not set out to be a film studies person.

AS: You were not only studying film. For example in *White* (1997) you are studying paintings, postcards, advertisement, and things like that. Was it already common to do that or how did you come to this trans-media approach? Did it develop out of your interest in popular culture?

RD: I honestly do not know. Because after all the paintings are not popular, but they are from the great art galleries of the world – it's an important question of whether that constitutes a form of popularity. Well, one of the things that I think also got lost from Richard Hoggart's idea of cultural studies was that it did not have to be ›popular‹ culture. Any culture could be understood in terms of the way it was embedded in a historical and cultural moment. The word ›culture‹ is so slippery. You could just as well study *Middlemarch* or Shakespeare or whatever – that is what people have done subsequently. People do study those works in cultural terms; it is almost common sense now. Crucial questions are: What did plays or images mean at the time of their production? How did they circulate? What have they subsequently meant? What has been the history of e.g. the Mona Lisa? What has been the history – not the history of its making – but the history of it subsequently? Not only programmes of cultural studies now embed that type of questions. There are all sorts of traditions that arrived at that, but it was never not part of the possible concerns of cultural studies. One aspect of that – which I was remembering particularly: There was a big development at one time in work on queering Shakespeare. I remember one person who was particularly involved in that was Alan Sinfield who died quiet recently. I remember hearing him say that people had accused him ›why are you doing all this elitist stuff about Shakespeare‹. He said: »Well, the point is it is prestigious.« The point is that elites have a certain cultural capital. That's part of one's understanding of what you are studying. To go back to *White*. What was important about looking at those paintings was to say – it wasn't about did most people like them, but this was and this is a dominant way of representing Christian stories – what I mainly talked about there. Christianity was a dominant framework of understanding and a dominant shaper of feeling in the West for two thousand years and that is why I turned to one of its most enduring and impressive forms, painting, for discussing how people in the West were to be shown and seen.

AS: I think this is a question of hegemony. This kind of ›visual regime‹ came in, but I think that the notion ›visual regime‹ did not exist at that time.

RD: Well I am not even familiar with this term now to be honest. I can imagine what you mean, but it is not a term I use. People did not even talk about visuals. It has often seemed to me that the term ›visual culture‹ was a way for art historians to do popular visual culture. It was a way for them to introduce into art history something other than the great painting and sculpture tradition. So that they could then study comic books, film, posters, and advertising.

AS: Were you familiar with the work of British art historians like Griselda Pollock or Rosemary Betterton? British art historians that had that kind of Foucauldian approach?

RD: Yes. I am certainly aware of them and Rosemary is a friend, but I don't know Griselda well. There was quite a lot of overlap for a period between people in art history and film studies. They would often be at the same conference talking about similar things and when I first got to know Rosemary it was through working alongside her in a department that was a combination of art history and film and history of design. There was often interaction, even at an institutional level.

AS: And from when on did you work more on film in particular?

RD: Well I suppose because the thesis was or became focused on films. Then I got a job teaching film studies, because film studies was developing kind of alongside cultural studies. One of the key figures in that was Paddy Whannel who co-wrote the book with Stuart Hall. He ran the education department of the British Film Institute and they put a lot of money into developing film studies as a discipline. It was being thought of at all sorts of levels – from primary school on, but they wanted it to develop as an academic subject. They put money into lectureships in universities, which were often in different departments. So the first one I had was actually in American studies, partly because my examples were American musicals.

Initially I was much more of a Hollywood cinema person, but I did teach film in general. I did teach how to study film in general.

Then I somehow became much more part of the discipline of film studies. Partly because cultural studies had moved away not just from film, but from textuality and art in a way into subcultures and wider social issues. I do not think there is anything wrong with that, but it was not the kind of thing I was doing.

One of the first things I was involved with at the Centre for Contemporary Cultural Studies was a collective study of the Western. We decided we did not want to look just at Western films. We would look at Westerns in comic books, in novels, in television series – there are, I do not know if there still are – but at the time, there were groups of people that dressed up as cowboys and Indians and played. I do not mean only children, but adults. We wanted to include all of that. Then we went to an event – organised at the American Embassy – on the Western – strictly speaking about film. One of our members said – well don't you think we should be seeing film in the wider notion of ›the West‹? Not in the sense, we now use it to indicate not the East or so-called Third World – but the American West and then he talked about the comics and people dressing up and so on. One person there responded, unforgettably, that this was »crapping on in the worst sense of the term« but that sense of studying wide cultural clusters was very much what I sought to do subsequently, even if film remained at the core.

EG: In your publications, queer culture and gay people play a major role. How did you explore the development of gay studies in the academic field? Did this research perspective have an activist impetus for you personally? How are activism and gay studies interwoven in your life and career?

RD: They are very connected. I mean I am somebody who would say I was born this way. Of course, queer theory doesn't like people to say that and maybe it is not true and my friend who is an eminent lesbian theorist says – »No you don't really think that!«, but I do in a way. There is a sense in which, even before I went to the Cultural Study Centre, I was somewhat ›obvious‹. It was partly that I am not particularly masculine. I mean it is hard to judge oneself now, but certainly, when I was 18, I was not very masculine but it was a deliberate performance as well. Obviously, this was all pre-gay liberation. In some of his work Stuart Hall talks about a kind of embryonic activism, forms and behaviours that represent a certain resistance. In *The Popular Arts* he talks about the way rock 'n' roll is not explicitly political but has a kind of anger about the system in it and his 1967 paper ›The Hippies: An American Moment‹ similarly looks at how this subculture, dismissed as trivial by many at the time, represented a resistance to dominant values. I think I would see my immersion of gay subculture as related to that idea. So even before I got to the Cultural Studies Centre, I was kind of ›provocative‹. I mean I am such an unprovocative person, but nevertheless, you know, I had long hair, I wore pretty clothes – but I didn't yet know I was making a political statement.

EG: You were camp.

RD: Yes, you could say that. I suppose the fact is that cultural studies and gay liberation happened for me at much the same time. At the end of my first year of cultural studies in 1969, gay liberation really took off. I do not know how I knew about it. I suppose because I was known to be gay someone said »Have you thought of coming to the organization of the Campaign for Homosexual Equality?« which was a much more kind of respectable pre-gay liberation organisation and I was involved with that. Then I got involved with gay liberation and I suppose there was a logic to me to put together the two things, gay liberation and cultural studies. A lot of what was discussed within cultural studies was about representation and particularly about the representation of the working class. They were the privileged group in 1969 when I first went to the Cultural Studies Centre, but then you got the development of both feminism and then of course – surprisingly later – questions of black representation. On the one hand, it was always an issue: how did popular culture and popular media represent majority groups but also disadvantaged and oppressed groups in society? At the same time, one of the main issues of the *Gay Liberation Manifesto* was to identify the media as a source of oppression because of the kind of images of homosexuality it promulgated. There was a kind of logic for me in combining cultural studies issues and gay activism. I was involved in something called the ›gay education group‹ – there were all kinds of subgroups of gay liberation. With the gay education group, we went into schools and we just answered questions. They were not mainly secondary schools because I think most secondary schools would still have been a bit uneasy, but there were other institutions such as technical colleges, colleges of further education, teacher training colleges. Another thing we did was we would picket cinemas showing gay films. It wasn't just a matter of protesting against negative depictions. I remember we leafleted *Sunday Bloody Sunday*, which was a rather progressive film. We would use such films as an occasion to raise questions about the representation of homosexuality. The next logical step came just a bit later – after I had already left the Cultural Studies Centre and was already teaching. There had been a lot of activism around women's images and images of black people. I thought there really ought to be something about images of homosexuality. I contacted someone at the British Film Institute and the National Film Theatre: We had already had these film seasons in Birmingham where I was living, where we would show a film and then have a discussion about the representation. I think we tried to show films that we thought were quite progressive, but sometimes they were more negative. I wrote to the British Film Institute and to my surprise, the programmer said: »That was a good idea.« Then my friend Angela Martin in the Education Department in the British Film Institute said: »Well don't you think there ought to be a book to go with it?« So, I thought that is a good idea.

EG: What films did you show?

RD: We showed 30 programmes. I can hardly believe it looking back. 30 Programmes, in 1977. It was the first such programme in the world, even before Vito [Russo] did his season in New York. Vito used the fact of the London season as an argument for the Museum of Modern Art putting one on. I mean he knew much more than I did and obviously wrote the first bigger account of gay film history but nonetheless, the London season was before the New York season. We have showed *Mädchen in Uniform* (Leontine Sagan, 1931) and *Anders als die Anderen* (Richard Oswald, 1919), which was really almost an unknown film at that point. We showed older films, such as the last part of *Pandora's Box* (G. W. Pabst, 1929), *Victim* (Basil Dearden, 1961) and some of the American underground films like *Fireworks* (Kenneth Anger, 1947) and several films by Barbara Hammer, which were shown for the first time in Britain. We also showed films which we at the time really did not approve of like *The Killing of Sister George* (Robert Aldrich, 1968) and *Therese and Isabelle* (Radley Metzger, 1968). *Therese and Isabelle* is an interesting case, because it was made as a kind of soft porn lesbian film. It was based on a lesbian novel and it was actually quite well thought of by lesbians at the time. That was despite the fact that it was aimed at straight men really; nevertheless, it was quite loving and quite positive in all sorts of ways. I am not sure if I can remember any other titles. Some of them were films that have almost been forgotten. There were a lot of films and questions were raised in the House of Lords saying why was public money being spent on this season which was promoting something that was not against the law any more – the law changed in '69 – but that was still disapproved of by the majority. We thought it was ironic that they were complaining that we showed all of these films since we rather disapproved of so many of them – they were such terribly oppressive films, but it is true that the programme notes, the lectures, and the seminars that we would organise at the time were from the gay liberation perspective. Although they, the films, were bad objects, we framed them in gay liberation critique and so one could say the House of Lords were not completely wrong in seeing that public money was being spent on a liberation project.

EG: One thing that I really like about gay activism, which can also be found in your approach, is the idea of a conjunction of entertainment and political activism. How are entertainment and political activism interrelated in your texts but also in your life?

RD: Well, I suppose the article I wrote about camp – that piece originally was published in a gay porn magazine – soft porn – but nevertheless ... It did try to think ›what are the politics and the pleasure of camp‹? On the one hand, camp is a bad thing and on the other hand it is a good thing and the text did end with saying, well if it is enjoyable we should use it. In a way, that was absolutely what you are saying; and there is the piece on disco, it is absolutely the same. It is one might say one of ›my greatest hits,‹ and it was an argument about the political implications of the pleasure of disco.

EG: In recent debates about queerness, one gets the impression that discourses are getting narrower and that there is a tendency that some political groups are fighting that much over particular aspects that the original liberating potential of the term ›queer‹ gets lost in new normativity. In addition, the relations to corporal pleasures became suspect; but you are embracing entertainment and political activism at their margins, right?

RD: Well, certainly in general my dream in life is: always bring together politics and aesthetics. I just occasionally think that I have done it – and not necessarily well. One of the best pieces I have done in my mind is a text that probably few people read about Blaxploitation Cinema and I don't think it's that successful of a piece, but it is one which really does try to talk about the politics of the music of Blaxploitation. Everyone who enjoys Blaxploitation tends to say ›fab music, shame about the politics‹, but I think no, the politics is in the music. Therefore, I tried to do that and I do not think it is very successful, but at least I think it is rather clear what I am trying to do.

AS: Would you have perceived your work in this domain as ›queer studies‹ or did you stick to the notion ›cultural studies‹ or ›popular culture studies‹ or ›studies of popular culture‹? Was the notion ›queer studies‹ somehow used or did it come later?

RD: It came later. There was first of all the project about lesbian and gay film. In fact, originally, I was going to write a book about the history of lesbian and gay representation and I was going to write it jointly with Jack Babuscio who was the film critic of *Gay News* of the time. I think when Vito Russo's book came out (*The Celluloid Closet*, 1981) we thought – well, he has done it and then Jack died (one of the first people I knew to die of AIDS in fact) – so I did not do that in the end. That was all long before we had a theory of ›queer studies‹. Similarly, the ›disco‹ stuff was probably more political and originally published in a political journal of the gay left – it was not published in an academic context. I suppose I have never really seen myself in ›queer theory‹ or in ›queer studies‹, because of two things: The one is the word ›queer‹. I was brought up being told, I was ›a queer‹ and that was not a nice thing to be called. I know the idea of reclaiming the word ›queer‹ is to embrace it, but I am not sure how many people outside of academia call themselves ›queer‹. My sense is that it's a very academic term and I think as gay and lesbian has become more and more respectable, ›queer‹ is more exciting, because it's still a bit naughty – as Jackie [Stacey] said to me. So partly, I had a problem with the word ›queer‹, but I also had a problem with excessive theorisation, say Eve Kosofsky Sedgwick and Judith Butler. I do feel more at home with Judith Butler, even though she is difficult to read, but in general, so much of this work is invested in a kind of theoreticism, which really my whole life has been dedicated to avoiding. That's why I have never seen myself either in queer or in theory – and therefore not in ›queer theory‹ and that was developing very separately and very much, I think, not coming out of popular culture studies but really coming out of quite ›elite cultural studies‹, studies of elite culture. I think that it is somewhat interesting; you know people always talk about ›Queering the Canon‹ – David Halperin used that term. He is a classicist. I remember thinking, well, yes, that is a good thing to do, but it leaves the canon where it was, just that now we are in the canon, too. Whereas I thought, »shouldn't we be a bit worried about the very idea of a canon anyway«?

EG: Maybe that is a good transition to also talk about marginality. With Anna, we recently discussed if the queer subject became a predominant subject of post modernity and of our times today. In popular culture, there are many representations of queerness that became an almost ubiquitous visibility – just think about the success of *RuPaul's Drag Race* for example. Queer figures gained influence and became predominant figures on the one hand but they are still marginalised on the other hand. How do these processes of balancing out work?

RD: This is really an interesting point. One thing that struck me in the Austrian railway magazine coming here on the train is that they had a list of what kind of films you must see, one of which is *Love Simon* (Greg Berlanti, 2018). They do mention the word ›schwul‹ at one point. A similar thing happened to me when I was on British Airways last month. They apparently still do show films which everyone sees – and the film that they were showing was *God's Own Country* (Francis Lee, 2017) – this recent British gay film. I thought I cannot believe this, they only were showing two films and everybody is going to see them and they did not even made a big thing about it. So, on one level it makes you wonder if it is a queer subject anymore?

EG: Not really.

RD: You would not say so – that is the issue. When I came out queer – I was called a queer – that only meant that someone's sexual orientation was towards the same sex. There is a degree for studies at Sussex University which is called ›sexual dissidence‹ – the studies of sexual dissidence and in a way queer has come to me in terms of sexual dissidence – so anything that feels awkward in relation to dominant sexual values could be called queer.

There is an argument being made that same sex desire and love is no longer that, or it is not necessarily any longer that. Then it becomes interesting. I have not actually watched *RuPaul*. I must say I have several times been asked to write about drag, but I need to say I do not understand it. I do not get it. I still feel it is making fun of women and I often find drag queens so masculine. I feel they have all the masculinity that I felt oppressed by as a child being kind of channelled through all these sequins and all these feathers. I find it very often alien. I have just written a piece about the new *A Star Is Born* (Bradley Cooper, 2018). It starts with Lady Gaga playing Ally, performing in a drag club. Here she is singing in a drag bar and I think you're supposed to feel, is not this inclusive and wonderful and mainstream, maybe even. I feel nonetheless what is emphasised is the paradox of these muscly man with these very – I don't know if aggressive is quite the word – but very kind of masculine, swaggering manner. The paradox of that body and body language with sequins and feathers and all sorts of gestures and the rest of it, all contrasted with the ›real‹ woman who is Lady Gaga. I think the whole film is deeply reactionary. I mean I appreciate a great drag performance like Edna Everage, but a lot of drag is actually joking on the fact of the male body underneath the female and that can be brilliantly funny, but I am not sure where you end up in questions of gender politics.

EG: You certainly highlighted some aspects of balancing queerness between mainstream and marginality. I think it might be interesting to analyse the similarities and differences between for example *RuPaul's Drag Race* and films like *Love Simon*. The latter being a surprisingly ordinary, conservative film with a happy Hollywood ending. Isn't the drag show still perpetuating a rebellious potential and still challenging certain role models and sexual binaries?

RD: I can sort of see that intellectually. I recently saw a fabulous production in a theatre of *The Little Shop of Horrors* in London and they decided to make the carnivorous plant into a drag queen and it is a great performance but it was a very commanding and masculine performance. You could say, »but that's good because it's kind of challenging the relationship between a sort of female performativity and how men are brought up to think they should be«. You could say, »Yes it plays on that paradox«. I think what worries me – I think this does go a bit into the trans debate; the trans debate already being so tense that it's difficult to speak about it. One version of trans is about being recognised as different from the biological sex or even the gender you were born into – being recognised as being really of the other sex. I actually think that does not challenge gender at all. Because it really confirms there are just two things. There is just male and female, it is just that some people are born in the wrong body, but otherwise it is completely settled. I feel that in some ways drag retains that, because it says these are male bodies but they are doing this feminine thing. The people I admire are people like butch lesbians and sissy boys, people who do not fit. They are neither denying biology – and I think biology is here, even if very little, I don't think it's nothing, but nor does it give you very much – nor are they claiming some sort of essential gender identity which is somehow there despite the body, despite upbringing and so on. They are not claiming either of those things, but finding a way of pushing the boundaries of sex and gender and denying the sharp distinction. Whereas I feel that drag – the play works precisely because it is a play between whether it is one thing or the other. That is what my misgiving is, but it is also that I do not respond to it, I very seldom have, it could be said to be a blind spot.

AS: There are people who think that the queer subject or queerness or aspects of queerness in various forms – be it butch lesbians or transgender or drag – embody or stand in for a kind of contemporary subject model and would not be marginal any longer. Do you think that is true? What is for you marginality today?

RD: That is an interesting question. Because I immediately think of Trump. I think of Austria. I think of Italy. I mean most people do not support Trump in the United States – it is always important to keep remembering that. But nevertheless, an awful lot – about 40 percent – do. It does feel like a cultural dominant. You are right. I mean there is a law going through parliament in Britain in the moment, that in future the idea is that people can just say I am male or I am female. You do not have to prove it.

AS: The question of choice.

RD: And, of course, people would not say you could just choose to be black or white. So on the one hand there seems to be an awful lot of various forms of queer identity, queer respectability. I am still slightly taken aback when a man says to me »Oh, well, I am going to see my husband now«. I would not use that term, although it is just a convenience and it is quite good because it clears things up. That is the kind of respectable end if you like. But there is also a much more disturbing end; so there is a huge range of things, which in a way perhaps is useful under the umbrella ›queer‹. But how is it marginal? Can one possibly say it is not marginal – given the success of populist parties, some of them are explicitly homophobic.

EG: Politically it has been a really crucial question right now. For example, the left party in Germany is trying to build a new people movement as another driving force in contrast to the right-wing party AfD. They are starting their project also on homophobic and anti queer notes saying we have spent too much time discussing gender toilets or same sex marriage and over that we lost the people.

RD: I recognise that. I would not say there is any movement for that in Britain, but it is certainly something that is said. I mean it is irritating. Do we really think there are no lesbian and gay working-class people?

AS: But it is also just thinking about identity. You can delegate your own questions to an extreme form and then you can think about it. I think you said, you do not choose to be black, but that is not entirely true. Because you choose to be particular: You can be brownish in various ways or there is ›Irish black‹. It is of course not being black but being particular. Also, Trump fans, they feel they want to be particular, the same applies to Salvini fans. I think that is kind of a mainstream thing too, to some extent: the wish of being particular, being proud, being recognised and being different and special.

RD: Yes, I am actually very interested in this because I often thought, Trump and maybe some others – maybe Orban in Hungary – have, you could say, have done what I was calling for in *White*. That they have made ›white‹ evident. My argument was that it is not evident and its power is in that white people can just assume that they are humanity and everyone else is a bit odd. Whereas now, it seems much clearer, Trump represents whiteness.

AS: Thank you very much. Somehow we closed the circle and are back where we started talking about your book *White* – but at the same time, the question of cultural dominance and marginality changed and seems to be turned upside down, even if there is also continuity.

ALICE PECHRIGGL

Gesichtssinn und Einbildungskraft in der Konstruktion und Erfahrung der anderen als Andere_r

Bevor ein Wir entsteht, herrscht das Regime des Anderen. Das ist die hypothetisierte Ausgangssituation, die ich im Folgenden wahrnehmungsphilosophisch, gruppen-/psychoanalytisch und sodann politisch argumentieren bzw. beleuchten werde. Ich werde dies über die Frage nach der Strukturierung der Kategorien ›Wir‹, ›Selbst‹ und ›Andere‹ durch Gesichtssinn, Einbildungskraft und Sozialisation im Kontext eines gesellschaftlichen Imaginären tun, das im Zeichen identitärer Spaltung steht. Abschließend verweise ich kurz auf ein zu diesen Themen ausgewähltes Filmmaterial von Martin Arnold, das ich in der Vorlesung, die diesem Text zugrunde liegt, vorgestellt und mit den Hörer_innen gemeinsam analysiert habe.

Das Selbst ist eine problematische Kategorie, die auf das (An-)Erkennen seines Selbst durch primäre Andere angewiesen ist. Aber was/wer ist diese_r primäre ›Andere‹? Und wie hängt das Selbstbild mit diesem Anderen zusammen? Um diese Fragen zu beantworten, werde ich Begriffe wie Schema (Kant), Phantasma (Aristoteles), Partialkörper und projektive Identifikation (Freud), Spiegelstadion (Lacan) und Monade (Castoriadis) bzw. Piktogramm (Aulagnier) in meine Analyse einbeziehen. Davor gilt es allerdings, eine Theorie des Verhältnisses von Gesichtssinn und Einbildungskraft an der Schnittstelle von Psyche-Soma und Gesellschaft zu skizzieren.

1. Sinnliche Wahrnehmung und Einbildungskraft zwischen Psyche, Soma und Gesellschaft

Im Zentrum dieser Ausführungen steht die Verbindung zwischen Sehen und Imaginieren, zwischen Gesichtssinn und Einbildungskraft. Die Erhellung dieser Verbindung erfordert eine Theorie der Seele, welche nicht nur dem Verhältnis zwischen Seele und Leib oder, um es in griechischen Termini zu benennen, zwischen Psyche und Soma Rechnung trägt, sondern auch jenem zwischen einzelnem Psyche-Soma und Sprache/Gesellschaft. Der deutsche Begriff ›Seele‹ ist aufgrund der religiösen Besetzung philosophisch etwas in Verruf geraten, ich werde deshalb eher von Psyche bzw. von Psyche-Soma sprechen. Ich bediene mich zweier psychologischer Theoriebildungen, einerseits einer philosophischen, die überwiegend begrifflich vorgeht, andererseits einer gruppen-/psychoanalytischen, die zwar auch begrifflich-spekulativ angelegt ist, die aber ebenso empirisch-klinisch vorgeht.

Wie ich in einer früheren Arbeit (vgl. PECHRIGGL 2000: 50-69) bereits dargelegt habe, ist das Psyche-Soma als eine aporetische Einheit zu fassen, als eine untrennbare, jedoch in sich widersprüchliche Verbindung zweier Aspekte des Lebendigen, die im Falle des Menschen umso aporetischer ist, als dessen Psyche sich notwendigerweise über die Sozialisation ausbildet und sich als Psyche oder als Ego immer erst über die Sprache vermittelt selbst wahrnimmt. Weiters wird die Psyche sich ihrer selbst als vom Körper weitgehend ablösbares, weil denkendes Selbst gewahr und ist zugleich existenziell an den Körper gebunden. Aporetisch ist dieses Verhältnis vor allem insofern, als es von einer grundlegenden Kluft geprägt ist, welche jederzeit zwischen beiden zu klaffen kommen kann. Das kann bereits beim Säugling geschehen, der, wenn etwa die Nahrungsaufnahme zu unlustvoll erlebt wird, in eine Art psychische Autonomie auf Kosten des Körpers und damit des Lebens geraten kann.[1] In einem illusorischen Autarkiephantasma erwirkt diese Abkoppelung eine Wendung gegen den Körper, der dabei als radikal Anderes oder Anderer erlebt und in seinen imperativen, weil kaum aufschiebbaren vitalen Bedürfnissen bekämpft wird. Die in diesem

---

1 Klinisch spricht man von frühkindlichen Regulations- und Fütterungsstörungen bzw. von Anorexie. Aulagnier hat diese Fälle frühkindlicher Anorexie für ihre psychoanalytische Theorie des Originären und der Psychose aufgegriffen (vgl. AULAGNIER 1975).

Kontext entstehende Ignoranz der Einheit und Verwobenheit der Psyche mit dem Körper ist die radikale und totale Ausformung eines illusorischen, aber umso lebensbedrohlicheren Spaltungsgeschehens, das sich später als minimale Disposition durch das Seelenleben aller Erwachsenen zieht. Ich werde darauf im Kontext der ›Konstruktion des Anderen‹ zurückkommen. Der von Freud (1920) als Todestrieb bezeichnete Hang der Psyche zum Tod ist nichts empirisch Belegbares, und es gibt daran auch begriffslogisch berechtigte Zweifel. Der erwähnte Kampf der Psyche gegen den von ihr als Anderer fantasierten Körper hat dagegen mit einer radikalen Abwehr von einer als zu massiv empfundenen Unlust zu tun, einer Unlust bzw. einem Schmerz, den die Psyche allein dem Körper zuschreibt und in bzw. an ihm und durch ihn empfindet. Mir erscheint dieses metapsychologische Szenario plausibler als die Annahme eines dem Eros als Lebenstrieb entgegengesetzten ›Todestriebs‹.

Dass der Körper nicht nur Verkörperung, sondern auch Lebensbedingung der Psyche ist, ja, dass diese selbst zugleich körperlich ist, verweist auf eine grundlegende materielle Ebene, welche der originären, d. h. frühkindlichen Psyche insofern zuwider ist, als sie sich vom immer auch Unlust bereitenden Körper abgelöst fantasiert bzw. halluziniert. Dass die Psyche in ihrer Qualität als denkende Instanz (oder *res cogitans*, um es mit Descartes zu formulieren) vom Körper doch irgendwie abstrahiert werden kann, soll ja realistischerweise nicht heißen, dass die geistige oder denkende Ebene nicht auch minimal materiell verankert und operativ wäre; sie ist es nur auf eine grundsätzlich andere Art als der von der Medizin in den Vordergrund gerückte organische und im Zeichen der Hapsis (sich) spürende Körper. Diese Verankerung der Seelentätigkeit ist auf eine Art materiell, die uns vielleicht mithilfe quantenphysikalischer Vorstellungswelten leichter nachvollziehbar ist, als dies im alleinigen Rahmen des makrophysikalischen Kosmos der Fall ist. Die gleichsam metaphysischen Zustände der Materie auf der quantischen Ebene (keine klare Verortbarkeit in Raum und Zeit, Indeterminiertheit, Unschärferelation etc.) widersprechen allerdings unserer haptischen und hauptsächlich makrophysikalisch verorteten alltäglichen Wahrnehmungserfahrung.

Mit Aristoteles wird der Leib in der Philosophie zumeist als lebendig und gleichsam formiert durch die Psyche im Sinne der lateinischen *anima* oder des *animus*, was auch ›Leben‹ heißt, gedacht. Das griechische Wort ›psychê‹ bezeichnete zuerst den Atem, der solange fließt, wie der jeweilige Körper lebendig ist; ist er einmal tot, d. h. ist der letzte Atemzug getan, die

Seele gleichsam ausgehaucht, dann beginnt sich auch der Körper zu zersetzen, er verliert seine Bewegung und damit auch seine Form (ARISTOTELES 2017: 411b). Umgekehrt geschieht es zuweilen, dass die Psyche in Auflösung gerät, etwa aus einer endopsychischen oder hysterischen Angst, und dass sie sich im geordneten Rhythmus des organischen Leibgeschehens durch die inneren und nach außen gerichteten Sinne wieder zu stabilisieren vermag.

Die Sinne bzw. Sinnesapparate des Menschen, seine Sinneswahrnehmungen, bilden sich – ebenso wie die Psyche als Ganze – erst allmählich aus. Es kann davon ausgegangen werden, dass innere und äußere Sinne (d. h. affektive und emotionale Sensibilität einerseits, Perzepte andererseits) einander in einer zirkulären Mimesis und Poiesis über den Weg der Fantasie bzw. der Phantasmen gegenseitig befördern und hervorbringen. Mit zirkulärer Mimesis und Poiesis meine ich den Prozess der Abwechslung bzw. Vermengung von Nachahmung und schöpferischer Hervorbringung von inneren wie äußeren ›Gegenständen‹, d. h. von subjekthaft-phantasmatischen Dingen einerseits und von objekthaften, d. h. real-gegenständlichen Dingen andererseits (vgl. PECHRIGGL 1996). Eine scharfe Unterscheidung zwischen beiden ist bestenfalls begrifflich möglich, denn nicht nur »denkt die Seele niemals ohne Phantasmen«, wie Aristoteles schrieb (ARISTOTELES 2017: 431a), sondern sie sieht auch nicht ohne diese. In der gerichteten Wahrnehmung vermischen sich Begehren, Einbildungskraft und Sinneswahrnehmung (vgl. CASTORIADIS 1978 und RIES 2017: 12-13), aber auch Affekte, Begehren und Vorstellungen (vgl. CASTORIADIS 1984). Phantasmen, die gemeinhin als Produkte der Einbildungskraft gefasst werden, sind immer schon geprägt durch Wahrnehmungen (äußerer Gegenstände), aber sie sind nicht darauf reduzierbar, und umgekehrt sind Wahrnehmungen immer schon vermischt mit Einbildungen, mit phantasmatischen Gebilden oder inneren Bildern, welche die Fantasie sich ›ausmalt‹, um eine Metapher aus dem Bereich des Visuellen zu bemühen. Die Wahrnehmungs- und Fantasietätigkeit beginnt lange vor dem Erwerb der Sprache, auch wenn ›wir‹ uns sprachlich an diese vorsprachlichen Geschehen in der Ausbildung von Wahrnehmung und Einbildungskraft beim infans, also dem Menschen, der noch keine Sprache hat, annähern müssen.

Ein weiterer, ontologisch relevanter Aspekt ist die Prozesshaftigkeit der Wahrnehmungen (vgl. BERGSON 1985) und der Phantasmen, die stets in Veränderung begriffen sind und die als festhaltbare Gegenstände nur Extrapolationen, artifizielle Fixierungen sind, die uns helfen, den haptischen und verbildlichenden Anforderungen unseres Handlungsdenkens gerecht zu werden. In der Verwobenheit von Psyche und Soma, von Fantasie und sinnlicher Wahrnehmung äußerer Gegenstände ist die psychische Tätigkeit permanent am Werk. Innere ›Bilder‹, die mehr wie Filme erscheinen, entstehen dabei im Zuge eines Vorstellungs-, Affekt- und Wahrnehmungsflusses, der im Zeichen der vier Phasen des Denk- und Handlungsvollzugs steht. Diese Phasen, ich nenne sie *mise en scène*, *mise en abîme*, *mise en sens* und *mise en acte* (vgl. PECHRIGGL 2018), strukturieren imaginär, d.h. über die Einbildungskraft (*mise en scène*), einmal mehr zersetzend bzw. chaotisch (*mise en abîme*), dann wieder mehr sinnstiftend im Sinne des kategorialen Logos (*mise en sens*) den stets tätigen (*mise en acte*) Vorstellungsfluss der Psyche. Doch anders als im Film, der sich aus vielen einzelnen Bildern zusammensetzt, ist der Vorstellungsfluss ununterbrochen und ununterbrechbar, ein Fluss eben und keine Abspulung aneinandergereihter Bilder, Sequenzen oder Akte wie der Film, der eine technische Imitation und Vortäuschung dieses Flusses ist. Zwar können ›wir‹ in diesem Fluss einzelne Akte (Vorstellungs-, Hör-, Denkakte etc.) ausmachen, doch die Abgrenzung ist immer eine provisorische Grenzziehung, während die Schnitte im fertigen Film die Wahrnehmung in ganz bestimmter Weise lenken.[2]

Nun ist die Tatsache des Zusammenspiels bzw. des Oszillierens zwischen sinnlicher Wahrnehmung und Einbildungskraft relativ unumstritten, es bleibt jedoch unklar, wie dieses Zusammenspiel genau vor sich geht. Ich beginne mit den Sinnesorganen. Aus entwicklungspsychologischer Perspektive ist das Gehör vor dem Gesichtssinn da. Und doch: Denken und die auf dem Gesichtssinn basierenden Metaphern beherrschen die Philosophiegeschichte seit den alten Griechen, insbesondere mit dem Begriff der Theorie (gr. *theoria*, Schau, Betrachtung/contemplatio); doch bereits Aristoteles gibt dem Tastsinn den Vorzug, indem er ihn in der Schrift *Über die Seele* als den wichtigsten Sinn (*aisthêsis*) bezeichnet. Derrida hebt die Rolle der Stimme, insbesondere bei Husserl, hervor (DERRIDA 1979). Die Stimme ist auch aus psychoanalytischer Sicht extrem prägend für die Vorstellungskraft. Extrem ist hier im Sinne der totalen, das heißt alles umfassenden Vorstellungs- und Wahrnehmungsweise des Phantasmas des Säuglings (infans) zu verstehen. Während die Sehkraft erst allmählich einsetzt und die Augen

---

2 Zur Verbindung von Wahrnehmungstheorie und Filmschnitt vgl. Brandstätter 2016 und weiter unten den Hinweis auf Arnolds Filme als Inszenierung der Wahrnehmung im Zeichen des Partialobjekts.

verschließbar sind, können die Ohren nicht verschlossen werden, und die Stimme der ersten Bezugsperson/en ist permanente Beschallung bereits im intrauterinen Leben. Dies wird in der Psychose, die auf die frühkindlichen Abwehrmechanismen rekurriert, deutlich, denn in ihr sind die Stimmen besonders relevant und treten zuweilen penetrant in Erscheinung, ohne tatsächlich da zu sein (für die anderen bzw. als solche); dann ordnen sie als halluzinierte Stimmen des Anderen gebieterisch an und treiben die Betroffenen in die Verzweiflung, zuweilen sogar in den Suizid.

Doch für die Wahrnehmungstheorie ist von noch größerer Bedeutung die crossmodale Wahrnehmung, das heißt jene Wahrnehmung, die sich aus der Verknüpfung aller Sinne ergibt. Auch diese hatte bereits Aristoteles begrifflich konzipiert, und zwar als *koinê aisthêsis*, die als ›Gemeinschaft der Sinne‹ übersetzt wird. Er hatte sie implizit mit dem Gemeinsinn verknüpft, welcher der Gemeinschaft der Menschen geschuldet ist, denen bei aller Eigensinnigkeit eines gemein ist: ihre Sinne. So, wie die Psyche im Zuge der Wahrnehmungstätigkeit ständig zwischen eingebildeten bzw. vorgestellten und aktuell-sinnlich ausgemachten Gestalten hin- und hergeht, abgleicht, angleicht etc., so geht die Psyche zwischen den Sinnen hin und her und verknüpft die vielfältigen ›Sinnesdaten‹, welche diese ihr als in-formierende und verknüpfende Instanz liefern, zu Perzepten, also sinnlichen Wahrnehmungen. Dazu kommt die Verbindung zweier Vernetzungen/Verknüpfungen, nämlich des unbewussten ›Tuns‹ im Zuge der Wahrnehmung und des Bewusstseins, das immer schon nachträglich, also im Zuge einer sekundären Bearbeitung über die gerichtete Aufmerksamkeit ins Spiel kommt.

Wenn Kant von der ursprünglich-synthetischen Einheit der Apperzeption schreibt (vgl. KANT 1974: B129-B140), dann setzt er diese komplexe und nach wie vor rätselhafte Tätigkeit gleichsam voraus, wobei er versucht, sie über die kategoriale Zuordnung, die Subsumtion der sinnlichen Mannigfaltigkeit unter die Einheit der Kategorien sowie über die Vermittlung durch den transzendentalen, d. h. die Wahrnehmung erst ermöglichenden Schematismus der Einbildungskraft zu erklären. Doch eigentlich schwankt die wahrnehmend-vorstellend tätige Psyche zwischen volitiver, affektiver und gestaltender Synthese und Analyse hin und her.

Kommen ›wir‹ nun zurück zu Aristoteles' Satz »Niemals denkt die Seele ohne Phantasmen.« und zu der oben abgewandelten Version: »Niemals sieht sie ohne Phantasmen.« Diese Gleichzeitigkeit lässt sich durch Kants Begriff des transzendentalen Schemas der Einbildungskraft (vgl. KANT 1974:

B176-B187 und GASPERONI 2016) erhellen, mit dessen Hilfe er nicht nur die Vermittlung zwischen Sinneswahrnehmungen und Kategorien, sondern vor allem die Produktion der inneren Bilder durch die produktive Einbildungskraft gemäß der zeitlichen Abfolge denkt. Die Einbildungskraft und ihre Produkte fungieren somit onto-gnoseologisch als Mittleres, gr. *metaxy*, oder als dritter Term, gr. *triton genos*, zwischen leiblichen Sinnen und geistigem Verstand, zwischen Vielheit und Einheit, zwischen innen und außen. Dabei stellt der Aspekt des Imaginären beim Sehen und Schauen eine spezifische Schwierigkeit dar. Imaginär ist für uns etwas, ohne real da zu sein, analog zu Freuds Vorstellungsrepräsentanz des Triebes: Der Trieb als solcher ist nicht psychisch, vielmehr somatisch (sinnlich), und doch muss er in der bzw. für die Seele sein, was vermittels seiner Repräsentation (Vorstellung und Vertretung) möglich ist (vgl. FREUD 1915: 252f.). Freud scheint hier gleichsam in einer Analogie (zwischen Sinnen und Trieben/Psyche und Verstand) an Kant anzuknüpfen, nennt ihn aber nicht explizit.

Sehen und Imaginieren sind also untrennbar miteinander verwoben; ›wir‹ können eine Gestalt nur sehen, d. h. wahr-nehmen, wenn ›wir‹ sie als Gestalt ausmachen, d. h. von ihrem Hintergrund abzuheben vermögen. Dafür ist die Bewegung von Relevanz. Selbst bei starren Bildern ist die Bewegung am Werk und zwar als Bewegung des schweifenden Blicks. Dieses Bewegungsprinzip der sinnlichen Wahrnehmung ist mit der Bildung von Schemata verbunden, die keineswegs von Geburt an in uns fertig angelegt sind; sie entstehen vielmehr durch ständige, den frühkindlichen Körperrhythmen angepasste Wechsel, Schnitte, durch immer weitere Ausdifferenzierungen und Ausgestaltungen in Anlehnung an die leiblichen Differenzierungsmodi; angeboren, angelegt ist nur die Fähigkeit zu solchen Leistungen. Kant dachte die Dispositive der Wahrnehmung nicht nur als angeboren, sondern als weitgehend starr, auch wenn er das transzendentale Schema der Einbildungskraft mit dem inneren Sinn und der Zeit zu verknüpfen suchte. Systematisch wird erst seit Hegel, und dann vor allem mit der Psychoanalyse, der Entwicklungs- und Gestaltpsychologie, die Wahrnehmung als eine sich allmählich ausbildende Fakultät aufgefasst; die Fantasie wird dabei jedoch gleichsam ausgespart oder unter die Wahrnehmung bzw. die Kognition subsumiert. Eine Ausnahme stellt Husserl dar, der Kant (und Wolff) folgend der Rolle der Fantasie maßgeblich Rechnung trägt (vgl. HUSSERL 1928: 408ff., 452ff.).

Es scheint mir also begriffssystematisch unumgänglich, dass die sinnliche Wahrnehmung, auch die visuelle, an der Schnittstelle von psychischem

Phantasma und physischem Wahrnehmungsapparat angesiedelt ist: Gehör, Tastsinn/e, visueller bzw. Gesichtssinn, Geschmackssinn und – etwas verkümmert – der Geruchssinn. Der synthetische Akt an der Schnittstelle von Psyche und Soma oder von Geist und Körper ist experimentell nicht genau nachweisbar, zu feinmateriell und komplex sind die Prozesse, auch für die immer genauer werdenden Messinstrumente der Neuro- und Kognitionswissenschaften. Es bleibt stets ein unbestimmbarer Rest, der Fantasie, intellektuelle Vorstellungskraft, erfinderisch-spekulative Begriffsbildung und experimentelle Kunst auf den Plan ruft, um diese Phänomene so zu erhellen, dass sie den komplexen Tätigkeiten und Leidenschaften der Seele in ihrem aporetischen Verbund mit dem Körper besser gerecht werden können.

Die Gruppenpsychoanalyse betont den sozialen Aspekt der psychischen Entwicklung und geht, anders als die klassische Psychoanalyse, von der Vorgängigkeit der Gesellschaft aus, also von einem konkreten A priori des gesellschaftlichen Imaginären, der Sprache, der Gruppenmatrix etc., in die die Einzelpsyche immer schon eingebettet und durch die sie geprägt ist. Sie kennt keine artifiziell von der Gesellschaft isolierte Psyche, ›Individuum‹ ist für sie vielmehr ein Begriff vom einzelnen Subjekt, der auf der Illusion des Ich beruht sowie auf dem, was Anzieu das »Haut-Ich« nennt (vgl. ANZIEU 1996), d. h. die Abgetrenntheit des Körpers von seiner Umwelt durch die den Körper umhüllende Haut. Auf der Ebene der Affekte und Begierden, des Imaginären, der Sprache und des Handelns sind Menschen immer schon tief in ihre jeweilige Gruppenmatrix eingewoben. Ich werde darauf zurückkommen.

2. Psychische_r Andere_r

Welcher Art ist nun das frühe, d. h. originäre Phantasma, durch das die Psyche sich und die Welt (re-)präsentiert? Aus psychoanalytischer Sicht entwickelt sich die Psyche notwendig über die Beziehung mit der, dem oder den ersten Anderen, meistens die Mutter bzw. die Eltern. Es war Lacan, der diesen Gedanken am radikalsten weiterentwickelte, als er die Rolle des anerkennenden Blicks des Anderen im Spiegelbild hervorhob (vgl. LACAN 1986). Schon Freud begründet seine Metapsychologie auf Überlegungen zum Verhältnis zwischen Mutter und Kind, Überlegungen, die zuerst Klein (vgl. KLEIN 1962) vertieft hat, an deren Arbeiten und Begriffsbildungen später u. a. auch Aulagnier (vgl. AULAGNIER 1975) anknüpfte. Wie bereits oben angesprochen, entwickelt sich die Psyche des Kleinkindes im Zeichen der Spaltung zwischen gut (guter Brust, Liebe) und schlecht (böser Brust, Hass), die sie zuerst als Teil von ›sich‹ halluziniert. Ist die Brust und das mit ihr verbundene Trinken lustvoll besetzt, dann ist im Falle von Hunger die anwesende Brust ›gut‹, die abwesende ›schlecht‹ bzw. ›böse‹; wenn aber das Trinken und damit die Brust (oder der Leib des ›Anderen‹, der stillt) überwiegend unlustvoll besetzt sind, dann kehrt sich dieses Verhältnis um, die Brust oder die Milch und der ganze hungrige Körper, der danach verlangt, werden ›schlecht‹, unbekömmlich, ja die Psyche selbst wird schlecht, weil zwischen ›Ich‹ (frz. *je*) und ›Anderem‹ noch nicht unterschieden wird.

Aulagnier bezeichnet das erste frühkindliche Phantasma[3] ganz allgemein als ›komplementäre Objekt-Zone‹, in der Brust-Mund-Schlund imaginär zu einer Einheit verbunden sind, obschon sie real-gegenständlich immer wieder auch getrennt sind. Diese phantasmatische Einheit vor der Sprache nennt Aulagnier ›Piktogramm‹, es ist eine gleichsam totale, bildlich-konkretistische Körperwahrnehmung, in der es keine differenzierenden repräsentationalen Schattierungen und Abstufungen gibt (vgl. AULAGNIER 1975). Der Ausgang aus diesem originären Phantasma, das zugleich die Weltwahrnehmung der Psyche zu Beginn des Lebens ausmacht, geht mit einer Differenzierung zwischen Ich und Anderem sowie mit der Anerkennung der Andersheit des Anderen einher. Dabei transferiert die Psyche das Allmachtsphantasma von ›(s)ich = alles‹ auf die_den Andere_n, die_der ja tatsächlich über die stillende Nahrung verfügt. Misslingt diese Übertragung und die daran anschließende Triangulierung, dann tritt die Psychose auf den Plan. Durch die Triangulierung nämlich wird die imaginär-halluzinatorische Allmacht des_der ersten Anderen durch die Gesellschaft relativiert, d. h. gebrochen, und das Kind lernt durch sie das Begehren dieser ersten Anderen mit deren anderen Objekten der Begierde zu teilen, d. h. auch sich selbst zu begrenzen. Die Psychose ist ein Abwehrmechanismus gegen die den psychischen Raum überflutende Ohnmacht, aber auch gegen die gegen die Ohnmachtsgefühle formierten Allmachtsphantasmen, welche ihrerseits Angst und unbewusste Schuldgefühle hervorrufen; es

---

3 Dieser Begriff des Phantasma ist nicht der Aristotelische, den ich weiter oben verwendet habe, sondern ein psychoanalytischer Begriff, der alles umfasst, was die frühkindliche Psyche vorstellt und wodurch, worin, als was sie (sich) re/präsentiert.

ist eine Abwehr, welche in immer ausschließlicherer Weise auf das originäre Allmachtsphantasma rekurriert, das in der ersten Lebensphase jedes Menschen die Wahrnehmung prägt und somit weltkonstituierend ist. Als Projektion lebt es im Erwachsenen dort weiter, wo der konkrete andere Mensch projektiv zum als böse fantasierten Anderen aufgebläht und für alles Unheil des Ich verantwortlich gemacht wird.

Im Kontext von Gruppen und Kollektiven wird diese Wahrnehmungsweise besonders in Krisen virulent, in denen Angst nicht nur geschürt, sondern von vielen auch real empfunden wird. Das idealisierte und ohnmachts-/allmachtsfantastisch aufgeblähte Gruppen-Wir (vgl. FREUD 1921), welches die Schwächung des Ich kompensieren soll, wird dann phantasmatisch zum Opfer eines ebenso fantasierten und als feindlich projizierten Anderen stilisiert, den es zu bekämpfen und letztlich auszumerzen gilt. Wir sehen diese Phänomene zurzeit wieder häufiger gegen Ausländer_innen ausagiert. Realistischer ist dagegen die Wahrnehmung des bzw. der anderen Menschen und Gruppen in Abstimmung mit deren Selbstwahrnehmung, auch wenn Selbst- und Fremdwahrnehmung niemals zur Deckung kommen. Eine projektive Wahrnehmung im Register des (Ohnmachts-) Allmachtsphantasmas und des zu bekämpfenden Anderen hat dagegen immer mit dem eigenen psychisch Verworfenen und Verleugneten zu tun, zwei Abwehrmechanismen im Zeichen der Spaltung. Verworfen wird nicht nur die ›Kastration‹ im Zuge der Triangulierung, sondern auch die illusionären Anteile der Ich-Bildung und die tatsächliche Macht der ersten Bezugspersonen, denen die frühe Psyche sich ausgeliefert sah; verworfen wird schließlich die Macht der Gesellschaft und des Todes, welche alle Individuen auf ihren Platz verweisen, und seien noch so mächtig. Das Verworfene wird dem Anderen dabei ›projektiv‹ angeheftet oder unterstellt; zugleich ist das Verworfene permanent da, weil diese Projektion oder projektive Identifikation das Verworfene nicht wirklich, etwa durch eine Auseinandersetzung damit, aus dem Ich herausbekommt. Das projektive Drama ist deshalb angetan, sich ständig zu wiederholen, Vermittlungen zu verunmöglichen und in der sturen Rechthaberei des *monos phronein* zu ver/enden (z. B. Antigone und Kreon in Sophokles' *Antigone*).

In der Psychose spaltet sich die Welt in gut und böse, in das Phantasma von Allmacht und Ohnmacht; es ist die Konstruktion einer Welt, in der die anderen im Zeichen des Anderen als – wie Descartes es bezeichnete – *malin génie* stehen, gegen das ein abwechselnd allmächtiges und ohnmächtiges Ich einen Kampf auf Leben und Tod auszutragen hat. Vertrauen ist hier negiert durch permanente und totale Bedrohungsszenarien, denen das Ich immer nur provisorisch und nur um den Preis halluzinatorischer Illusionen, religiöser Wahnvorstellungen, pseudovernünftiger Rationalisierungen oder mystischer Rituale zu entkommen vermag. Dabei knüpft die Psyche an einen psychotischen Kern an, der als solcher nicht in allen Menschen zu finden ist. Doch in abgeschwächter Form finden sich die Strukturmerkmale der Spaltung bei allen, insbesondere im konflikthaften Verhältnis von Autonomie und Heteronomie. Die Ohnmachtsgefühle, welche mit jeder Art von Abhängigkeit und Bedingtheit einhergehen können, münden dann im Phantasma totaler Allmacht, was mit einer heteronomen Weltwahrnehmung einhergeht, in der Fremdbestimmung unausweichlich und gleichsam total erscheint. Individuelle und kollektive Autonomie, also Selbstbestimmung und -begrenzung, geht dagegen mit der realistischen Einschätzung heteronomer Bedingungen und ihrer Veränderbarkeit einher.

Das, was ›wir‹, z. B. ›wir‹ anderen Menschen, ›wir‹ Österreicher_innen, ›wir‹ Weiße, ›wir‹ Europäer_innen, ›wir‹ hetero-, homo-, bisexuellen, trans- und intergeschlechtlichen Menschen als kollektive Identität annehmen, beruht ebenso auf Illusionen wie die Annahme eines Ich, das Herr_in im eigenen Haus wäre. Es gibt keine Identität, d. h. Sichselbstgleichheit im strengen Sinn, weder als reines Ich = Ich noch als ›Wir‹, das integer, ungebrochen und zudem auch noch sich selbst gleich und transparent wäre. Zugleich ist die Wahrnehmung einer gewissen Identität des Selbst notwendig, ohne sie wären Menschen dem Denkzerfall, der geistigen und seelischen Verwirrung oder ›Umnachtung‹ ausgeliefert, dem, was Hegel die Nacht, in der alle Kühe schwarz sind, nennt (HEGEL 1979: 21). Sie wären in einem Bewusstsein des Hier und Jetzt gefangen, in dem der Partialkörper, also die Wahrnehmung im Sinne des Piktogramms, absolut vorherrscht. Diese ist vor der Subjektbildung angesiedelt, durch welche die Körperteile erst als Teile ausmachbar und zu einem Ganzen integriert werden.

Für politisch verfasste Kollektive gilt Ähnliches, obschon diese in ihrer Veränderlichkeit stark variieren, je nachdem ob es sich um eine traditionelle Stammesgesellschaft oder eine moderne, multikulturelle Stadt handelt, weshalb nicht pauschal behauptet werden kann, es gebe keine oder es gebe eine ›kulturelle Identität‹. Der Begriff existiert und er trifft auf etwas, das kultur- und geschichtsphilosophisch durchaus Sinn macht und dem sich die Kulturwissenschaften stellen, insbesondere dann, wenn sich die Frage nach den kulturell relevanten Anderen, nach Fremdheit und Eigenheit im soziokulturellen Sinn aufwirft oder wenn kulturelle Identität von bestimmten Gruppen behauptet und beansprucht bzw. angestrebt wird. Es reicht nicht, zu sagen, dass es diese nicht gibt, sondern es geht darum, die kollektiv-psychischen und begrifflichen Modi zu verstehen, über die derartige Phantasmen konstituiert werden und wie die betreffenden Ideolog_innen sich damit auf Kosten diverser anderer Gruppen politisch, d. h. hegemonial durchzusetzen versuchen. Dazu gilt es, die Frage zu beantworten, wie sich die Konstruktion der anderen Menschen als projektive Andere im Sinne einer radikal heteronomen Instanz im politischen Verhältnis zwischen Autonomie (Selbstbestimmung, Freiheit) und Heteronomie (Fremdbestimmung, Zwang) konkreter niederschlägt.

3. Anderer / Fremder / Fremdbestimmung (Heteronomie)

Um den Übergang von individueller Einbildungskraft zum gesellschaftlichen Imaginären (vgl. CASTORIADIS 1984) im Kontext der Wahrnehmung und Konstruktion der anderen als Andere/r zu beschreiben, sei ein Beispiel aus dem kulturellen Wahrnehmungsspektrum angeführt: In einer für uns neuen Kultur ist manches völlig unbekannt, vieles sehen ›wir‹ nicht, weil ›wir‹ es nicht kennen, oder ›wir‹ sehen es als besonders herausragend an, weil es aus der gewohnten Wahrnehmung hervorsticht. Um fremde oder neue Phänomene und Gestalten wahrzunehmen, versuchen ›wir‹, sie mit Bekanntem zu vergleichen. Diese Annäherung basiert maßgeblich auf Fantasien; sie kann erst allmählich der ver- und abgleichenden Realitätsprüfung standhalten. Die Rituale in anderen Kulturen, die man uns nicht erklärt, sind für uns nicht augenfällig, ›wir‹ übergehen, übersehen sie, bis ›wir‹ darauf stoßen. Dann versuchen ›wir‹, sie uns mit irgendwie ähnlichen, uns bekannten Ritualen oder Praktiken verständlich zu machen. Diese Assimilierung und Aneignung vergisst jedoch oft, dass sie nur eine erste Annäherung ist, und so erscheinen fremde Dinge, ihrer Fremdheit beraubt, fälschlicherweise als etwas Eigenes. Diese Verkennung ist auch in der Illusion der Klarheit am Werk, mit der komplexe Phänomene oftmals pseudophilosophisch rationalisiert, also der gerade vorherrschenden systemischen Logik (des Kapitals, des Wachstums, der göttlichen Fügung, der formalen Logik-Zwänglichkeit u. a.) untergeordnet werden. Diese Assimilierung des Fremden und Anderen ist gleichsam die andere Seite, das umgekehrte Verfahren zu jenem im Zeichen der Spaltung stehenden

Verfahren der Aufblähung des anderen als Anderen, der das ›Eigene‹, das ›Ich‹ oder das ›Wir‹ im Zeichen der ›Identität‹ bedroht. Beide gehören zusammen, verbinden sich in den projektiven Phantasmen, mit denen die anderen belegt werden.

Was sind nun heteronome Bilder von ›uns‹ und anderen, die ›uns‹ als Andere (fremd-)bestimmen bzw. durch die ›wir‹ von anderen (fremd-)bestimmt werden? Und was wären Bilder, die ›wir‹ anderen oder die andere ›uns‹ ›aufs Aug' drücken‹? Zuerst stehen sie im Zeichen der Realitätsverkennung: Nicht die konkrete Wirklichkeit der unterschiedlichen anderen wird hier wahrgenommen, sondern sie werden zu Einheiten stereotypisiert, als ganz Andere stigmatisiert, sofern sie nicht ihrer Andersheit beraubt und assimiliert werden. ›Die Frauen sind so oder so‹; ›die Student_innen sind so oder so‹, ›statistisch sind ›wir‹ dies und das‹: Bereits Verallgemeinerungen sind Fremdbilder, die zwar für eine gewisse Orientierung im Umgang mit dem ›Fremden‹ sorgen mögen, die aber undifferenziert zuschreiben und fixieren; *kategorein* (gr. anklagen, attribuieren) ist immer schon mit Verkennung der Einzelheiten der anderen verbunden. Wenn jedoch nicht versucht wird, diese Verkennung zu korrigieren, wenn keine Angleichung, keine Fokussierung stattfindet, dann haben ›wir‹ es mit einer projektiven Wahrnehmungsweise zu tun, die vor allem als Abwehr des Fremden im eigenen psychischen Raum fungiert. Die *mise en scène* des Anderen steht dann im Zeichen der Spaltung; Identität und Andersheit werden zu wesentlichen Kategorien aufgebläht, ohne dass erklärt würde, wozu und warum. Es verstehe sich gleichsam von selbst, dass Identität Identität gebiete, Andersheit schlecht, ja hassenswert und daher auszumerzen sei. Der Flüchtling, der von ferne herkommt, wird nicht mehr als Flucht- und Schutzsuchender wahrgenommen, der er als Flüchtling ja in erster Linie ist, sondern ›Flüchtling‹ wird zum Schimpfwort, die Flüchtlinge selbst zu Triebabfuhr- und Projektionsflächen konstituierten Anderen wie im NS-Regime und davor die Juden oder zu anderen Zeiten die ›Hexen‹, ›Schwulen‹ oder ›Neger‹.

›Wir‹ haben es hier, über die psychoanalytische Trieb- und Abwehrökonomie hinaus, mit einem spezifischen gesellschaftlichen Imaginären der Fremdbilder zu tun, denen man die Heteronomie, d. h. Fremdbestimmung, nicht gleich ansieht; mit Bildern eines gesellschaftlich-geschichtlich situierten heteronomen Imaginären ›reiner‹ Identität des ›Eigenen‹ (frz. *propre*, das auch ›rein‹ heißt), der ›Heimat‹ oder ›Nation‹, das Veränderbarkeit vorwegnimmt und zu verhindern sucht. Fremdheit, die derart negativ besetzt ist, wird ausschließlich in den_die als verhasste_n Andere_n fantasierte_n andere_n verlegt. Alles Andere, ›Andersartige‹ wird als Bedrohung dieser illusionären Sichselbstgleichheit bekämpft, ohne dass klar würde, wieso das Andere schlechter wäre als das Eigene und ob es nicht vielleicht beim anderen etwas geben könnte, das dem Eigenen zuträglich wäre.

Hierbei spielt der Begriff der Projektion vor allem in seiner gruppenpsychoanalytischen und politischen Bedeutung eine zentrale Rolle und verbindet sich mit dem des Fanatismus. Fanatismus hat etwas mit mörderischer Heiligkeit zu tun. Diderot brachte diesen Gedanken folgendermaßen auf den Punkt: »Celui qui meurt pour un culte faux, mais qu'il croit vrai, ou pour un culte vrai, mais dont il n'a pas de preuves, est un fanatique« (Wer für einen falschen Kult, den er für richtig hält, oder für einen richtigen Kult, für den er aber keine Beweise hat, stirbt, ist ein Fanatiker, Übers. AP) (DIDEROT 1746: 70f.). Der Satz entbehrt nicht einer gewissen Ironie im Spiel mit richtig bzw. wahr und falsch und um die ohnehin schwer zu erbringende Beweisbarkeit in begrifflichen und erst recht in kultischen Angelegenheiten; streng genommen könnte fanatisch nur genannt werden, wer effektiv stirbt, doch Diderot greift eine Redewendung auf, in der man vorgibt, für alles Mögliche zu sterben bereit zu sein, bzw. dazu aufgerufen wird. Diese Redewendung kreist um das lustvolle und zuweilen nur ironisch-aufopfernde Sterben für etwas oder jemanden; sie wirft den Fanatismus auf seine eingeengte und einengende, aber zugleich ins Unmäßige sich aufblähende Wahrnehmungsweise zurück. Und schließlich macht der Satz deutlich, dass es nicht so sehr um das mehr phantasmatische denn reale Objekt der kultischen Verehrung, also das Totem, die Heimat, die eigene kulturelle Identität, den Propheten bzw. seine Prophezeiung oder Gott selbst geht, als vielmehr um den Kult und um das (selbst-)mörderische Verhältnis zu ihm.

Aus der Sicht einer der Aufklärung verbundenen Philosophie und Psychoanalyse könnte auch gesagt werden, dass es gerade dieses mörderische, im Zeichen der Triebentmischung[4] und Spaltung stehende Verhältnis zur Welt und zu den anderen ist, was den fanatischen Kult hervorbringt und ausmacht. In diesem Sinn haftet jedem Glauben etwas Wahnhaftes an, nicht so sehr, weil die Beweisführung für die Existenz des geheiligten und verehrten Fetischs, Gottes oder der eigenen (kulturellen) Identität

---

4 D.h. wenn Eros und Todestrieb (oder Zerstörungstrieb) nicht mehr miteinander verbunden sind und der schiere Hass im Mord oder Selbstmord zu münden droht.

ausbleiben muss, sondern aufgrund des gleichsam fanatischen Eifers, mit dem die Zweifel, die Infragestellung des Konstrukts oder des Glaubensinhaltes unter Einsatz des eigenen Lebens bekämpft werden. Das Angstphantasma vom Verschwinden der kollektiven Identität hat sein Pendant im Phantasma von der Rettung der Welt durch einen Auserwählten, den Zeugen (gr. *martys*) als verehrten Märtyrer. Der Zeuge wird in diesem Fall Märtyrer, also Opfer der noch zweifelnden Menge, weil er sieht und weil er unbeirrbar behauptet, zu sehen, was die anderen nicht sehen oder was sie nicht wahrhaben wollen, sofern es da ist. Er_sie sieht dort, wo niemand etwas sieht, weil dort nichts zu sehen ist, oder – und hier trifft das Realitätsprinzip auf eine gewisse Tendenz zum Wahrheitsfanatismus – wo die anderen lieber ausblenden, statt wahrhaben zu wollen.

Um den doch fließenden Übergang von paranoischer Abwehr im Zeichen der Spaltung und scheinbar normalen gesellschaftlichen Praktiken herzustellen, möchte ich die Hypothese aufstellen, dass es eine gemeinschaftliche, allen gemeine Dimension des Wahns gibt, die zuweilen politisch wird und die nicht immer mörderisch oder projektiv gegen andere gerichtet ist: Es soll etwas gesehen werden, das niemand sehen will; es soll jemanden geben, der sagt, was niemand hören will, etc. Das ist nicht unbedingt eine ver-rückte oder gar bösartige Position; es ist auch z. B. die Position des Sokrates, und es ist allgemeiner die Position der einsamen Mahner_innen, die gleichsam fanatisch auf das Realitätsprinzip pochen oder – wie die Philosoph_innen – auf das methodologische Prinzip persistierender Infragestellung der herkömmlichen Meinung. Diese Meinung folgt dem Gewohnten bzw. dem leicht Erkennbaren. Im Unterschied zur fanatischen Ideologie und Wahrnehmungsweise identitär-spaltender Prägung geht diese für ihre Verfechter durchaus gefährliche Art des ›Wahrheitsfanatismus‹ nicht auf Kosten der Differenzen; der ›Wahrheitsfanatismus‹ ist vielmehr der Inbegriff des différend, des Widerstreits im Sinne der Dissidenz und Dissidentität. Umgekehrt, und hier komme ich wieder auf die Wahrnehmungstheorie zurück, hat und ist gerade der Common Sense, der Gemeinsinn im Verbund mit der Gemeinschaft der Sinne, eine den Wahn und die Abspaltung unliebsamer Wahrheiten bannende Kraft; wenn ein Kollektiv in die Irre geraten ist, wird der Wahrheitsliebende für dieses Kollektiv zum einsamen und irren Wahrheitsfanatiker.

Die Fanatiker_innen sind also nicht nur die anderen, ›wir‹ selbst tendieren immer wieder dazu, fanatisch zu werden, insbesondere wenn ›wir‹ eifernd meinen, die anderen seien es, oder wenn ›wir‹ uns in unseren vermeintlichen ›Grundfesten‹ erschüttert sehen. Doch woher nehmen ›wir‹ die Gewissheit, dass die Grundfesten fest sind, und woher wissen ›wir‹ immer so genau, dass die Behauptungen der Fanatiker_innen falsch und nicht zumindest manche davon durch gute Gründe belegbar sind? Prüfen können ›wir‹ das nur, wenn ›wir‹ und sie sich auf Diskussionen miteinander einlassen. Doch genau das ist im Kontext des Fanatismus nur schwer bis gar nicht möglich, sei es, weil die Fanatiker_innen wirklich welche sind und daher eine ernsthafte Diskussion nicht zulassen, sei es, weil ›wir‹ selbst keine Diskussionen wollen; weil ›wir‹ einer propagierten, den Common Sense mimenden Meinung aufsitzen, die bereits weiß, wer fanatisch ist und wer nicht; woran wiederum der Fanatiker oder die Fanatikerin erkennbar ist.

Ich möchte abschließend eine Hypothese aufstellen bezüglich der Verbindung von Visualität und Imaginärem hinsichtlich der eben skizzierten Projektion im Zeichen der Spaltung. Die Projektion ist zuerst eine Metapher aus dem Feld des Werfens, Vor-werfen ist denn auch eine der projektiven Hauptaktivitäten: Dem anderen wird beständig vorgeworfen, was im Selbst nicht (aus-)gehalten werden kann. Der Blick, zumal der böse Blick, wird dem projektiv identifizierten anderen als Anderem zugeworfen und trifft dort nur auf Unverständnis, weil dieser konkrete andere ja nicht von vornherein im projektiven Imaginären des Einen lebt, sondern in seinem eigenen, mehr oder weniger projektiven Imaginären von sich als Selbst. Somit schaukelt sich die Situation auf und es geht zu wie in einem Actionfilm, der im Zeichen der Spaltung steht, in dem Gut und Böse, Freund und Feind klar voneinander getrennt in Erscheinung treten. Im Kino, auf der Leinwand werden die Projektionen gleichsam lebendig, die Aktion wird nicht so sehr dargestellt als vielmehr nachgestellt und nachgemacht; die Mimesis ist eine theatralische und rein bildhafte zugleich, denn durch den Kinematographen bzw. das Kino werden die in aneinandergereihten Bildern fixierten Aktionen wieder in Bewegung gesetzt; auf die Leinwand projiziert werden somit nicht nur Szenen, sondern potenziell unendlich viele Schauplätze, die einander hervorbringen wie der Zauberhut das rote Tuch. Nun stellen gerade die im gruppen-/psychoanalytischen Sinn projektiven Aktionen die Aktionen par excellence im Actionfilm dar. Und sie sind es, die der Experimentalfilm zu dekonstruieren versucht, weil dieser hinter die Kulissen blicken lässt; weil die experimentelle Filmtechnik die durch den Actionfilm getäuschte und präparierte Wahrnehmung bricht und reflektiert.

Ein besonders herausragendes kinematographisches Schaffen in diesem Sinn ist jenes von Martin Arnold, der in dem Film *Black Holes* die Bildfolge im scheinbar harmlosen Walt Disney Zeichentrickfilm soweit de- und rekonstruiert, dass die darin en passant enthaltenen mörderischen Fragmente wie surreale Obsessionen im Sinne einer konkretistisch-partialobjekthaften Wahrnehmung hervortreten (ARNOLD 2015). Damit gelingt es ihm, noch radikaler als in früheren Arbeiten (PIRCHER 2004), einen Sinn für die Fragmentierung der Wahrnehmung und die Fragmentiertheit der Welt zu schaffen, wenn die selbstverständliche und der Wahr-nehmung immer schon zugrunde liegende Täuschung bzw. das Imaginäre im Sinne des subjektkonstitutiven Spiegelstadiums ausgesetzt sind; wenn die Integriertheit des Körpers zerfällt und nur noch Körperteile das visuelle und imaginäre Feld bestimmen: Augen, Zunge, Finger, Hände ... Die selbstmörderische Action Goffys in Arnolds Film *Black Holes* wird derart durch die obsessive Wiederholung im Loop nicht banalisiert, sondern gleichsam (re-)traumatisierend und neu ins Werk gesetzt. Der andere ist hier nicht der böse Andere, sondern ein un-heimlich gewordenes Comictier, das sich immer wieder – ohrenbetäubend und eigenhändig – in den Kopf schießt. Dieses Loop veranlasst die Zuseher_innen, nachträglich zu denken, dass diese Comicfigur ›uns‹ wohl fälschlicherweise über Jahrzehnte hinweg gar so vertraut erschien. Das Gegenteil von der projektiven Identifikation, die im anderen das eigene Abgespaltene als Feind bekämpft, tritt also ein. Eine Desidentifikation mit dem anheimelnden Kindheitsidyll, das ›wir‹ beschönigend in ›uns‹ tragen und gegen Feinde, die es infrage stellen, verteidigen; das mythische Comic-Imaginäre in ›uns‹ bekommt einen Riss, aus dessen Mitte eine Reflexion über Wahrnehmung, Projektion und illusionäre Verkennung hervorgehen kann: Nicht der Gute wird vom Bösen umgebracht, sondern der vermeintlich Gute und Lustige hat sich selbst erschossen.

Literatur

ANZIEU, DIDIER: *Das Haut-Ich* (Orig. *Le moi-peau*, 1995). Frankfurt/M. [Suhrkamp] 1996

ARISTOTELES: *Über die Seele*, gr./dt. Hamburg [Meiner] 2017

ARNOLD, MARTIN: *Cross Anatomies. Herausgegeben von Martin Janda und Kirsty Bell*. Wien [Verlag für Moderne Kunst] 2015

AULAGNIER, PIERA: *La violence de l'interprétation*. Paris [PUF] 1975

BERGSON, HENRI: Die Wahrnehmung der Veränderung. In: BERGSON, HENRI: *Denken und schöpferisches Werden* (Orig. *La perception du changement*, 1911). Frankfurt/M. [Suhrkamp] 1985, S. 149-179

BRANDSTÄTTER, MARKUS: *Kinematographische Differenz*. Bielefeld [transcript] 2016

CASTORIADIS, CORNELIUS: *Gesellschaft als imaginäre Institution* (Orig. *L'institution imaginaire de la société*, 1975). Frankfurt/M. [Suhrkamp] 1984

CASTORIADIS, CORNELIUS: La découverte de l'imagination. In: *Libre 3*: 155-189. Dt. Ausgabe: CASTORIADIS, CORNELIUS. 2010. Die Entdeckung der Imagination. In: CASTORIADIS, CORNELIUS: *Das imaginäre Element und die menschliche Schöpfung. Ausgewählte Schriften*. Band 3. Hrsg. von Harald Wolf. Hrsg. und Übers. von Michael Halfbrodt. Lich/Hessen [Edition AV] 1978, S. 47-86

DELEUZE, GILLES: *Das Bewegungs-Bild. Kino I* (Orig. *L'image-mouvement*, 1983). Frankfurt/M. [Suhrkamp] 1989

DELEUZE, GILLES: *Das Zeit-Bild. Kino II* (Orig. *L'image-temps*, 1985). Frankfurt/M. [Suhrkamp] 1990

DERRIDA, JACQUES: *Die Stimme und das Phänomen* (Orig. *La voix et le phénomène*, 1967). Frankfurt/M. [Suhrkamp] 1979

DIDEROT, DENIS: *Pensées philosophiques*. La Haye: Au dépens de la Compagnie. 1746. https://gallica.bnf.fr/ark:/12148/btv1b8613361g/f81.image [29.08.2018]

FREUD, SIGMUND: Die Verdrängung. In: FREUD, SIGMUND: *GW Band X* (1999). Frankfurt/M. [Fischer] 1915, S. 248-261

FREUD, SIGMUND: Jenseits des Lustprinzips. In: FREUD, SIGMUND: *GW Band XIII* (1999). Frankfurt/M. [Fischer] 1920, S. 3-69

FREUD, SIGMUND: Massenpsychologie und Ich-Analyse. In: FREUD, SIGMUND: *GW Band XIII* (1999). Frankfurt/M. [Fischer] 1921, S. 3-69

GASPERONI, LIDIA: *Versinnlichung. Kants transzendentaler Schematismus und seine Revision in der Nachfolge*. Berlin [De Gruyter] 2016

HEGEL, GEORG WILHELM FRIEDRICH: *Phänomenologie des Geistes. Werke Band 3* (Orig. 1807). Frankfurt/M. [Suhrkamp] 1979

HUSSERL, EDMUND: *Vorlesungen zur Phänomenologie des inneren Zeitbewusstseins*. Halle a.d.S. [Max Niemeyer Verlag] 1928

JANDA, MARTIN (Hrsg.): *Martin Arnold. Gross Anatomy*. Wien [Verlag für moderne Kunst] 2015

KANT, IMMANUEL: *Kritik der reinen Vernunft* (1781). Hrsg. von Wilhelm Weischedel. Frankfurt/M. [Suhrkamp] 1974

KLEIN, MELANIE: *Das Seelenleben des Kleinkindes*. Stuttgart [Klett-Cotta] 1962

KÖGEL, ALICE: *Martin Arnold*. Wien [Kunsthalle] 2003. https://frieze.com/article/martin-arnold [29.08.2018]

LACAN, JACQUES: Das Spiegelstadium als Bildner der Ichfunktion, wie sie uns in der psychoanalytischen Erfahrung erscheint (Orig. *Le stade du miroir comme formateur de la fonction du Je*, 1949). In: LACAN, JACQUES: *Schriften I. Quadriga*. Berlin, Weinheim [Quadriga] 1986, S. 61-70

MERLEAU-PONTY, MAURICE: *Le visible et l'invisible*. Paris [Gallimard] 1964 (Dt. Ausgabe: MERLEAU-PONTY, MAURICE: *Das Sichtbare und das Unsichtbare*. Hrsg. und Übers. von Regula Giuliani und Bernhard Waldenfels. Paderborn [Fink] 2004)

PECHRIGGL, ALICE: Erfahrung und Gestaltung der Wirklichkeit zwischen Realem und Imaginärem. In: *Die Philosophin* 14, 1996, S. 51-69

PECHRIGGL, ALICE: *Corps transfigurés. Stratifications de l'imaginaire des sexes/genres. Bd. I: Du corps à l'imaginaire*. Paris [l'Harmattan] 2000

PECHRIGGL, ALICE: *Agieren und Handeln*. Bielefeld [transcript] 2018

PIRCHER, WOLFGANG: Hollywoods Gespenster – Martin Arnolds filmische Dekonstruktionsarbeit. In: NAGL, LUDWIG; EVA WANIEK; BRIGITTE MAYR (Hrsg.): *Film denken*. Wien [Synema] 2004, S. 149-160

RIES, MARC: Das Bewegte Bild des Begehrens / The Moving Image of Desire. In: KRACKE, BERND; MARC RIES (Hrsg.): *On Desire. B3, Biennale des Bewegten Bildes / Biennial of the Moving Image*. Bielefeld [transcript] 2017, S. 9-24

Filmografie

Black Holes, Österreich 2015. Regie: Martin Arnold. https://www.martinarnold.info/films/

High Noon, USA 1952. Regie: Fred Zinnemann.

SIMONE EGGER

Exotik // Folklore.
Ästhetiken der Differenz und des Hybriden

1. Writing Culture

»Aufs Geratewohl nehme ich einen Namen, den noch immer der Zauber der Legende umgibt: Lahore. Ein Flugfeld in einer gestaltlosen Vorstadt; endlose, mit Bäumen bepflanzte, von Villen gesäumte Alleen; in einer Umfriedung endlich ein Hotel, das an ein normannisches Gestüt erinnert und aus mehreren, genau gleichen Gebäuden besteht; ... [n]ach einem Kilometer auf einer breiten Allee gelange ich auf einen Platz, auf dem sich die Unterpräfektur befindet und von dem weitere, mit wenigen Läden gesäumte Straßen ausgehen: der Apotheker, der Fotograf, der Buchhändler, der Uhrmacher. Gefangen in dieser weitläufigen Einöde, scheint mir mein Ziel bereits außer Reichweite gerückt: wo befindet sich das alte, das wahre Lahore? Um es am äußeren Ende dieser töricht aufgepflanzten und schon dem Zerfall preisgegebenen Stadt zu finden, muß ich einen weiteren Kilometer zurücklegen, vorbei an Basaren, in denen billige Schmuckwaren – mit mechanischen Sägen bearbeitetes Gold in der Dicke von Blech – mit Kosmetika, Medikamenten und Importwaren aus Plastik konkurrieren. Werde ich es endlich in den schattigen Gässchen finden, wo ich an den Mauern entlangschleichen muß, um den Schaf- und Büffelherden – Schafen mit blau und rötlich getöntem Fell, Büffeln so groß wie drei Kühe, die mich freundschaftlich zur Seite schubsen –, meist aber Lastwagen auszuweichen? Oder in dem baufälligen, von der Zeit zernagten Holzwerk? Fast könnte ich dessen feine Spitzen und Ziselierungen erkennen, wären sie nicht hinter dem metallenen

Spinngewebe verborgen, mit dem die elektrischen Leitungen von Mauer zu Mauer die gesamte Altstadt überziehen. Gewiß taucht von Zeit zu Zeit einige Sekunden lang, auf wenigen Metern, ein Bild, ein Echo aus der Tiefe der Zeiten auf: in der Gasse der Gold- und Silberschmiede erklingt ein sanftes, klares Glockenspiel, so als berühre ein Genie mit tausend Armen sanft ein Xylophon. Schon nach wenigen Schritten befinde ich mich wieder auf breiten Straßen, die brutal quer über Schutthaufen führen (die Resultate der jüngsten Unruhen), über die Trümmer fünfhundert Jahre alter Häuser, die so oft zerstört und wiederaufgebaut wurden, daß niemand mehr weiß, wie alt sie wirklich sind. Und so sehe ich mich, einen Reisenden, als Archäologen des Raums, der vergeblich versucht, anhand von Bruchstücken und Ruinen das Exotische zu rekonstruieren« (LÉVI-STRAUSS 1999: 36-37).

In seinem autobiografisch angelegten Band *Traurige Tropen* zeichnet der Ethnologe Claude Lévi-Strauss am Exempel eines Streifzugs durch die indische Stadt Lahore nach, worin das Dilemma ethnografischer Feldforschung und -beschreibung aus seiner Sicht besteht. Der städtische Raum, um den es in diesem Beispiel geht, setzt sich überall auf der Welt aus vielen verschiedenen Schichten und Akteurinnen und Akteuren zusammen und speist sich dabei aus den unterschiedlichsten Handlungen und Ideen. In seiner Gesamtheit kaum zu Überblickendes existiert nebeneinander, findet gleichzeitig statt. Analog meint Urbanität stets mehr oder weniger verdichtete Differenz. Was ist es nun, was eine Ethnografin, ein Ethnograf wahrnimmt und sieht, und worin unterscheidet sich ihre oder seine Skizze, von dem, was sie oder er sehen möchte? Was bleibt von einer teilnehmenden Beobachtung im städtischen Alltag? Welcher Zuschnitt ergibt sich aus der Fragestellung? Und was kommt beim Blicken durch die eigenen Filter überhaupt an? Diese Erkenntnis verlangt geradezu nach einer Auseinandersetzung. Entlang des eigenen Lebenslaufs und ausgehend von seinen Erfahrungen und Erwartungen, macht sich der französische Anthropologe aus seiner Sicht darüber Gedanken, was es eigentlich bedeutet, Ethnografie zu betreiben. Stellvertretend für seine Disziplin denkt er am Exempel der indischen Stadt über das von ihm bereits in den 1950er-Jahren diagnostizierte Unvermögen nach, Vielfalt und Gleichzeitigkeit von Kultur und Differenz in der Gegenwart aufzunehmen. Statt diesen Realitäten ins Auge zu sehen, sehnt er sich »als Reisender des Altertums« in eine Vergangenheit, die zwar reich an Ereignissen und voll von Artefakten war, aber ohne das Denken, das im Verlauf des 20. und inzwischen 21. Jahrhunderts zur Verfügung steht, gelesen werden müsste. Eine Variante davon wäre als

»moderner Reisender« zu agieren, der ausschließlich nach Relikten aus anderen Phasen der Geschichte gräbt (vgl. ebd.).

Auf dieser Grundlage beschäftigt Claude Lévi-Strauss, was das Tun als Wissenschaftler überhaupt sein kann und worin das Erkenntnisinteresse ethnografischer Analysen ganz generell besteht. Analog zu diesen Überlegungen beschäftigt ihn die Frage, was beispielsweise Europäerinnen und Europäer von Menschen, die in anderen Regionen der Welt leben, wissen wollen, oder ob nicht einfach die Begeisterung für eindrucksvolle Landschaften rund um den Globus größer ist als für die Lebenswelten ganz unterschiedlicher Bewohnerinnen und Bewohner. Mit seinen Ausführungen und Reflektionen nimmt Claude Lévi-Strauss bereits vorweg, was unter dem Topos ›Writing Culture‹ seit den 1970er-Jahren intensiv verhandelt wird: Was heißt es eigentlich, über Kultur zu schreiben? Wie lassen sich Gemeinschaften oder Gesellschaften und ihre kulturellen Äußerungen erfassen? Bedeutet Schreiben nicht immer auch Setzungen vorzunehmen? Durch Texte werden Lebenswelten und Narrative, Verbindungen und Grenzen nicht nur abgebildet, sondern immer auch geschaffen. Welcher Blickwinkel, welcher Ausschnitt wird Feld und Gegenstand gerecht? Was bedeutet Objektivität in diesem Kontext? Was fließt an Subjektivität in die Betrachtung eines Feldes ein? Der Ethnologe Volker Gottowik erläutert in diesem Zusammenhang, dass

> »[d]ie idiomatische Wendung Writing Culture ... nicht so ohne weiteres in andere Sprachen zu übertragen [ist]. Was mit dieser Wendung zum Ausdruck gebracht werden soll, läßt sich im Deutschen weniger im Rekurs auf den Begriff der ›Kultur‹ als vielmehr auf den der ›Geschichte‹ veranschaulichen: Es gibt hier die Wendung ›Geschichte schreiben‹ – womit sowohl ›Geschichte machen‹ als auch ›Geschichte aufschreiben‹ gemeint sein kann. Genau diese semantische Doppeldeutigkeit umgibt auch die Wendung Writing Culture: Mit der Beschreibung einer fremden Kultur wird diese in gewisser Weise erst erzeugt, da sie uns in der Regel nur als ethnographisch beschriebene zu Bewußtsein gelangt oder eben gar nicht. Dieses produktive Moment, dem zugleich Aspekte des Konstruierens oder Erfindens von Kultur anhaften, klingt in der Wendung Writing Culture mit an« (GOTTOWIK 2007: 121-122).

Aus dem Kontext heraus muss jeweils nach Herstellungsprozessen gefragt werden: Wie entsteht ›das Fremde‹? Wie entsteht ›das Eigene‹? Und wie lässt sich diese Dichotomie bewusst angehen und zugleich überwinden? Über Kultur schreiben, muss in der Konsequenz immer eine

Reflexion der eigenen Position beinhalten, d. h., die eigene Position ist immer im Verhältnis zu anderen Positionen zu sehen. Welche Perspektive und, damit verbunden, welche Fragestellung lässt welche Wirklichkeit entstehen?

2. Constructing Paradise

Mit dem skizzierten Diskurs wird ein Prozess sichtbar, der Prozess des Schaffens und Kreierens von kulturellen Eigenschaften – Objektivationen wie Subjektivationen – von Differenzen und Gemeinsamkeiten, der sich überall auf der Welt zwischen Menschen beobachten lässt. Die Diskussion um Writing Culture bezieht sich dabei nicht genuin auf das Verfassen schriftlicher Texte, sondern setzt sich besonders innerhalb der Ethnologie gerade auch im Bereich des Visuellen fort (vgl. GÜNZEL/ MERSCH 2014: 380). Welche Aufnahmen, welche Schnitte, welche Abfolgen erzeugen welches Bild? Auf welche Weise wird ›das Eigene‹, wird ›das Fremde‹ im Sinne einer Konstruktion visualisiert? »In the current digital age of information overload and overstimulation, and as the role of the visual image becomes increasingly indispensable, the significance and power of the image to both reflect upon and influence society and culture as a whole becomes evermore apparent« (LEE/KESSLER/BURCHHART 2017: 19). In diesem diskursiven Rahmen hat sich eine Ausstellung verortet, die 2017 im Austrian Cultural Forum in New York zu sehen war. Vor dem Hintergrund einer digitalen wie analogen Visualisierung der Welt im Zeitalter postmoderner Entwicklungen und Phänomene, hat die Präsentation zeitgenössische Positionen versammelt, die sich mit dem Blicken auf ›die Anderen‹ oder ›das Andere‹ – ›the other‹ – befassen. Anlässlich der Schau wurden Arbeiten aus der Gegenwart mit klassischen Werken von Malern wie Paul Gauguin oder Oskar Kokoschka, die als Künstler geradezu ikonisch für den Prozess eines ›Constructing Paradise‹ stehen, in Relation zueinander gebracht. Aus der Betrachtung der Bilder ergibt sich ein politisches Moment, in der Auseinandersetzung mit ›Exotik‹ zeichnet sich ein Prozess des Konstruierens ab, das Paradies und seine Imaginationen sind nicht nur in diesem Fall künstlerisch geschaffen. Das Gestalten und Dekonstruieren von Bildern sollte, so das Konzept, – komparativ – in die kulturellen Konstellationen und Koordinaten des jeweiligen Entstehungszeitraums eingeordnet werden (vgl. MOSER 2017: 7).

Eine wesentliche Rolle spielen dabei Blickrichtungen, die sich aus den Sichtweisen ihrer Betrachterinnen und Betrachter, die der Kuratorinnen und Kuratoren, der beteiligten Künstlerinnen und Künstler, aber auch der Besucherinnen und Besucher ergeben. Diese Perspektiven, ihre Entstehungszusammenhänge, Querverbindungen und Überlagerungen galt es mit der Ausstellung zu verdeutlichen beziehungsweise in Schwingung zu versetzen und damit auch an der Oberfläche des Diskurses sichtbar und bewusst zu machen.

Die Art und Weise, wie etwas von jemandem gesehen und verstanden wird, ist im Sinne einer – historisch angelegten wie gegenwartsbezogenen – Kulturanalyse immer an den entsprechenden Kontext gebunden. »Im Mittelpunkt der Kulturanalyse«, konstatiert der Kulturwissenschaftler Rolf Lindner, »stehen ... kulturelle Konstellationen – cultural conjunctures im Sinne der Cultural Studies –, bei denen soziale, kulturelle und biographische Komponenten auf eine zeitspezifische Weise zusammen treffen. Diese sichtbar zu machen und ihre Logik nachzuzeichnen, ist Aufgabe der Feld-Analyse im Sinne einer Untersuchung kultureller Komplexe« (LINDNER 2003: 184-185). Was Rolf Lindner hier programmatisch formuliert, entspricht dem generellen Fachverständnis einer empirischen Kulturwissenschaft, Europäischen Ethnologie oder Kulturanthropologie, in deren Fokus eine verlinkte Auseinandersetzung mit einer vernetzten Welt steht, um einem spätmodernen Alltag und seinen vielfältigen Lebenswelten gerecht zu werden und damit nicht ein Denken in voneinander abgekoppelten Segmenten das Verstehen von Verbindungen blockiert. Exemplarisch soll dieser Zugang, der nach Verknüpfungen, aber auch nach Untiefen, Uneindeutigkeiten oder gar Ambivalenzen im Verhältnis von Positionen und Akteurinnen wie Akteuren, nach Orten, Atmosphären und Situationen, nach Medien und anderen Formen der Performanz und des Ausdrucks fragt, an der Schnittstelle von ›Exotik‹ und ›Folklore‹ ausgelotet werden. Analog zum Wandel des ethnografischen Sehens befasst sich der Beitrag anhand von ›Ästhetiken der Differenz und des Hybriden‹ mit dem Wandel der Gesellschaft und stellt in Anlehnung an Claude Lévi-Strauss die Frage, wie synchron/asynchron und dabei bewusst/unbewusst unter wissenschaftlichen, politischen, individuellen und/oder kollektiven Gesichtspunkten und damit verflochtenen Interessenlagen mit einer Welt in Bewegung umgegangen wird.

3. Exotik

ABBILDUNG 1
Textilmuseum in Bursa, Türkei, 2014

Foto: Simone Egger

Exotik, also das, was ›fremd‹ oder ›anders‹ erscheint, entsteht immer aus der Distanz. Etwas Anderes, Unbekanntes kann neugierig machen, und das Unvermögen, Bedeutungen (erst einmal) nicht fassen zu können, kann zu Übersetzungen anregen. ›Das Fremdartige‹, ›das Besondere‹ scheint aus dieser Warte heraus spannend. Differenz kann irritieren und aus dieser Irritation wieder Wissen generieren. Die Kehrseite ist ein Exotismus, der exkludierend und dabei häufig ethnisierend argumentiert. Der Politologe Klaus von Beyme skizziert die beiden Dimensionen des Diskurses um Exotismus und Orientalismus, die er in dieser Doppeldeutigkeit verbunden sieht, folgendermaßen: »– die positive Seite der Faszination durch das Fremde, die Verständnis und Sympathie weckte; – die negative Seite der Vorurteile, des Eurozentrismus, des Imperialismus, des Rassismus und des Sexismus« (BEYME 2008: 7). In Vergangenheit und Gegenwart spielt in dem Zusammenhang auch der Kolonialismus eine zentrale Rolle. Ein ›Sich-Erheben‹ schwingt allzu oft mit, wenn über ›Andere‹ geredet wird. Unterschiede werden im 21. Jahrhundert insbesondere als kulturell unüberbrückbar angesehen und vor allem behauptet (vgl. BALIBAR 1992). Kultur ersetzt dabei den Begriff der ›Rasse‹, mit dem Ungleichheit seit dem 19. Jahrhundert behauptet wurde. Die Debatte wird oft über Zeichen geführt, das Politische hat häufig eine materielle und über Bildmedien transportierte visuelle Komponente. Ein wiederkehrendes Motiv ist in diesem Kontext eine Frau mit Kopftuch unter anderen, unbedeckten Frauen in einem Stadtraum. In der Regel liegt der Verdacht nahe, dass die Fotografien nicht mit den Frauen abgesprochen sind, die Abgebildeten bleiben – entsprechend gängiger Meinungen über ihre vermeintliche Stimmlosigkeit – auch in der Setzung durch Fotografinnen und Fotografen anonym. Reproduziert werden Klischees, ohne Persönlichkeitsrechte zu wahren (vgl. ABUZAHRA 2017). Die Auseinandersetzung mit der Konstruktion dieser Bilder und ihrer konkreten Vervielfältigung kann als historische Spurensuche beginnen und muss auch in der Beschäftigung mit gegenwärtigen Fragmenten das Prozesshafte, die Überlagerung von stereotypen Vorstellungen, miteinbeziehen. Das Wiener Weltmuseum hat sich im Rahmen der Ausstellung ›Verhüllt, enthüllt! Das Kopftuch‹ mit der Diversität dieses Kleidungsstück quer zu Zeit und Raum befasst (vgl. STEINMANN 2018). Derartige Strukturen und Mechanismen hat auch ›Constructing Paradise‹ im Austrian Cultural Forum in New York thematisiert: »While the early modernists may not have realized the imprint their images would leave on Western image culture, the exotic image has persisted to influence waves of inspiration, imitation, and critique for more than a century« (LEE/KESSLER/BURCHHART 2017: 19). Die Autorinnen und Autoren kommen zu dem Schluss, dass eine kritische Analyse exotischer Bilder oder überhaupt von Exotismen nicht nur Erkenntnisse in Bezug auf das Denken in der Vergangenheit liefern kann; von besonderem Interesse ist dabei die Verortung im Diskurs um die Moderne. Der Blick in die Vergangenheit ermöglicht darüber hinaus Einsichten in gegenwärtige Bedingungen einer global vernetzten Welt.

Ein historisches Beispiel aus den Aufzeichnungen des bekannten Weltenbummlers und Afrikaforschers Sir Richard Francis Burton macht die Wechselseitigkeit des Betrachtens und Beschreibens deutlich, oft gibt es Überlieferungen nur von einer Seite, seien es Bilder oder Texte, womöglich spielte die Schrift auf der anderen Seite keine besonders große Rolle oder eine Begegnung wurde mit Naturmaterialien festgehalten, die in der Gegenwart nicht mehr existieren. Neill MacGregor, Kunsthistoriker und langjähriger Direktor des British Museum in London, weist in seinem Band *Eine Geschichte der Welt in 100 Objekten* wiederholt auf diesen Umstand hin (vgl. MACGREGOR 2015). Im Jahr 1880 reiste Burton mit seiner Frau, einer gläubigen Christin, zu den Passionsspielen nach Oberammergau. Das von Laien ausgeführte Schauspiel zur Lebens- und Leidensgeschichte von Jesus Christus wird alle zehn Jahre in der oberbayerischen Gemeinde aufgeführt. Unter der Regie von Christian Stückl ist 2022 wieder eine Darbietung zu sehen. Der Besuch von Burton vor mehr als 100 Jahren trug schon bald zur internationalen Bekanntheit des geografisch eher am Rande gelegenen Dorfes in den Alpen bei. Der britische Reiseveranstalter Thomas Cook führte die Passion zu diesem Zeitpunkt allerdings schon in seinem Programm, und besonders viele Reiseführer erschienen in jenen Jahren sowohl in deutscher als auch in englischer Sprache. »Eine zwanzigminütige Fahrt von der Bergkuppe bringt uns nach Oberammergau« (BURTON 2010: 43), schrieb Burton in seinen Aufzeichnungen über die beschwerliche Anreise. »Für die 16 schlammigen, schmutzigen Meilen braucht es drei geschlagene Stunden. Wir finden Unterkunft ohne Kost in Nummer 43, bei Frau Hauser, einer guten alten Seele, die sich darauf beschränkt, heimlich unsere Habseligkeiten zu inspizieren« (ebd.). Der weit gereiste Burton schimpfte über die Zustände in der Gemeinde und beschrieb das Gebaren der Einheimischen in seinen Notizen aus einer ethnografisch vergleichenden Perspektive.

4. ›Das Eigene‹ // ›Das Fremde‹

Laut Claude Lévi-Strauss ist eine Ethnologin, ist ein Ethnologe eine Person, die oft das ablehnt, was ihr oder ihm allzu vertraut erscheint, was als ›das Eigene‹ gelten mag. Aus dieser Haltung heraus stellt sich nun aus seiner Sicht die Frage, wie differenziert der Blick auf ›das Andere‹ sein kann – ohne sich jemals mit nahe liegenden Perspektivenwechseln oder Phänomenen wie der Erfindung von Traditionen im eigenen Umfeld befasst und auf diese Weise ein Gespür für das Einschätzen von Situationen entwickelt zu haben. Der Wert, der »exotischen Gesellschaften« mit einer solchen Einstellung beigemessen wird, wächst umso mehr, je »exotischer« sie erscheinen, entbehrt aber jeder Grundlage, so der Anthropologe. Diese Überhöhung ist vielmehr Ausdruck »der Verachtung und zuweilen der Feindseligkeit, die ... die in seiner eigenen Umwelt geltenden Sitten einflößen. Während er in seiner Heimat die traditionellen Bräuche gern untergraben möchte und sich gegen sie auflehnt, verhält er sich respektvoll, ja sogar konservativ, sobald er einer fremden Gesellschaft gegenübersteht« (LÉVI-STRAUSS 1999: 377). In einer derartigen Attitüde sieht Claude Lévi-

Strauss ein Problem, weil sie die Ausgewogenheit im Taxieren von Beobachtungen beeinträchtigt. Mehr noch versteht er ein solch bewusst herbeigeführtes Unvermögen als Überlegenheitsgestus. Der zeigt sich gegenüber den Beforschten ebenso wie gegenüber anders agierenden Forscherinnen und Forschern: Die Ethnologinnen und Ethnologen, die eine derart eng geführte Perspektive einnehmen, »versuchen nämlich, die Mystifizierung (die sie sich zuschulden kommen lassen) als das Gegenteil des Mystizismus (den sie uns zu Unrecht vorwerfen) hinzustellen« (ebd.: 379). Claude Lévi-Strauss schlägt unterdessen vor, sich selbst zu reflektieren und weder zu projizieren noch zu idealisieren, sondern sich jeweils die Umstände einer Entwicklung oder eines Phänomens anzuschauen. Das Nachdenken über die eigene Gesellschaft, das Vergleichen, das Abwägen, scheinen dem Anthropologen dabei von wesentlicher Bedeutung. Grundsätzlich betrachtet er Menschen und ihre jeweilige Form der Organisation auf der gleichen Ebene und bemüht sich um Begegnungen auf Augenhöhe. Aus der Beschäftigung mit den Lebensweisen anderer Menschen können wir schließlich zuallererst Erkenntnisse über uns selbst ziehen und möglicherweise Veränderungen in der eigenen Gesellschaft anstoßen. In der eigenen Gesellschaft verfügt, so der französische Anthropologe, auch die Ethnologin, der Ethnologe über das Recht, sich einzubringen – ohne in asymmetrischer Weise durch Wissen gestützte Macht auszuüben. Einer solchen Herangehensweise ist auch ein Bewusstsein darüber implizit, was sich in der Welt seit Jahrhunderten durch koloniale und imperiale Bewegungen ausgehend von Europa verschoben hat, wenn nicht unwiederbringlich zerstört worden ist (vgl. ebd.: 389).

Dass diese europäische Geschichte des sich Erhebens keineswegs Vergangenheit und ausreichend geklärt ist, bildet sich auch im 21. Jahrhundert weiterhin ab. Ein Exempel ist die geradezu selbstverständliche Rede von der Eroberung oder auch Entdeckung ganzer Kontinente, die schon zuvor lange besiedelt waren. »Afrika war schon da, bevor es entdeckt wurde«, heißt es in einer Ausgabe des Jugendmagazins Fluter, das von der Bundeszentrale für politische Bildung herausgegeben wird (*Fluter* 2018: 5).

> »Als die Europäer ab dem 15. Jahrhundert in Afrika einfielen, taten sie so, als würden sie einen unzivilisierten Kontinent entdecken, dessen vermeintlich wilde Bevölkerung es zu bekehren galt. Stattdessen waren es die Eroberer selbst, die bei ihren Raub- und Mordzügen alle Zivilisation fahren ließen und die kulturelle Vielfalt des Kontinents zerstörten. Dabei existierte schon lange eine Reihe afrikanischer Hochkulturen, vom 13. bis zum 17. Jahrhun-

dert etwa das malische Kaiserreich. Historiker halten es für möglich, dass Kaiser Abdubakari II. im Jahr 1311 Richtung Amerika fuhr – fast 200 Jahre vor Kolumbus. Aus Mali stammen auch die Dogon, von deren Naturverständnis man heute viel lernen kann. Ihre Masken und Skulpturen sind eindrucksvolle Artefakte, von denen sich Kubisten wie Picasso und Braque einiges abschauten« (ebd.).

Der Blick ist in vielen Fällen gleichwohl nicht auf das Wechselseitige, auf das Begegnen und Übersetzen zwischen Menschen gerichtet, sondern tradiert Asymmetrien. Eine Geschichte der Verflechtungen und Konstellationen über nationalstaatliche Grenzen hinweg würde eine andere Art des Umgangs mit Wissensbeständen erfordern, die mitunter aber aus der gleichen Motivation heraus noch gar nicht für die Betrachtung durch jeweils andere erschlossen sind oder, obwohl zugänglich, nicht als Ressource wahrgenommen werden.

5. Folklore

Die Lebenswelten ländlicher Räume waren das verbindende Element der historischen Völkerkunde und der historischen Volkskunde. Während die Forschungsfelder der einen Disziplin in weit vom eigentlichen Sitz der Forschenden, einer Universität in Großbritannien oder in Frankreich oder anderswo, entfernten und damit per se exotisch anmutenden Regionen der Welt lagen, befassten sich die anderen mit den Idyllen der Umgebung und suchten im unmittelbaren Umfeld nach archaischen Relikten im Kontext eines Dorfs. In diesen nah gelegenen Regionen wie zum Beispiel in den Alpen wurden analog zu den Exotismen kulturelle Erscheinungsformen ausgemacht, die als ›Volkskultur‹ bezeichnet wurden und in diesem Selbstverständnis auf ›das Eigene‹ rekurrieren.

> »Mit dem Begriff ›Volkskultur‹, der aus der Industriegesellschaft aus einer sich entfremdet verstehenden Welt heraus entwickelt worden ist«, erläutert der Kulturwissenschaftler Konrad Köstlin, »stellen wir ... dieser Welt unserer zerteilten Erfahrung eine Gegenwelt gegenüber. Sie enthält einen Wunsch von Totalität, einen Wunsch, definitiv begrenzte und übersehbare Systeme, Sinnzusammenhänge, Räume zu konstituieren. Das Wort Denkgebäude ist da ganz hilfreich. Ein Haus aus Gedanken, in dem man wohnen kann, ein Haus aus Gedanken, die sich aus Visionen der Vergangenheit speisen« (KÖSTLIN 1990: 13).

Von Folklore zu sprechen hat im Fachdiskurs wie im alltäglichen Sprachgebrauch in der Regel eine negative Konnotation, unterschieden wurde über Jahrzehnte zwischen ›echter Volkskultur‹ und ›falscher Folklore‹. Die sogenannte ›Folklorismus-Debatte‹ sagt vor allem etwas über das Aushandeln von Deutungshoheiten aus. In einem gegenwärtigen Verständnis werden die unterschiedlichen Varianten als Spielarten desselben Themas gesehen, und nach identitätsstiftenden Bedeutungen in gesellschaftspolitischen Kontexten wird gefragt (vgl. EGGMANN 2013; EGGER 2014).

In ihrem 1978 erstmals erschienenen Band zum Verhältnis von *Kultur und Alltagswelt* befasst sich die Kulturanthropologin Ina-Maria Greverus eingehend mit der Frage, was der Erkenntnisgegenstand einer Ethnografie an der Schnittstelle ›des Eigenen‹ und ›des Fremden‹ sein kann. In Auseinandersetzung mit den Überlegungen von Henri Lefebvre und Claude Lévi-Strauss diskutiert sie, wohin sich ein kulturwissenschaftliches Forschen angesichts des gesellschaftlichen Wandels orientiert. Aufgefasst werden können die Gedanken von Ina-Maria Greverus aus der Perspektive der Gegenwart nicht nur als Beitrag zur Entwicklung der Disziplin, sondern sie sind zugleich Quelle für ein Verständnis des Wissens, das eine empirische Kulturwissenschaft in der Vergangenheit beschäftigt hat. Begriffen als Dokument einer Übergangsphase, lässt sich aus dem Text entnehmen, dass Gesellschaften noch im Sinne von mehr oder weniger abgeschlossenen ›Kulturen‹ aufgefasst werden. Gleichwohl spricht sich die Anthropologin bereits für einen »interkulturell vergleichenden Ansatz« aus, der überhaupt nicht mehr zwischen einer Völkerkunde, die »schriftlose Stämme«, und einer Volkskunde, die »das Volk« – gemeint sind »Reliktkulturen in komplexeren Gesellschaften« (GREVERUS 1978: 47) – erforscht, unterscheidet. An diesem Punkt wird deutlich, wie die kulturwissenschaftlichen Fächer einerseits auf eine Spurensuche ausgerichtet waren und Differenzen andererseits bewusst herausgearbeitet und damit nicht zuletzt hergestellt haben – auf Kosten von Gemeinsamkeiten, die eben nicht thematisiert worden sind. Ina-Maria Greverus denkt gleichwohl über theoretische Konzepte wie die der Lebenswelt, von Raum, Klasse oder Identität nach und entwickelt aus den gegebenen Formationen weiterführende Ansätze. »Dabei geht es heute weniger um die exotischen Entdeckungen des ›ganz Anderen‹, sondern um die Vielfalt des Alltäglichen« (GREVERUS 1978: 47). Diese Vielfalt des Alltäglichen ist überall auf der Welt zu entdecken: Aspekte ethnografischer Auseinandersetzung können soziale oder auch kulturelle Differenzen sein, Formen von Performanz, die Interpretation von popkulturellen Elementen, folkloristische Zitate, das Einordnen in Netzwerke und Strukturen, die über eine Zeit und einen Ort hinaus verweisen. Größte Aufmerksamkeit muss gegenwärtig Phänomenen des Übergangs gelten, hybriden Figuren, sich wechselseitig aufgreifenden Formationen.

6. Grenzziehungen

Während der deutsche Innenminister Thomas de Maizière im Wahlkampf des Jahres 2017 unter anderem den Satz »Wir sind nicht Burka!« in einem Papier zum Thema Leitkultur postuliert hat, warb die politisch rechts orientierte Partei AfD (Alternative für Deutschland) im Bundestagswahlkampf 2017 mit drei Frauen in Tracht. Kommentiert wurden die gezeigten Kleider auf dem Poster mit dem Slogan »›Bunte Vielfalt?‹ Haben wir auch« (STERN 2017). Das Bild wurde viel diskutiert, meist belustigt wurde über die Ahnungslosigkeit der Verantwortlichen gespottet. Der BAYERISCHE RUNDFUNK titelte deshalb unter der Rubrik ›Faktenfuchs‹: »Falsche Tracht auf AfD-Plakat« (ebd.). Wie die Journalistin Jenny Stern herausgefunden hat, glänzt »die Partei im Wissen um die heimische Kultur nicht unbedingt« (ebd.). Inszeniert in Sachen deutsche Volkskultur wurden eine Frau in einem Dirndl, eine weitere in einer historischen sorbischen Tracht und eine dritte mit Dirndl und einer Kopfbedeckung, die mit dem Schwarzwald in Verbindung gebracht werden kann. Das Dirndl sollte offenkundig für Bayern stehen, das Sorbische mittig, zu verorten in der Region um Bautzen in Sachsen, war die Vorzeige-Folklore der DDR, und der Bollenhut à la Schwarzwaldmädel sollte offenkundig auf die Diversität im Lande verweisen. Befragt nach der ›heimischen Kultur‹, attestierte schließlich Mike Lauble, Vorsitzender der Trachtenkapelle Gutach in Baden-Württemberg, der AfD vollkommene Unkenntnis in Bezug auf die Schwarzwälder Tracht (vgl. ebd.). Das Problematische an dieser Diskussion, abgesehen von der eindeutigen Referenz an die Propaganda des Nationalsozialismus, die benannt werden muss und kulturhistorisch hergeleitet werden kann, ist nun eben diese Idee von einer ›heimischen Kultur‹, die hier in einem statischen Verständnis und ohne historische Analyse wiedergegeben und damit überhaupt produziert wird. Bei näherer Betrachtung haben die als traditionell und lokalspezifisch rezipierten Dinge und Handlungen – die in einer medialisierten Welt zu Beginn des 21. Jahrhunderts nicht als angestaubt, sondern in ihrer Ungleichzeitigkeit als zeitgemäß verstanden werden – mit ihren plakativen Oberflächen immer auch mit Debatten um Deutungshoheit, etwa in Bezug auf Partizipation und Teilhabe, zu tun. Exotische oder volkskulturelle Objekte und Praktiken sind in den Fokus gerückt, gerade weil sie fließend in gegenwärtige, auch politisch geformte Ästhetiken übergehen und dabei doch nicht beliebig sind. Bemerkenswert ist in dem Kontext auch eine wiederkehrende Debatte um kulturelle Aneignung als koloniale Praxis, zum Beispiel das Tragen von Dreadlocks (vgl. KASTNER 2017). Auch am Exempel der US-amerikanischen Musikerin Beyoncé Knowles wird immer wieder debattiert, ob es in Ordnung ist, wenn sie als US-amerikanische Künstlerin nigerianische Folklore in ihrem Bildprogramm verwendet und popkulturell referenziert (vgl. IDOWU/ADEGOKE 2017).

ABBILDUNG 2
Stoffgeschäft, New York, USA 2012

Foto: Simone Egger

7. Hybride Identitäten

Der belgisch-kongolesische Musiker Baloji, Künstler und Regisseur, verknüpft Wissen um die Heimat seiner Mutter in Kinshasa mit seiner urbanen Lebenswelt in Brüssel. In sich überschneidenden Ästhetiken aus beiden Räumen entstehen hybride Bild- und Soundcollagen aus Mustern, Motiven und Rhythmen. Dabei bleiben die Bereiche weder separiert, was sie in den vergangenen 150 Jahren auch soziopolitisch und kulturell nicht waren, noch sind sie ohne Einflüsse aus anderen Feldern zu begreifen, die ebenfalls die Biografie von Baloji prägen, in der einen oder anderen Form aufgenommen werden und auf diese Weise immer wieder Einfluss nehmen auf Inhalt und Gestalt seiner Kunst.

> »Cowering under a statue called Belgium Bringing Civilisation to The Congo, one of four golden effigies in the entrance hall of the Royal Museum for Central Africa in Tervuren, near Brussels, there's a sculpture depicting a miserable African native, naked and blatantly ›savage‹ in the estimation of its colonial creator. For a moment before our interview, Baloji, one of the most innovative rappers and video producers to have emerged from Africa in recent years, loiters near this ludicrous pairing, tall and pensive in his two-piece suit of dark blue plaid, peach pink shirt and Puma trainers« (MORGAN 2011).

In München ist Baloji mit seiner Band im April 2018 aufgetreten. Seine Eindrücke von einem Stadtspaziergang hat der Musiker noch am selben Abend auf Instagram geteilt: Sehenswürdigkeiten, ein Plattenladen und der Ort vor dem Hotel ›Bayerischer Hof‹, an dem Michael Jackson gedacht wird (vgl. BALOJI 2018).

Der Kulturwissenschaftler Stuart Hall konstatiert, dass der »Prozess der Identifikation«, in dem Identitäten entworfen werden, fluider und variabler geworden ist. Unter den Bedingungen seiner Zeit, also einer Offenheit, die als Freiheit, aber auch als Verunsicherung empfunden werden kann, entwickelt sich ein »postmodernes Subjekt« mit variablen Bezugspunkten. »Identität wird ein ›bewegliches Fest‹. Sie wird im Verhältnis zu den verschiedenen Arten, in denen wir in den kulturellen Systemen, die uns umgeben, repräsentiert oder angerufen werden, kontinuierlich gebildet und verändert« (HALL 1994: 182f.). Wer in der Gegenwart den Fernseher einschaltet oder im Internet surft, kann überall auf der Welt gleichzeitig sein. Gerade in Großstädten, und weniger komplex und zeitlich versetzt auch in ländlichen Räumen, sind Differenzen längst in hybride Alltage aufgegangen. »Was bedeutet es für dich, ein Kopftuch zu tragen?«, wurde das Covermodel Mona Shama im August 2018 von der Redaktion des Magazins *Wienerin* gefragt (*Wienerin* 2018: 47). Die österreichische Publizistikstudentin hatte das Fotoshooting im Rahmen eines Wettbewerbs gewonnen.

»Ich habe bis zu meinem neunten Lebensjahr in Ägypten gelebt. Dort trägt man das Kopftuch aus kulturellen Gründen. Frauen zeigen damit quasi: ›Ich bin Ägypterin.‹ Es ist aber egal, wie es gewickelt wird – ob man Haare sieht oder nicht – oder wie man sich sonst kleidet. Hier in Europa wird das Kopftuch nicht gesellschaftlich von mir erwartet, ich trage es aus persönlicher Überzeugung. Für mich ist es ein Symbol und auch ein Stückchen Heimat« (ebd.).

Gerade im Umgang mit ethnokulturell codierten Praktiken und Materialitäten zeigt sich, wie Grenzen festgesteckt, verteidigt, ausgeweitet und eben auch überwunden werden. »Schönheit ist Vielfalt, sie liegt nicht nur im Auge des Betrachters, sondern ist auch davon bestimmt, in welchem kulturellen Umfeld, in welcher Zeit, in welchem gesellschaftlichen Kontext das Schöne an sich gesehen und bewertet wird«, erläutert die Journalistin Barbara Haas auf der Website der Zeitschrift *Wienerin*.

»Wenn man heute – im Sommer 2018 – durch Wien geht, sieht man auch Frauen mit Kopftüchern. Das ist eine Realität. Aber trotzdem wäre jetzt ein Kopftuch alleine eindeutig zu wenig, um auf das Cover der *Wienerin* zu kommen. Was wir gesucht haben – und auch in diesem Jahr haben sich wieder hunderte Frauen aus ganz Österreich dafür beworben – war eine Persönlichkeit, die anderen Frauen Mut macht. Mona hat die Jury in diesem Jahr genau davon überzeugt. Mit ihrem Charme, ihrer Natürlichkeit, ihrem ansteckenden Optimismus und ihrer inneren Stärke, in einem Land, in dem das Kopftuch keine Tradition hat, es trotzdem zu tragen und sich damit ein Stückchen alte Heimat aus Ägypten bewahren zu können. Und, natürlich ist auch das eine Realität, Gefahr zu laufen, von Menschen instrumentalisiert zu werden. Denn das Kopftuch ist gleichzeitig eine politische Debatte. Eine aber, die fast durchgängig ohne die Stimmen der Betroffenen geführt wird. Das ist demokratiepolitisch keine feine Sache, aber Frauen mit Kopftüchern muten sich die Debatte auch oft nicht zu. Mona aber hat sie sich zugemutet. Und was sie sagt, kommt aus meiner Sicht ohne politisches Kalkül aus« (HAAS 2018).

Im Kontext dessen, was als Exotik oder Folklore, als ›das Eigene‹ oder ›das Fremde‹ gelabelt ist, kann nachvollzogen werden, dass das, was angeeignet, mittels Handlungen oder in Diskursen markiert wird, immer auf unterschiedlichen Ebenen gleichzeitig gedacht werden muss und analytisch ebenfalls ausschließlich aus einer beweglichen Perspektive verstanden werden kann. Die Kulturwissenschaftlerin Elka Tschernokoshewa nennt das den Blick des Hybriden. Darunter versteht sie ein Set an Handlungen und Motiven, an das sich aus Sicht der Kulturanalyse breit anknüpfen lässt. Schließlich gibt es »eine Reihe von Unterschieden, Überkreuzungen, Vermischungen. [...] Der wichtigste Aspekt ist, daß in einem solchen Konzept das, der oder die Andere in seiner oder ihrer Andersheit nicht außerhalb der Grenzen der Gemeinschaft gedacht wird, wie dies bei dem homogenisierenden Konzept der Fall ist, sondern sie gehören hier zur Gemeinschaft dazu. [...] Dies ist eine grundsätzlich andere Vorstellung von Gemeinschaft als wir sie traditionell kennen« (TSCHERNOKOSHEWA 2001: 71). Ein solches Denken zwischen den Stühlen leitet auch die Cultural Studies und ihre Vertreterinnen und Vertreter. Erforscht werden wollen Übergänge und Übersetzungen, transdisziplinär und polydimensional, wie es dem Alltag der Gegenwart entspricht und auch vergangenen Alltagen entsprochen hat (vgl. LINDNER 2003). Volker Gottowik diagnostiziert gleichzeitig einen Wandel in der Betrachtung und Beschreibung ›des Fremden‹ – denn »von einem Ethnographen als distanziertem Beobachter kann ebenfalls keine Rede mehr sein, insofern die Darstellung beständig auf den gemeinsamen Dialog rekurriert, der Ethnograph demnach mit seinen Fragen, Erläuterungen und Antworten nahezu auf jeder Seite des Textes präsent ist« (GOTTOWIK 2007: 137).

Der Soziologe Ulrich Beck und die Soziologin Elisabeth Beck-Gernsheim sprechen von einem »gelebten Kosmopolitismus«, der alltägliche Praxis ist, aber nicht zwingend mit der Ausbildung eines »kosmopolitischen Bewusstseins« innerhalb von gesellschaftlichen Diskursen einhergegangen ist (BECK/BECK-GERNSHEIM 2007). Dieser Aspekt ist ein wesentliches Moment der politischen Polarisierung, die sich gegenwärtig in ganz Europa beobachten lässt, argumentiert die Soziologin Cornelia Koppetsch in ihrem Band *Gesellschaft des Zorns* (vgl. KOPPETSCH 2019). Wer sich – quer durch alle Schichten – als Verliererin oder Verlierer gegenwärtiger ökonomischer und soziopolitischer Entwicklungen versteht, lehnt die Auseinandersetzung mit der real existierenden Vielfalt postmoderner Gesellschaften ab, weil daraus ausschließlich Probleme abgeleitet werden (vgl. ebd.). Auch im Zusammenhang mit dem Ausstieg Großbritanniens aus der Europäischen Union spielt dieser Komplex ganz offenkundig eine zentrale Rolle: »Brexit was a vote against London, globalization and multiculturalism as much as a vote against Europe«, resümiert beispielsweise Craig Calhoun (2016), Direktor der London School of Economics. Angesichts des fortschreitenden Auseinanderdriftens von Positionen, einer Sprachlosigkeit zwischen Akteurinnen und Akteuren aus unterschiedlichen Milieus und einer öffentlichen, insbesondere in den Medien immer vehementer geführten

Debatte um die Zukunft der Erde, bedarf es Praktiken und Narrativen, die den sozialen Frieden wahren. Zu einer Gestaltung von Gesellschaft und der Übersetzung von Konzepten kann und muss in einem demokratischen Sinne auch eine Geistes- oder Sozialwissenschaft beitragen, gerade wenn in der Diskussion permanent von kulturellen Unterschieden die Rede ist und darüber soziale Fragen oder auch Fragen von Teilhabe verhandelt werden. Aus einer ethnologischen Perspektive ist etwa von Interesse, an welchen Schnittstellen neue Übergänge geschaffen werden und wo sich ein solches Wissen um Vielfalt im Alltag zeigt – ohne Mystifizierung und außerhalb von politischen Interessen. »Wer im Himalaya mal Buttertee getrunken und überrascht ›Bäh!‹ gerufen hat, weil er so salzig schmeckt, der weiß: Nur weil Tee bei einem zu Hause süß ist, heißt das nicht, dass er nicht auch ganz anders schmecken kann. Interessant, so ist das also mit der Vielfalt, erst mal überraschend, vielleicht sogar verstörend, dann aber doch bereichernd« (*Glamour* 2018: 57). Unter der Überschrift ›Darf's ein bisschen mehr sein?‹ thematisierte das Modemagazin *Glamour* im Mai 2018 außerdem, was Diversität im täglichen Leben bedeuten und »Warum jeder durch Diversity nur gewinnen kann«. Vorgestellt wurde ein 18-Punkte-Plan, »um unsere eigene kleine Welt noch vielfältiger zu machen«. Wie dem Heft weiterhin zu entnehmen ist, geht es dabei um nichts weniger als »[m]ehr Inspiration, mehr Möglichkeiten zur Entfaltung, mehr vom Leben« (ebd.). Solche Beispiele für die alltägliche Dimension eines gelebten Kosmopolitismus gilt es in einen Kontext mit Befindlichkeiten und dem durchaus variierenden Bewusstsein von Akteurinnen und Akteuren zu setzen und in den Relationen der Zeit zu verstehen. An der Schnittstelle von ›Exotik‹ und ›Folklore‹ wird schließlich auch darüber befunden, wie das Zusammenleben von Menschen mit diversen Lebensstilen, mit diversen Prägungen und diversen Vorstellungen künftig gelingen kann – bei allen Uneindeutigkeiten und Ambivalenzen, die sich gleichzeitig beobachten lassen.

Literatur

ABUZAHRA, AMANI (Hrsg.): *Mehr Kopf als Tuch. Muslimische Frauen am Wort*. Innsbruck, Wien [Tyrolia Verlag] 2017

BALIBAR, ÉTIENNE: Gibt es einen Neo-Rassismus? In: BALIBAR, ÉTIENNE; IMMANUEL WALLERSTEIN (Hrsg.): *Rasse – Klasse – Nation. Ambivalente Identitäten*. Hamburg, Berlin [Argument Verlag] 1992, S. 23-38

BALOJI: Instagram. https://www.instagram.com/stories/baloji/ [15.10.2018]
BECK, ULRICH; ELISABETH BECK-GERNSHEIM: Generation Global. In: BECK, ULRICH (Hrsg.): *Generation Global. Ein Crashkurs*. Frankfurt/M. [Suhrkamp Verlag] 2007, S. 236-256
BEYME, KLAUS VON: *Die Faszination des Exotischen. Exotismus, Rassismus und Sexismus in der Kunst*. München [Wilhelm Fink] 2008
BURTON, RICHARD F.: Von Murnau nach Oberammergau. In: TROJANOW, ILLJA (Hrsg.): *Oberammergau. Richard F. Burton zu Besuch bei den Passionsspielen*. Zürich, Hamburg [Arche Verlag] 2010, S. 35-44
CALHOUN, CRAIG: *Brexit is a mutiny against the cosmopolitan elite*. 2016. https://onlinelibrary.wiley.com/doi/abs/10.1111/npqu.12048. [01.07.2019]
EGGER, SIMONE: *Heimat. Wie wir unseren Sehnsuchtsort immer wieder neu erfinden*. München [Riemann Verlag] 2014
EGGMANN, SABINE: Was »Volkskultur« und »Gesellschaft« verbindet: eine theoretische Einleitung. In: EGGMANN, SABINE; KAROLINE OEHME-JÜNGLING (Hrsg.): *Doing Society: »Volkskultur« als gesellschaftliche Selbstverständigung*. Basel [Schweizerische Gesellschaft für Volkskunde] 2013, S. 9-26
Fluter. Jugendmagazin der Bundeszentrale für politische Bildung: Afrika. 2018. https://www.fluter.de/heft59 [19.07.2018]
Glamour: Darf's ein bisschen mehr sein? Mai 2018, S. 56-64
GOTTOWIK, VOLKER: Zwischen dichter und dünner Beschreibung. Clifford Geertz' Beitrag zur Writing Culture-Debatte. In: DÄRMANN, IRIS; CHRISTOPH JAMME (Hrsg.): *Theorien, Konzepte und Autoren der Kulturwissenschaften*. Paderborn, München [Fink Verlag] 2007, S. 119-142. http://www2.uni-frankfurt.de/43801796/Gottowik_Zwischen_dichter_und_d__nner_Beschreibung__2007.pdf [04.09.2018]
GREVERUS, INA-MARIA: *Kultur und Alltagswelt* (Notizen, Schriftenreihe des Instituts für Kulturanthropologie und Europäische Ethnologie an der Universität Frankfurt am Main, 26). Frankfurt/M. [Suhrkamp Verlag] 1987
GÜNZEL, STEFAN; DIETER MERSCH (Hrsg.): *Bild. Ein interdisziplinäres Handbuch*. Berlin [Springer Verlag] 2014
HAAS, BARBARA: Ein Covermodel mit Kopftuch? Natürlich! In: *Wienerin*. 3. Juli 2018. https://wienerin.at/ein-covermodel-mit-kopftuch-naturlich [16.10.2018]

HALL, STUART: Die Frage der kulturellen Identität. In: HALL, STUART: *Rassismus und kulturelle Identität. Ausgewählte Schriften 2.* Hamburg [Argument Verlag] 1994, S. 180-222

IDOWU, TORERA; YEMISI ADEGOKE: 5 times Beyoncé has been influenced by Nigerian culture. In: *CNN*, 30. Mai 2017. https://edition.cnn.com/2017/05/29/africa/beyonce-nigerian-culture/index.html [11.10.2018]

KASTNER, JENS. Was ist kulturelle Aneignung? In: *Deutschlandradio Kultur*, 15. Oktober 2017. https://www.deutschlandfunk.de/popkultur-debatte-was-ist-kulturelle-aneignung.1184.de.html?dram:article_id=397105 [9.08.2018]

KÖSTLIN, KONRAD: Der Begriff Volkskultur und seine vielfältige Verwendung. In: *Münchner Streitgespräche zur Volkskultur.* Dokumentation zur Tagung vom 28.-30. November 1986 im Hofbräuhaus am Platzl. Hrsg. vom Kulturreferat der Landeshauptstadt München. München [Buchendorfer Verlag] 1990, S. 12-15

KOPPETSCH, CORNELIA: *Die Gesellschaft des Zorns. Rechtspopulismus im globalen Zeitalter.* Bielefeld [Transcript Verlag] 2019

LEE, SUSIE S., in collaboration with MATHIAS KESSLER and DIETER BURCHHART: Deconstructing Desire: Reinterpreting the Exotic Image in Modernism and Beyond. In: LEE, SUSIE S. (Hrsg.): *Constructing Paradise.* Katalog zur gleichnamigen Ausstellung im Austrian Culture Forum New York, 1. Februar-24. April 2017. Salzburg [Pustet Verlag] 2017, S. 8-19

LÉVI-STRAUSS, CLAUDE: *Traurige Tropen.* Frankfurt/M. [Suhrkamp Verlag] 1999

LINDNER, ROLF: Vom Wesen der Kulturanalyse. In: *Zeitschrift für Volkskunde* 99, 2003, S. 177-188

MACGREGOR, NEILL: *Eine Geschichte der Welt in 100 Objekten.* München [C.H. Beck Verlag] 2015

MORGAN, ANDY: Interview with Baloji: ›I want to make music that is very African and very modern‹. In: *The Guardian*, 4. September 2011. https://www.theguardian.com/music/2011/dec/04/baloji-rapper-congo-sorcerer-interview [9.10.2018]

MOSER, CHRISTINE: Foreword. Continuing the Dialogue. In: LEE, SUSIE S. (Hrsg.): *Constructing Paradise.* Katalog zur gleichnamigen

Ausstellung im Austrian Culture Forum New York, 1. Februar bis 24. April 2017. Salzburg [Pustet Verlag] 2017, S. 7
STEINMANN, AXEL (Hrsg.): *Verhüllt, enthüllt! Das Kopftuch.* Begleitband zur gleichnamigen Ausstellung im Wiener Weltmuseum, 18. Oktober bis 26. Februar 2019. Wien [Sonderzahl] 2018
STERN, JENNY: *Falsche Tracht auf AfD-Plakat. Bayerischer Rundfunk Faktencheck.* http://www.br.de/nachrichten/faktencheck/falsche-tracht-afd-wahlplakat-tradition-100.html [15.08.2017]
TSCHERNOKOSHEWA, ELKA: Fremde Frauen mit und ohne Tracht. Beobachtungen von Differenz und Hybridität. In: HESS, SABINE; RAMONA LENZ (Hrsg.): *Geschlecht und Globalisierung. Ein kulturwissenschaftlicher Streifzug durch transnationale Räume.* Frankfurt/M. [Ulrike Helmer Verlag] 2001, S. 56-77
Wienerin: Interview mit Cover-Model Mona Shama. 2018

KLAUDIJA SABO

Nationale Identitäten, die durch den Magen gehen. Die Vermarktung von Nahrungsmitteln und ihre visuelle Darstellung in Südosteuropa

Essen und Trinken besitzen die Eigenschaft, Individuen, soziale Gruppen oder auch ganze Völker unterschiedlichster kultureller sowie politischer Gesinnung und Prägung zusammenzuführen.

Die Aufnahme von Nahrungsmitteln ist eben nicht nur lebensnotwendig, sondern auch ein integrativer, sozialer sowie kultureller Akt. Nicht umsonst hat der französische Soziologe Marcel Mauss das Essen als »phénomène social total« bezeichnet (MAUSS 1968: 24). Essen schafft es jedoch nicht nur, Gemeinschaften zusammenzubringen, sondern ist ebenso dazu in der Lage, ethnische, kulturelle sowie soziale (geschlechts-, alters- und schichtspezifische) Ungleichheit sichtbar zu machen und diese gegebenenfalls zu internalisieren, weswegen schon Pierre Bourdieu dem Essen in seiner Studie *Die Feinen Unterschiede* (1982) einen prominenten Platz zuwies. Am Beispiel des ehemaligen Jugoslawiens und Kroatiens soll hier verdeutlicht werden, wie über Nahrungsmittel die Vorstellung und Praktiken einer multikulturellen Gemeinschaft geformt sowie auch zerschlagen werden können. Der Dokumentarfilm *Cooking History* von Peter Kerekes (2006/2007) bietet durch die intimen Erzählungen von Branko Trbović, ›Vorkoster‹ des ehemaligen Staatsoberhauptes Josip Broz Tito, einen lebendigen Einblick in den gesellschaftspolitischen Umbruch der 1990er-Jahre und die schleichenden Nationalisierungsprozesse auch innerhalb der jugoslawischen Küche(n). Dabei schildert er recht bildlich, wie Ende der 1980er-Jahre die Speisenauswahl bei den Banketten der damaligen Führungsfiguren der sechs Teilrepubliken einem immer nationaleren Kurs folgte.

Nationale Identitäten, die durch den Magen gehen.
Die Vermarktung von Nahrungsmitteln und ihre visuelle Darstellung in Südosteuropa

»In 1991 everything started to disintegrate. Even the cuisine turned nationalistic. The diet changed and so did the governments. The state leaders were working on a plan to keep Yugoslavia together. They first met in Split on 28th March 1991. Franjo Tudjman invited them for lunch, and the nationalist games kicked off immediately. He served Dalmatian ham with olives, Croatian village pasta and Dalmatian pot roast. Pretty much all Croatian dishes, things that Serbs would hardly ever eat« (KEREKES 2006: 1:07:22).

An diesem Beispiel wird deutlich, dass die Essgewohnheiten von zu Staaten und Nationen vereinten Gruppen wie auch von sozialer bzw. von geschlechtlicher oder ethnischer Zuordnung geprägten Kreisen im Allgemeinen einen Mechanismus der Integration und/oder der Exklusion aufweisen (vgl. OTT 2017: 18). Dabei spielt der mit dem Essen verbundene Konsum und damit auch das ›Branding‹ der Produkte durch Marketing und Werbung eine nicht unwesentliche Rolle. Wer in diesem Prozess ›die Macht‹ innehat und von wem sie ausgeht, ist dabei nicht immer einfach nachzuvollziehen. Lebensmittelkonzerne und von diesen finanzierte Forschungsinstitute, staatliche Einrichtungen für Gesundheit und Ernährung, Schulen, politische Parteien und religiöse Institutionen sind einige der einflussnehmenden Instanzen, die nicht selten ihrer je eigenen Agenda folgen. Auch im Fokus der Öffentlichkeit stehende Individuen können zu Multiplikatoren werden und gewisse Vorstellungen von Nahrungsmitteln festigen.

Das slowenische Wasser mit dem Namen ›Radenska‹ soll hier als ein markantes Beispiel dienen, um die gemeinschaftsstiftende Agenda von Nahrungsmitteln innerhalb des Vielvölkerstaates aufzuzeigen. Für die gegenläufige Perspektive, also die einer Nationalisierung sowie Grenzziehung innerhalb des Vielvölkerstaates, werden die kroatischen Produkte des Süßwarenkonzerns Kraš als Beispiel herangezogen. Dabei wird neben den Produkten als solche und ihrem Konsum vor allem das Produktmarketing herausgestellt. Hier interessiert die visuelle Darstellung und damit u. a. die Gestaltung der Verpackung sowie die mediale Bewerbung und das darüber kreierte Image des Nahrungsmittelproduktes.

1. »Radenska verbindet uns«

Nicht nur die zahlreichen PartisanInnenfilme, Bücher und Schulunterlagen waren darauf ausgelegt, den jugoslawischen Mythos einer überregionalen und dabei religiös diversen Gemeinschaft zu stützen, sondern es gab u. a. auch in der sozialistischen Föderation Jugoslawien (SFRJ) vertriebene Nahrungsmittel, deren Image über das reine Produktmarketing hinausging und die eine gemeinschaftliche Identität stärken sollten.

Von dieser Funktion, als Träger von ›jugoslawischer Identität‹ zu fungieren, zeugt der im Jahr 1988 umgesetzte TV-Werbespot der Firma SM JWT[1] für das mit den drei sich überlappenden roten Herzen auf dem Etikett versehene Mineralwasser ›Radenska‹. Der slowenische Titel ›Radenska, überall in Jugoslawien‹ (›Radenska na vseh koncih Jugoslavije‹) lässt den Inhalt der Werbung erahnen (Abb. 1).

ABBILDUNG 1
Der völkervereinende Werbespruch von ›Radenska‹ in den 1980er-Jahren: ›Radenska, überall in Jugoslawien‹

Foto: Klaudija Sabo, Rijeka 2019

Der Spot zielte darauf ab, nicht nur den ›belebenden Effekt‹ des Wassers zu vermitteln, sondern gleichzeitig auch ein ›Wir-Gefühl‹ unter den verschiedenen Nationen und Völkern Jugoslawiens herzustellen. Dabei ist der von Stereotypen durchwirkte Spot in acht Sequenzen aufgeteilt, in denen sich sowohl die sechs Teilrepubliken als auch einzelne Regionen

---

1 Eine der ersten Marketingagenturen in Slowenien, welche im Jahr 1973 gegründet wurde.

und autonome Provinzen visuell repräsentiert finden. Den Anfang stellt Slowenien dar, die Herkunftsregion des Wassers. Auf den typischen, grün bewaldeten Berggipfeln Sloweniens sind zwei junge Wanderer zu sehen, die beherzt durch das Bild stiefeln. Darauf folgt Kroatien, wo ein älterer Fischer in den engen und schattigen Gassen auf steinigen Treppenstufen in illustrer Gesellschaft gezeigt wird. In Bosnien wiederum sitzt man auf Kissen in einem orientalisch anmutenden Café, während im Kosovo zwei geschäftige Eisverkäufer beim Feilbieten ihrer Ware als stellvertretendes Bild gewählt werden. In Serbien schreitet wiederum eine fröhliche Hochzeitsgesellschaft von einer Blaskapelle begleitet auf einen reich gedeckten Tisch zu. In Montenegro findet sich ein stolzer Männerchor vor einer imposanten Bergkette wieder. Eine in traditioneller Tracht gekleidete Frauengruppe wird in Mazedonien von Tabakpflanzen umrahmt, die im Chor als Abschluss den Slogan »Radenska verbindet uns« besingt. Neben der sich ständig wechselnden Flora, von Palmengewächsen in Kroatien bis hin zu der massiven Bergkette Montenegros, variieren auch die Sprachen und Dialekte von Land zu Land bzw. Region. Auch die sich an den Regionen ausrichtende musikalische Untermalung unterstützt die Darstellung kultureller Diversität. So wird weniger das sich Gleichende oder Gemeinsame in den Vordergrund gestellt, sondern der kulturelle Reichtum und die Vielfalt innerhalb des jugoslawischen Staatenverbundes über das Medium der Werbung mithilfe des Nahrungsmittels ›Wasser‹ vermittelt.

Ähnlich dem Gedanken der ›Brüderlichkeit und Einheit‹, die im jugoslawischen Staatenverbund über Jahrzehnte hinweg zelebriert wurde, propagiert auch der Werbeslogan von ›Radenska‹ das Motto, es sei irrelevant, aus welcher Kulturregion man stamme, denn »Radenska verbindet«. Hierbei wird ein Gemeinsinn der kulturell diversen Bevölkerung proklamiert, der auf dem gemeinsamen Kampf im Zweiten Weltkrieg gegen die Faschisten fußt. Während der Partisanenmythos eine wesentliche, da weitverbreitete Stütze im Nationsbildungsprozess des Landes darstellte, weist der ›Radenska‹-Leitspruch zudem auf die Ausbildung eines überregionalen Konsums hin, der gleichsam automatisch die verschiedenen Teilrepubliken miteinander verband. Während der Partisanenmythos sukzessive verblasste, bestand der Mythos eines Wirtschaftsverbundes, in dem Güter und vor allem auch Nahrungsmittel transnational vertrieben und konsumiert wurden, aufrecht. Eine Keksdose aus den 1980er-Jahren (Abb. 2) illustriert geradezu plakativ die Darstellung der Diversität innerhalb des Staatenverbundes. Auf der sechseckig geformten Blechdose wird auf jeder

der freien Flächen jeweils eine in traditioneller Tracht dargestellte Männer- oder Frauenfigur gezeigt. Jede der abgebildeten Figuren entstammt einer anderen Region, sie alle halten sich jedoch sichtlich erfreut an den Händen. Dieses wirtschaftlich wie auch historisch gewachsene Bündnis veränderte sich schleichend in den 1980er-Jahren und zerfiel dann gänzlich mit Ausbruch des Krieges in den 1990er-Jahren.

ABBILDUNG 2
Die verschiedenen Ethnien halten sich freundschaftlich an den Händen.

Foto: Klaudija Sabo, Wien 2019

2. Kraš: Königreich der Tiere

Anhand der Geschichte und Werbeikonografie des kroatischen Süßwarenkonzerns Kraš kann nachvollzogen werden, in welcher Weise Nahrungsmittel zur Ausbildung und zum Wandel einer nationalen Gesinnung und Identität beitragen können. Historiografisch gesehen entsprang das Unternehmen aus zwei Fabriken, der 1911 gegründeten Firma ›Union‹, einer der ältesten Schokoladenherstellerbetriebe in Südosteuropa, und der 1923 gegründeten Firma ›Bizjak‹, die Zwieback, Kekse und Waffeln herstellte. Diese beiden Firmen wurden im Jahr 1950 zusammen mit weiteren, kleineren Herstellern zu einem größeren Süßwarenkonzern zusammengelegt und zu Ehren des antifaschistischen Kämpfers und Syndikalisten Josip

Kraš[2] in Kraš umbenannt. Josip Kraš wurde nicht nur posthum für seinen antifaschistischen Kampf vom jugoslawischen Staat geehrt und zum nationalen Helden[3] erklärt, er hat sich zudem noch vor Beginn des Zweiten Weltkriegs für die Rechte der Markthändler, Köche, Kellner und Wasserarbeiter eingesetzt und wurde so zu einem der führenden Vertreter der Arbeiter, die beruflich mit Essen und Wasser in Verbindung standen (o. A. 1975: 55). Trotz seiner Leistungen brachte ihm die posthume Ehrung als Namensgeber eines Süßwarenkonzerns ein neckisches Schmählied, das in der Bevölkerung weit verbreitet war, ein: »Josef Kraš unser Held, hat mutig gehandelt und sich in einen Keks verwandelt« (»Josip Kraš, heroj naš hrabro se borio i u kekse pretvorio«) (ADRIĆ 2004: 159). Eines der erfolgreichsten Produkte der Süßwarenfabrik Kraš zur Zeit Jugoslawiens war ›Das Königreich der Tiere‹ (CARSTVO ŽIVOTINJA), welches im Jahr 1956 in den Handel eingeführt wurde (Abb. 3). Diese dünnen und schmalen Schokoladenriegel waren in blauer Folie verpackt und im Einband mit Sammelbildchen versehen. Diese Sammelbildchen konnten die Konsumenten und Konsumentinnen in ein Stickeralbum kleben, welches eine Vielzahl an Informationen über die Tiere bereithielt. Diese waren auch aufgefordert, das prall gefüllte Stickeralbum wiederum an Kraš zu senden, worauf das Unternehmen diesen dann in weiterer Folge einen Warenkorb voller Süßigkeiten bescherte.

Der im Jahr 1991 ausbrechende sogenannte ›Heimatkrieg‹ veränderte nicht nur die Produktpalette von Kraš, sondern auch die Besitzverhältnisse. Der sich im jugoslawischen Verbund noch in staatlichem Besitz befindliche Süßwarenkonzern wurde während des Krieges privatisiert und in eine Aktiengesellschaft umgewandelt. Mit dem Besitzerwechsel veränderte sich auch die politische Botschaft. Nun zierten nicht mehr die vielfältigen Abbildungen der Tierwelt die Verpackung, sondern camouflagefarbenes Einwickelpapier (Abb. 4). Dabei war Kraš nicht das einzige Unternehmen, welches den Trend zur ›Militarisierung‹ seiner Verpackungen aufgriff. So wickelte beispielsweise auch die 1905 gegründete und für ihre Kekse und

---

2   Aufgrund seiner politischen Aktivitäten wurde Josip Kraš elf Mal verhaftet und ging dann schließlich, nachdem das nationalsozialistische Deutschland Jugoslawien eingenommen hatte, im Jahr 1941 in den Untergrund, wo er noch im selben Jahr verstarb.
3   In dem Buch *Naraodni heroji Jugoslavije*, welches 1957 herausgegeben wurde und in den meisten jugoslawischen Buchgeschäften zu finden war, wurden alle offiziell erklärten nationalen Helden und deren Lebensweg im jugoslawischen Raum aufgeführt – so auch der von Josip Kraš.

Waffeln bekannte Firma Koestlin ihre Keksverpackungen zur Zeit des ›Heimatkrieges‹ in Camouflagefarben (Abb. 5).

ABBILDUNG 3
Nach dem jüngsten Krieg (1991-1995) wurden die Schokoladentafeln ›Königreich der Tiere‹ wieder neu aufgelegt.

Foto: Klaudija Sabo, Rijeka 2019

ABBILDUNG 4
Camouflagefarbenes Einwickelpapier ›Cro Army‹

Foto: Klaudija Sabo, Rijeka 2019

ABBILDUNG 5
Auch die Keksverpackung von Koestlin passt sich der Zeit an.

Quelle: H.M.: »Slatko-slana nostalgija«. In: Index.hr (17.2.2016). https://www.index.hr/magazin/clanak/slatkoslana-nostalgija-2-sve-fine-stvari-koje-koje-nas-u-isti-tren-vracaju-u-djetinjstvo/874983.aspx [4.7.2019]

In dem Einband der Schokoladenriegel von Kraš fanden sich neben der Schokolade nun nicht mehr fotografische Abbildungen von Tieren, sondern realgetreue Zeichnungen verschiedenster kroatischer Soldaten in unterschiedlichen Posen und Kriegssituationen. Zugleich wurde der Name der Schokolade von ›Königreich der Tiere‹ in die englischsprachige Betitelung ›Cro Army‹ geändert. Auch hier wurde das alte Konzept beibehalten, dass mit dem Sammeln der Sticker jedes Kind ein Präsent erwarten kann – es wurde aber ebenfalls neu adaptiert. Nun konnte man sich entscheiden, ob man entweder das Stickeralbum selbst zugeschickt bekommen möchte, in welches die Bilder dann eingeklebt werden konnten, oder Aufbügelsticker der TV-Spot-Figuren erhalten wollte – die sogenannten Maskottchen von ›Cro Army‹.

3. ›Cro Army‹: Kindersoldaten

Der im Jahr 1992 umgesetzte TV-Werbespot für die ›Cro-Army‹-Schokoladentafeln eröffnet mit einer friedlich-bunten, in Aquarelltönen gehaltenen Zeichentricklandschaft, in der ein überdimensionaler farbenfroher Schmetterling quer durch das Bild fliegt. Daraufhin marschieren gesichtslose Schokoladentafeln mit ihren im Stechschritt laufenden Beinen durch das Bild. Drei dieser Tafeln liegen in der nächsten Einstellung waagerecht in der

Landschaft, auf der mittleren Tafel sind drei Kinder zu sehen: ein blondes langhaariges Mädchen und zwei Jungen mit dunkel- und hellbraunem Haar in Camouflage-Anzügen (Abb. 6). Neben ihrer unterschiedlichen Haarpracht tragen sie auch unterschiedliche Helme bzw. Mützenarten. Bei allen dreien ist dabei deutlich das kroatische Wappen auf ihrer Kopfbedeckung zu erkennen. Der Kopf sowie auch die Augen wirken proportional zum Körper überdimensioniert und verstärken so den Eindruck, wir hätten es mit kindlichen, verniedlichten Figuren zu tun. Nachdem die drei Maskottchen, oder eindeutiger gesprochen Kindersoldaten, auf diese Weise vorgestellt wurden, ertönt aus dem Off eine Stimme, die das Sammeln der ›Cro-Army‹-Bilder propagiert, mit denen dann ein Stickeralbum oder ein Aufbügelsticker erworben werden kann (Abb. 7). Gleichzeitig springt die Zeichentrickanimation nun auf nichtfiktionale Bilder über. Mittels dieser werden das Stickeralbum wie auch die jeweiligen Aufkleber vorgestellt, wobei auf letzteren realistisch gezeichnete Soldaten in verschiedenen Kriegssituationen dargestellt finden. Man sieht zwei Kinder (je weiblichen und männlichen Geschlechts), die interessiert die Alben durchblättern und motiviert Bilder einkleben. Die letzte Szene zeigt wiederum die Maskottchen in Camouflage. Eines von ihnen verweist mit seinem Hund lachend auf die Milchschokoladentäfelchen – gegen Ende fliegt kein Schmetterling, sondern eine weiße Taube durch das Bild und verwandelt sich schließlich zum Markenlogo von Kraš.

ABBILDUNG 6
Die ›Cro Army‹-›Maskottchen‹ auf den Schokoladentafeln

Quelle: Filmstill Kraš-Werbefilm: *Cro Army*, Zagreb 1992

ABBILDUNG 7
Über den Krieg lernen mit dem Stickeralbum von ›Cro Army‹.

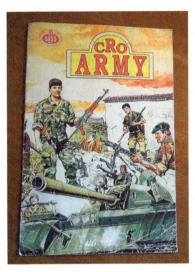

Foto: Klaudija Sabo, Wien 2019

In diesem Werbespot verknüpft der rasante Wechsel zwischen Zeichentrickanimation und den nicht-fiktionalen Filmaufnahmen die beiden verschiedenen Welten miteinander und erweitert so die Palette an Identifikationsangeboten für das Zielpublikum ›Kinder und Jugendliche‹. Auf der einen Seite finden sich hier die animierten Figuren, die kleinen Kindern ähnlich sehen und als Soldaten gekleidet sind, auf der anderen Seite sehen wir zwei Kinder mittleren Alters, welche ihre Sammelbilder einkleben und sich für die dargestellten Kriegshandlungen interessieren.

Der Versuch einer ›Militarisierung‹ von Kindern ist kein neu auftretendes Phänomen während der Jugoslawienkriege, sondern wurde beispielsweise schon vor und während des Ersten Weltkrieges in vielen verschiedenen (europäischen) Nationen (vornehmlich Frankreich, Belgien, Deutschland und den USA) als ein Mittel der mentalen Mobilisierung genutzt, was sich zu dieser Zeit insbesondere an der zunehmenden Massenproduktion von Kriegsspielzeug beobachten lässt. Diese sollten die Kinder, Michael Paris zufolge, davon überzeugen, »[...] that war was natural, honourable and romantic« (PARIS 2000: 8). Die erhöhte Anzahl an militärisch geprägten

Inhalten, die sich nicht nur in Spielzeug, sondern auch in Kinderbüchern wiederfand, bezeichnet O'Sullivan als »spielerische Initiationen in die Rituale des militärischen Lebens« (O'SULLIVAN 2016: 197). Neben der Konfrontation der Kinder mit dem Krieg in Form einer Darstellung, die ihnen als »[...] ehrenhaft und romantisch erscheint« (ebd.), wurden zugleich auch die Erwachsenen adressiert. Denn nach Demm sind Kinder wichtige Multiplikatoren von Propaganda. So können über die Kinder gewisse Normen, Werte und politisch gefärbte Wissensbestände erfolgreich an die Eltern und weitere Familienmitglieder vermittelt werden (vgl. DEMM 2001: 60). Diese Heranführung an den Krieg wird im Fall des Werbespots sowie des Sammelalbums von ›Cro Army‹ in eine spielerische Form der Aneignung verpackt. Während in kroatischen Militärzeitschriften (wie bspw. der *Gardist*), zahlreichen Büchern zum Heimatkrieg sowie Tageszeitungen (wie bspw. *Jutarnji List*, *Dnevni List*) Militär und der Krieg üblicherweise mit hoher Seriosität behandelt werden, ermöglichen die zeichentrickanimierten Figuren im Kontext eines Werbespots einen eher humoristischen Zugang zu patriotischen und militärischen Inhalten. Neben dem Militärischen spielt aber vor allem auch die Schokolade als Genuss- sowie Belohnungsmittel eine entscheidende Rolle. Denn über sie werden die Abbildungen von Soldaten mit etwas Genussvollem und Positivem verknüpft. Gleichzeitig übernimmt das begleitend herausgegebene Album eine didaktische Aufgabe und führt in die Waffenwelt und die kroatische Kriegsführung ein. Die Ambivalenz der Kindersoldaten – respektive Maskottchen – und der in Pastellfarben gehüllten aquarellartig dargestellten Landschaft mit intakter Flora und Fauna wird durch die weiße Taube am Ende der Einstellung nochmals verstärkt. Die weiße Taube, welche innerhalb des Christentums als Symbol des Friedens gilt, steht konträr zu den Kriegsschaubildern. Sie war es, die laut der Bibel Noah einen Ölzweig als Zeichen für das Ende der Sintflut brachte. In der Antike stand die Taube zudem symbolisch für Sanftmut, Einfalt und Unschuld, da man nach der Säftelehre glaubte, sie hätte keine Galle und wäre damit frei von allem Bösen und Bitteren (BOEHME-NESSLER 2010: 99). Auffällig ist auch, dass sowohl die kleinen Kindersoldaten als auch die aufmarschierenden Schokoladentafeln keinerlei Waffen tragen, obwohl ihre Kleidung eindeutig die Insignien des Krieges aufweist. Hiermit wird u. a. nach außen hin deutlich gemacht, dass sich ein Land zwar für den Krieg rüstet, jedoch eine eher verteidigende und damit moralisch weniger problematische Stellung als Opfer und Angegriffener einnimmt, statt selber aktiv mit Waffengewalt vorzugehen.

ABBILDUNG 8
Das ›Cro Army‹-Werbefilmmaskottchen in militärischer Uniform hebt seine Hand zum Peace-Zeichen

Quelle: Filmstill Kraš-Werbefilm: *Cro Army*, Zagreb 1992

An einer der beworbenen Bügelfiguren wird über eine besonders prägnante Handhaltung eben diese ambivalente Haltung gegenüber dem Krieg besonders deutlich (Abb. 8). Zu sehen ist ein rothaariger Junge in Camouflageanzug und schwarzen Stiefeln. Seine Haare werden mit einem schwarzen Band zusammengehalten. An seinem Gürtel trägt er einen Pistolenholster, ohne dass die Pistole selber jedoch zu sehen ist. Die rechte Hand der Figur ist zu einem Peace-Zeichen erhoben. Das Motiv findet in Kroatien zu der Zeit eine häufige Entsprechung in fotografischen Abbildungen und künstlerischen Darstellungen von Soldatenfiguren (vgl. SABO 2017: 149). Denn auf ihnen ist der stilisierte Kriegsheld häufig mit einer Hand oder auch beiden hoch erhobenen Händen dargestellt, die das Peace-Zeichen ausführen. Zeige- und der Mittelfinger sind dabei stets in Form eines V voneinander abgespreizt. Vor allem zu Beginn des Krieges (1991-1995) lässt sich eine erhöhte Produktion dieses Motivs finden. Darunter finden sich wiederum auch Kinder in Kriegsuniformen. So ist zum Beispiel auf dem Plakat von Ivo Vrtarić, das von der kroatischen Brigade ›Posavina‹ in Auftrag gegeben wurde, in der Mitte des Bildes ein Junge in camouflagefarbener Uniform vor einem weißen Hintergrund zu sehen (Abb. 9). Auch er stellt mit den Fingern das Peace-Zeichen nach. Auf dem rechten Bildrand nimmt die blockförmige schwarze Schrift den gesamten Raum mit der Aussage ein: »Auch mein Vater ist ein kroatischer Soldat.« Der hier abgebildete Junge repräsentiert drei wesentliche ikonografische Attribute des kroatischen Soldaten, die wie ein Musterbild in den kroatischen Medien präsentiert worden sind: die camouflagefarbene Uniform, das Peace-Zeichen und das schwarze Stirnband mit dem kroatischen Wappen. Die beworbene Bügelfigur von dem ›Cro Army‹-TV-Werbespot entspricht dem gängigen ›klassischen Bild‹ des kroatischen Soldaten. Neben dem Peace-Zeichen hat auch die ›Cro Army‹-Bügelfigur eine camouflagefarbene Uniform sowie das schwarze Stirnband, dessen Referenzrahmen in der amerikanischen Rambo-Figur zu finden ist.[4] So vermittelt auch die ›Cro Army‹-Bügelfigur durch ihre Kleidung die Bereitschaft, in den Krieg zu ziehen, andererseits deutet die Geste des Peace-Zeichens und die Waffenlosigkeit auf friedliche Absichten hin. Doch nicht nur die Bügelfigur, sondern der Tenor der gesamten ›Cro Army‹-Werbung von Kraš basiert auf einer ambivalenten Darstellung des Krieges. Auf der einen Seite wird für den Krieg aufgerüstet, auf der anderen Seite werden keine tatsächlichen kriegerischen Interventionen gezeigt – ganz im Gegenteil, die Schokoladenarmee läuft in einer friedlichen und völlig intakten, idyllischen Landschaft durch das Bild, und der ›Feind‹ bleibt unsichtbar; ist aber genau durch seine Abwesenheit allgegenwärtig. So wird suggeriert, dass diese harmonische und schützenswerte Landschaft bedroht wird und von der kroatischen Armee geschützt werden muss.

4   John James Rambo ist ein fiktionaler Charakter aus der ›Rambo Saga‹, welcher auf dem Roman *First Blood* von David Morell basiert und 1972 herausgekommen ist. Einige Jahre später folgte dann die Verfilmung der Saga, in denen Rambo von Sylvester Stallone gespielt wurde.

ABBILDUNG 9
Junge in Uniform von Ivo Vrtarić:
»Auch mein Vater ist ein kroatischer Soldat.«

Quelle: Reana Senjković: Propaganda, mediji, heroji, mitovi i ratnici. In: *Polemos. Časopis ya interdisciplinarna istraživanja rata i mira*, Nr. 8, Zagreb 2001, 42

Mit der Erklärung der Unabhängigkeit (1991) ging es Kroatien um den Ausstieg aus dem Vielvölkerstaat und um die Autonomie des Landes. Grenzziehungen sowie die Definition des Eigenen nahmen in den ersten Jahren einen wichtigen Stellenwert ein. Der Süßwarenkonzern Kraš intervenierte in diesen Kontext mit einer Pralinenbox und leitete so weitere didaktische Maßnahmen in Sachen ›Landeskunde‹ ein (Abb. 10). Auf der blauen Verpackungsbox der Pralinen ist die kroatische Landschaft in ihrer geomorphografischen Beschaffenheit zu sehen. Jede Erhebung und jede denkbare Stadt ist auf das Präziseste ausgeführt. Öffnet man die Box, so finden sich im Inneren Pralinen, die von gold-roten Papieren umwickelt und so angeordnet sind, dass sie das Schachbrettmuster des kroatischen Wappens nachstellen. So kann sich ein jeder das Land als sein eigenes mitnehmen, als eine Miniaturausführung dessen, wofür gestritten und letztlich Blut vergossen wird. Die noch von Josip Kraš erkämpfte überregionale jugoslawische Idee der ›Brüderlichkeit und Einheit‹ wird in ein nationales Gedankengut überführt und verliert letztendlich ihre Gültigkeit.

ABBILDUNG 10
Auf der Pralinenbox findet sich eine detaillierte Ansicht Kroatiens sowie seiner Grenzen.

Foto: Klaudija Sabo, Zagreb 2017

4. Conclusio

Anhand dieser Untersuchung der Inszenierung von Nahrungsmitteln aus dem ex-jugoslawischen Raum wird deutlich, wie sich an den Produkten und vor allem deren Marketing gesellschaftliche Veränderungsprozesse widerspiegeln. Waren die Nahrungsmittel unter Tito noch als übernational und überkonfessionell zu verstehen, so wurden diese mit Ausbruch des Krieges in Hinsicht auf die Ausbildung und Stärkung einer nationalen und ethnisch homogenen exklusiven Identität nutzbar gemacht und mit neuer Bedeutung aufgeladen. Die Produktvermarktung des slowenischen Mineralwassers ›Radenska‹ zeigt auf, wie im ex-jugoslawischen Raum eine kulturelle Diversität innerhalb einer Gemeinschaft zelebriert wurde. Der in den 1980er-Jahren verblassende Partisanenmythos fand in dem ›Radenska‹-Spot ein Äquivalent, denn auch der Partisanenmythos beruht auf der Grundlage einer kulturellen Diversität – jedoch war der transnationale Vertrieb des Wassers gegen Ende der 1980er-Jahre einer der wenigen Prozesse, welche die verschiedenen Teilrepubliken noch miteinander verband.

Anhand der Süßwarenfirma Kraš wird dann der Wandel gesellschaftspolitischer Werte und Praktiken deutlich, der sich mit der Abspaltung und dem Beginn des Krieges um ein Vielfaches potenzierte. Die ›Cro Army‹-Sammelbilder dienen u. a. dazu, Kinder und Jugendliche sowie in weiterer Folge Erwachsene einerseits mit dem Krieg zu konfrontieren und andererseits in der Kriegsführung zu schulen. So wird der nachfolgenden Generation der Krieg bzw. die Unabhängigkeit im wahrsten Sinne des Wortes ›schmackhaft‹ gemacht. Die Sammelbilder, die mit der Schokolade vertrieben werden, sollten das Interesse der Jugendlichen am kroatischen Heer wecken und gleichzeitig deutlich machen, dass hier über das Sammelbuch mit der Etablierung ›neuer Staatssymboliken‹ um ein unabhängiges Kroatien gekämpft wird. Der Krieg bzw. der Konflikt und dessen bedrohliche Folgen werden unterhaltsam und harmlos dargestellt. Lächelnde Kindersoldaten bewegen sich in einer pastellfarbenen intakten Naturlandschaft und preisen die Schokolade in camouflagefarbenem Einband an. Hinter dieser ambivalenten Darstellung verbirgt sich eine Positionierung innerhalb des Krieges. Sie soll deutlich machen, dass von Seiten des kroatischen Heeres keine Gewalt angewandt wird, sondern dass es sich um eine friedliche Intervention handle. Neben der Kriegserziehung wird zudem mithilfe der Süßigkeiten auch nationale Landeskunde betrieben. Dabei werden nicht nur national, sondern auch international Grenzen gesetzt und auf der Verpackung definiert. Mittels Schokolade wird der Kampf für das Eigene zu einem süßen Unterfangen, zu einem Genuss verklärt.

Literatur

ADRIĆ, IRIS: *Leksikon YU Mitologije*. Zagreb [Postscriptum und Beograd: Rende] 2004

BOEHME-NESSLER, VOLKER: *BilderRecht: die Macht der Bilder und die Ohnmacht des Rechts*. Berlin [Springer] 2010

BOURDIEU, PIERRE: *Die feinen Unterschiede. Kritik der gesellschaftlichen Urteilskraft*. Frankfurt/M. [Suhrkamp] 1982 [1979]

DEMM, EBERHARD: Deutschlands Kinder im Ersten Weltkrieg. Zwischen Propaganda und Sozialfürsorge. In: *Militärgeschichtliche Zeitschrift* 60/1, 2001, S. 51-79

MAUSS, MARCEL: *Die Gabe. Die Form und Funktion des Austausches in archaischen Gesellschaften*. Frankfurt/M. [Suhrkamp] 1968 [1923]

O.A.: *Naraodni heroji Jugoslavije*. Belgrade [Mladost] 1975 [1957]
O'SULLIVAN, EMER: Fun and Military Games: The War in German Picturebooks, 1914-1915. In: PAUL, LISSA; ROSEMARY R. JOHNSTON; EMMA SHORT (Hrsg.): *Children's Literature and Culture of the First World War*. New York [Routledge] 2016, S. 197-214
OTT, CHRISTINE: *Identität geht durch den Magen. Mythen der Esskultur*. Frankfurt/M. [S. Fischer] 2017
PARIS, MICHAEL: *Warrior Nation Images of War in British Popular Culture 1850-2000*. London [Reaktion Books] 2000
SABO, KLAUDIJA: *Ikonen der Nationen. Heldendarstellungen im postsozialistischen Kroatien und Serbien*. Berlin [De Gruyter] 2017

Filmografie

Cooking History, Slowakei, Österreich, Tschechien 2006/2007. Regie: Peter Kerekes

ANNA SCHOBER

Naheinstellungen auf Kindergesichter: Bilder von undokumentierten Einwandernden als ambivalente Vermittler von Öffentlichkeit

> »Der Migrant ... ist zugleich Fenster, durch welche
> hindurch die Zurückgebliebenen die Welt erschauen
> können, und Spiegel, in dem sie sich, wenn auch ver-
> zerrt, selbst sehen können.« (FLUSSER 2007: 29-30)

In jüngerer Zeit und insbesondere in Zusammenhang mit der europäischen Flüchtlingskrise (2015-2019) tauchten häufig Fotografien im öffentlichen Raum auf, in denen flüchtende Kinder vereinzelt und in Form von gesteigerten Close-ups in Szene gesetzt werden. Solche Fotos füllten im Sommer und Herbst 2015, als eine große Anzahl von Menschen von jenseits des Mittelmeers oder Südosteuropa durchquerend in der Europäischen Union und vor allem in Deutschland und Österreich ankamen, einheimische Zeitungen und Internetplattformen. Der folgende Text[1] untersucht die ambivalente Dynamik, die diese Bilder innerhalb einer zeitgenössischen Öffentlichkeit in Gang setzten, die von gesteigerter zivilgesellschaftlicher Bürgerbeteiligung, hoher Aufmerksamkeit für Differenz, ›negativer Poli-

---

1 Die Recherchen, die zu diesem Text geführt haben, wurden im Rahmen eines Forschungsprojektes (SCHO 1454/1-1) von der Deutschen Forschungsgemeinschaft gefördert. Eine erste, etwas anders ausgerichtete Version dieses Textes wurde 2016 auf der ECPR (European Consortium for Political Research) Joint Session of Workshops *Imagining Violence: The Politics of Narrative and Representation* an der Universität Pisa präsentiert. Ich danke den Teilnehmerinnen und Teilnehmern des Workshops für Kommentare und Diskussion.

tisierung‹ (ROSANVALLON 2008: 182) und neuen Formen von Grenzregimen, die den sozialen Raum durchziehen, gekennzeichnet ist. Dabei werden auch Bilder analysiert, die ikonische Darstellungen flüchtender Kinder in Form von Gegenbildern begleiteten. Der Fokus der Untersuchung liegt auf der Ambivalenz von Imagination. Dementsprechend wird sowohl in den Blick genommen, wie diese Bilder die Reflexion eigener Erfahrungen, Bestrebungen und Sehnsüchte oder eine ereignishafte Präsenz politischer Handlungsfähigkeit ermöglichen, als auch, wie sie zu Katalysatoren von Hass und Gewalt und zu Agenten sozialer Spaltung werden.

1. Das flüchtende Kind als Spiegel der Betrachtenden

Ein prominentes weil prämiertes Beispiel für den Bildtopos ›Kind auf der Flucht‹ ist das *Photo of the Year 2015*, Gewinner des *World Press Photo Prize*, das von Warren Richardson an der serbisch-ungarischen Grenze im August desselben Jahres aufgenommen wurde (Abb. 1). Diese Fotografie, die ähnlich einem Schnappschuss teilweise unscharf wirkt, dokumentiert einen Moment konzentrierter Aktivität in Form einer nächtlichen Szene. Sie zeigt einen dunkelhäutigen Mann, der einen in eine Decke gewickelten Säugling mit großer Achtsamkeit durch einen Stacheldrahtzaun reicht. Auf der anderen Seite des Zauns, nahe bei uns als Betrachterinnen und Betrachtern, befinden sich zwei ausgestreckte Arme, bereit, das Kind aufzunehmen. Der Fokus der Aufnahme liegt auf dem Moment der Übergabe: Das Kleinkind wird sorgsam durch eine gefahrvolle Situation, eine unwirtliche Grenzzone markiert von Stacheldraht, geschleust. Im Zentrum des Bildes befindet sich das Haupt des Säuglings, der auf den konzentriert Handelnden, möglicherweise seinen Vater, blickt, dessen Blick wiederum angespannt auf die Person auf der anderen Seite des Zauns gerichtet ist, die jedoch bis auf die ausgestreckten Arme außerhalb des Bildraums bleibt. Der Blick des Säuglings auf den Handelnden und dessen Blick auf ein Gegenüber jenseits des Stacheldrahtzauns gestalten einen Kreis von Blickbeziehungen, der dem Bild Tiefe verleiht und uns als Betrachterinnen und Betrachter einschließt. Denn es ist nicht nur die gesichtslose Person, deren ausgestreckte Arme im rechten Bildvordergrund zu sehen sind, die jenseits des Zauns angesiedelt ist, sondern wir als Publikum sind aufgerufen, für sie einzustehen und dem jungen Mann und dem neugeborenen

Kind Unterstützung zu geben. Der Aspekt der Ansprache, der bereits dem Blick des Kleinkindes auf den jungen Mann und dessen Schauen auf die gesichtslose Person hinter dem Zaun innewohnt, wird durch die narrativen und schnappschussartigen Qualitäten der Fotografie noch gesteigert. Denn zum einen wird hier eine Handlungsabfolge in einem Bild zusammengefasst, und zum anderen wird suggeriert, die Fotografie sei schnell, eventuell in einem Moment der Dringlichkeit und Gefahr entstanden, was dieses Foto zusammen mit seiner Grobkörnigkeit zu einem »armen Bild« (STEYERL 2013: 33) macht und seine Authentizität und seinen Wahrheitsgehalt zusätzlich betont.

ABBILDUNG 1
Warren Richardson, *Hope for a New Life*, 2015

Quelle: https://www.nzz.ch/panorama/alltagsgeschichten/world-press-photo-fluechtlingsbild-ist-welt-presse-foto-des-jahres-ld.5484 [27.04.2020]

Mit der Repräsentation eines sorgfältigen, konzentrierten Navigierens durch eine gefahrvolle Situation, durch die ein junges, neues Leben Rettung erfährt, thematisiert diese Fotografie die Prekarität von Leben, Verletzbarkeit und Gefahr generell. Komposition und Ästhetik laden uns als Betrachterinnen und Betrachter ein, uns und unsere zeitgenössische Situation geprägt von Zerbrechlichkeit und Gefahr sowie unser gleichsam natürliches Potenzial in dem Säugling und dem angespannten Fürsorgeleistenden zu reflektieren. Wir können uns in dem, was dargestellt ist, spiegeln – wobei die hier diesbezüglich eingesetzte Bildstrategie die Attraktivität der Fotografie für das Publikum auszumachen scheint, worauf seine Prämierung ja hindeutet. Indem das Bild Fragen in den Raum stellt wie »Was wird aus dem Säugling werden?« – was sich leicht in ein »Was wird aus mir/uns werden?« überführen lässt –, vermag es die Imagination des Publikums in Richtung Zukunft zu öffnen.

Am Höhepunkt der Fluchtbewegungen in die Europäische Union 2015 gesellen sich zu diesem Beispiel eine Vielzahl von weiteren fotografischen Darstellungen flüchtender Kinder – wobei in den meisten Fällen die Repräsentierten etwas älter sind, etwa zwischen drei und zehn Jahren. Eine Variante dieses Bildtopos tritt besonders häufig auf: das Kind hinter einer Glasscheibe (einem Fenster in einem Zug oder Bus oder einer gläsernen Tür bzw. einer nicht weiter definierten Scheibe).

ABBILDUNG 2
Ina Fassbender, *September 6*, 2015

Copyright: Reuters/Ina Fassbender

Eine dieser Fotografien, aufgenommen von Ina Fassbender in Dortmund Anfang September 2015[2] (Abb. 2), die in verschiedenen internationalen Artikeln zur Flüchtlingskrise[3] erschien, zeigt ein kleines, etwa dreijähriges

---

2   Die Fotografie wurde am 6.9.2015 auf Adobe Stock im Internet hochgeladen, zusammen mit folgendem Text: »A girl looks out from a bus on her way to a refugee camp after arriving with a train in Dortmund, Germany September 6, 2015. Austria and Germany threw open their borders to thousands of exhausted migrants on Saturday, bussed to the Hungarian border by a right-wing government that had tried to stop them but was overwhelmed by the sheer numbers reaching Europe's frontiers!« (https://stock.adobe.com/ee/editorial/a-girl-looks-out-from-a-bus-on-her-way-to-a-refugee-camp-after-arriving-with-a-train-in-dortmund/155110760, [18.02.2020]).
3   Z. B. in: *The Objective. Periodismo ethos*, 7. September 2015.

Mädchen in einer orange-gelben Regenjacke, das aus einem Bus heraus gleichsam auf uns als Betrachtende blickt. Das Mädchen hat beide Hände auf die Scheibe gelegt, was – wie auch ein Lichtstrahl, der sie vertikal durchläuft – diese akzentuiert, ohne dass dem neben der ästhetischen noch eine weitere narrative Bedeutung zugesprochen würde. Mittels des Zooms der Kamera sind wir als Betrachterinnen und Betrachter nahe an das Gesicht und den Oberkörper des Mädchens herangerückt, auch wenn durch die Glasscheibe zugleich ein Element der Distanz eingeführt ist. Die Rahmen des Fensters und der gegenüberliegenden Scheibe im Bildhintergrund umschließen das Bildnis des Mädchens und verleihen dem Dargestellten eine gewisse Autonomie. Die Aufnahme gibt die Bewegung des Mädchens in Richtung Fenster und uns als Zuschauerschaft wieder, zugleich suggerieren die starke Rahmung des Bildes sowie der offene, aufgeweckte Blick des Kindes eine gewisse aufmerksame Konzentriertheit. Solche Oppositionen machen neben den Reflexionen des Lichts auf der Glasscheibe die Fotografie für die Rezeption ästhetisch interessant und steigern damit ihre Kapazität, die Betrachtenden zu involvieren: Ähnlich wie in der Fotografie von Warren Richardson ist das Publikum auch hier eingeladen, sich selbst und seine Potenziale über einen Blick auf dieses Flüchtlingsmädchen zu reflektieren. Das Gesicht hinter der Glasscheibe fungiert also zugleich als eine Spiegelfläche, die das Bild zurückwirft, und als das Bild selbst (ELSAESSER/HAGENER 2007: 81). Dabei initiiert das Gesicht des Mädchens auch eine Bewegung von der sichtbaren Welt hin zum Unsichtbaren des Imaginären – vor allem in Hinblick auf die Zukunft, die durch die Kindlichkeit des Mädchens auch eine Art Symbolisierung erfährt.

Von Sommer bis Herbst 2015 sind Dutzende Varianten des Motivs ›Kind hinter der Scheibe‹ in Zeitungen und Internetforen quer durch Europa, aber gehäuft vor allem in Deutschland und Österreich, erschienen. Manchmal schlägt die Darstellung betont optimistische, humorvolle Töne an wie in einer Fotografie von Carsten Koall, die im September 2015 in Berlin (Abb. 3) entstand.[4] In ihr treffen wir auf einen verschmitzt hinter einer Fensterscheibe lächelnden kleinen Jungen mit einem Stück Schokolade in der Hand, vor einem leicht in den Bildhintergrund gerückten erwachsenen männlichen

---

[4] Das Foto wurde zum Beispiel auch in ungarischen Berichten zum Zusammenhang von Migrationskrise und Terrorismus publiziert: https://nepszava.hu/1069075_a-magyar-idok-az-abszurditasig-fokozza-az-uszitast [18.02.2020].

Begleiter platziert – wobei durch das Stück Schokolade das Gezeigte auf sichtbare Weise mit der ›Willkommenskultur‹, die in diesem Zeitraum in der deutschen Öffentlichkeit zelebriert wurde, in Verbindung gebracht wird.

ABBILDUNG 3
Carsten Koall, *September 2015*, Berlin

Copyright: Getty Images/Carsten Koall

ABBILDUNG 4
Yannis Behtrakis, *Syrian Refugee in Registration Camp*, 2015

Copyright: Reuters/Yannis Behtrakis

Im Kontrast dazu markiert eine andere Fotografie die (selbst-)reflexive Position des Betrachtens, die mit diesem Bildtopos verbunden ist, gewissermaßen in Reinform. Das mit *Syrian Refugee in Registration Camp* betitelte Foto wurde von Yannis Behtrakis im Oktober 2015 auf Lesbos (Abb. 4) aufgenommen.[5] In diesem Foto blicken wir auf das Gesicht eines halbwüchsigen Mädchens, das zu uns zurückblickt, wobei wir wieder durch eine Scheibe von ihr getrennt sind. Über eine Vielzahl von Regentropfen und Wassergerinnsel, die über die Scheibe laufen, ist hier jedoch nicht nur wieder eine Distanz eingeführt, sondern die Szene erhält gleichzeitig eine betont traumhafte und nachdenkliche Qualität. Dies ist auch dadurch gesteigert, dass das Mädchen von einer breiten, dunklen Fläche umrahmt wird, die es vereinzelt erscheinen lässt. Kontraste wie der aufmerksame, uns zugewandte und Ruhe ausstrahlende Blick des Mädchens und die lebendigen Spuren des Wassers auf der Scheibe versuchen auch in diesem Beispiel, unsere Aufmerksamkeit zu erregen und – zumindest eine kleine Weile lang – festzuhalten. Wie Christine Brinckmann anhand vergleichbarer Darstellungen in Filmen gezeigt hat, können solche Bilder als »gesteigerte close-ups« (BRINCKMANN 1997: 211) beschrieben werden. Sie lenken ähnlich wie filmische Close-Ups[6] die Blicke der Betrachterinnen und Betrachter um: Ein Blick nach außen wird in einen Blick nach innen verwandelt. Das Gesicht hinter der Scheibe tritt an die Stelle des eigenen Bildes im Spiegel. Die Unterschrift *Syrian Refugee in Registration Camp*, die zusammen mit dieser Fotografie öffentlich zirkulierte, benennt das Mädchen als ›Flüchtling aus Syrien‹ und verortet es lose in einer momenthaft unterbrochenen Migrationsbewegung. Evidenzen in Bezug auf die konkrete Situation der Flucht kommen im Bild nicht zur Darstellung. Die ästhetische Gestaltung des Bildes lenkt diese Bewegung vielmehr um in Richtung Selbstergründung und Imagination der Betrachterinnen und Betrachter. Das Mädchengesicht hinter der mit Wasser benetzten Scheibe

---

5   Diese Fotografie erschien neben mehreren internationalen Berichten über Fluchtbewegungen und humanitäre Krise z. B. in einem Artikel in der *New York Times*, in dem darüber reflektiert wird, wie Personen aus Syrien die Rückkehr in die ehemalige Heimat ermöglicht werden könne: https://www.nytimes.com/2016/01/12/opinion/how-to-help-the-syrians-who-want-to-return-home.html [18.02.2020] sowie in einem Bericht über das ›leise‹ Einwandern von syrischen Flüchtlingen in die USA: https://www.csmonitor.com/World/Global-News/2015/1021/Syrian-refugees-are-quietly-trickling-into-the-us-How-many-and-where [18.02.2020].
6   Die Großaufnahme entreißt ihr Objekt, wie auch Gilles Deleuze (1989: 123, Hervorhebung im Original) in seiner Auseinandersetzung mit der Filmtheorie von Béla Baláz zeigt, »keineswegs einer Gesamtheit, zu der es gehörte, deren Teil es wäre, sondern […] *sie abstrahiert von allen raumzeitlichen Koordinaten*, das heißt, sie verleiht ihm den Status einer Entität […] sie ist eine absolute Veränderung, Mutation einer Bewegung, die aufhört, Ortsveränderung zu sein, um Ausdruck zu werden«.

fungiert als leise Aufforderung und öffnet – gestützt vom schwarzen, spiegelnden Hintergrund – einen Raum, in dem wir die eigene prekäre Gegenwart und Zukunft reflektieren sowie damit verbundenen Sehnsüchten, Hoffnungen und Ängsten nachgehen können.

ABBILDUNG 5
Matic Zorman, *Slovenia – Waiting to Register*, 2015

Quelle: https://meedia.de/2016/02/19/world-press-photos-2015/matic-zorman-waiting-to-register-fb-insta/ [27.04.2020]

Auf eine wieder andere Adaption dieses Bildtopos treffen wir in der Fotografie *Slovenia – Waiting to Register* von Matic Zorman (Abb. 5), einem weiteren Gewinner des *World Press Photo Prize 2015*, in der Kategorie ›Menschen‹:[7] Hier sehen wir ein Mädchen, das nicht durch eine Glasscheibe blickt wie auf den anderen Bildbeispielen, sondern durch eine seltsam wellenförmig angeordnete transparente Plastikfolie, die hinter metallischen Gitterstäben platziert ist – was dem Bild einen verfremdeten, surrealen Zug verleiht, der auch bereits im Foto *Syrian Refugee in Registration Camp* von Yannis Behtrakis anklingt. Im Unterschied zu dem Bild von Behtrakis, wo das fotografierte Mädchen über Wassergerinnsel und Lichtreflexion in einem rein

---

7 Wie die eingangs beschriebene Fotografie von Warren Richardson erschien diese in einer Reihe von Artikeln über den *2016 World Press Photo Contest*, der generell vom Thema der Migration dominiert wurde. *The Guardian* schaltete am 3. Oktober 2016 auch einen Aufruf an die Leserschaft, bei der Suche nach dem abgebildeten Mädchen, das durch den Preis eine solche Prominenz erfahren hat, behilflich zu sein: https://www.theguardian.com/artanddesign/shortcuts/2016/oct/03/girl-refugee-child-world-press-photo-award-matic-zorman-syria [18.02.2020].

ästhetischen innerbildlichen Umfeld situiert ist, kommen hier durch die Gitterstäbe und die Präsenz eines weiteren Kindes im Bildhintergrund auch vereinzelt Elemente von Prozeduren von Migrationsmanagement ins Bild, was vielleicht ein Grund dafür ist, dass dieses Bild außer in Berichten über den *World Press Photo Prize* kaum reproduziert wurde.

ABBILDUNG 6
Sebastião Salgado, *Serbien*, 1995

Quelle: Sebastião Salgado, *Exodus*, Hrsg. Lélia Wanick Salgado (2016)

Die hier exemplarisch herausgegriffenen Fotografien erzählen alle weniger über diejenigen, die in ihnen Repräsentation finden, sondern laden durch die in ihnen auf verschiedenste Weise hinter einer Scheibe in Szene gesetzten Gesichter das Publikum vielmehr zu einer Betrachtung über das eigene Schicksal ein. Gegen den ersten Augenschein führen uns diese Bilder als Publikum demnach nicht zur Welt der Anderen hin, sondern eröffnen einen Imaginationsraum hinsichtlich unserer eigenen Existenz und ihren Potenzialen. Sie präsentieren Flüchtlingskinder als unser eigenes »Super-Alter-Ego«, wie Marcelo Suárez-Orozco (1998: 290) es ausdrückt. In ganz ähnlicher Weise spricht die Schriftstellerin Toni Morrison (1994: 64) davon, dass gesellschaftlich Andere, Fremde, in ästhetischen Produktionen[8] häufig in ein »Ersatzselbst« für die Betrachter und Betrachterinnen ver-

---

8   Morrison bezieht sich dabei darauf, wie weiße US-amerikanische Literaten und Literatinnen ihre Befindlichkeiten und Ideale textuell in Form von afroamerikanischen literarischen Figuren inszenieren.

wandelt werden, was meist mit einer Abwehr von Konflikten einhergehe. Entsprechend dieser Lesart können wir anhand der Gesichter dieser Kinder entdecken, wie einzigartig, speziell und vielleicht auch marginalisiert wir selbst sind, und wir können unserer Großzügigkeit, aber auch unseren existenziellen Nöten, Zweifeln und Ängsten nachspüren.

ABBILDUNG 7
Nick Turpin, #42, from the series *Through A Glass Darkly* (2013-2016), 2014

Copyright: Nick Turpin

Wie nachdrücklich gesellschaftliche Andersheit in den erwähnten Beispielen als ein Bild geformt der Selbstreflexion dargeboten wird, macht auch ein Vergleich mit einem weiteren Foto deutlich, das gegenüber den bislang verhandelten ästhetische wie inhaltliche Differenzen aufweist. So konfrontiert uns auch der brasilianische Fotograf Sebastião Salgado in einem in Serbien 1995 aufgenommenen Bild (Abb. 6), das aus dem Fotoband *Exodus* (2016) stammt, mit einem Flüchtlingskind hinter der Scheibe. Letztere ist ähnlich wie in der Fotografie von Yannis Behrakis stark akzentuiert, allerdings nicht durch meditativ eingesetzte Regentropfen und Wassergerinnsel, die dem Gezeigten traumartige Züge verleihen, sondern durch ein großes Loch, das von einem Geschoss stammen könnte, sowie durch damit verbundenen Glasbruch, der die gesamte Fensteroberfläche überzieht. Auch hier wird die Distanz zwischen unserer Realität als Betrachterin oder Betrachter und derjenigen, die fotografisch festgehalten werden, betont. Zugleich wird unser Blick jedoch nicht in erster Linie auf das eigene Selbst, sondern auf die Gewalt, welche die Realität der ins Bild Gesetzten prägt, umgelenkt.

Der Blick stößt in dem zerbersteten Glas auf eine Art Grenze, wird also nicht befriedigt und gerade dadurch selbst zum Thema gemacht. Der kommentierende Text,[9] der das Bild im Fotoband begleitet, unterstützt diese Hinführung auf die uns fremde Welt der Flüchtenden noch.

Dennoch wohnt den meisten der 2015 veröffentlichten Fotografien von Flüchtlingskindern hinter der Scheibe eine stärkere Ambivalenz inne, als der anhand der Zugänge von Morrison und Suárez-Orozco gewonnene Befund vermuten lässt. Dies macht der Vergleich mit einer weiteren Fotografie (#42, 2014, Abb. 7) deutlich, die aus der Serie *Through A Glass Darkly* (2013-2016)[10] von Nick Turpin stammt – die jedoch gewöhnliche Passagiere im nächtlichen Straßenverkehr Londons in den Blick nimmt und nicht explizit Menschen auf der Flucht. Auch dieses Foto zeigt ein kleines Mädchen – diesmal in winterlicher Aufmachung – hinter einer von Kondenswasser beschlagenen Scheibe eines Busses. Leicht nach oben blickend malt das Kind mit dem Zeigefinger Linien auf die feuchte Fensteroberfläche und ist so in einem Moment genussvollen Spiels versunken festgehalten, wobei die Szene durch Kontraste zwischen Dunkelheit und warmem Laternenlicht eine beruhigende, zugleich aber auch heimelige Qualität erhält. Ähnlich wie die anderen Fotografien dieser Serie vermittelt dieses Porträt zugleich Distanziertheit und Intimität (GOSLING 2014). Es lädt uns ein, den im versunkenen Spiel des Kindes aufscheinenden Aspekt reinen Genusses, der weder durch zusätzliche Informationen, die das Kind verorten würden, noch durch einen Blick des Mädchens auf uns unterbrochen wird, weiterzuspinnen. Demgegenüber wird beispielsweise in der oben beschriebenen Fotografie *Syrian Refugee in Registration Camp* von Yannis Behtrakis oder in dem erwähnten Bild von Ina Fassbender das fremde Mädchen nicht allein für ein assimilierendes, sich selbst versicherndes Schauen aufbereitet, sondern die Blicke der Kinder stellen hier auch eine Frage und implizieren eine Aufforderung. Denn in diesen beiden Fotobeispielen erscheinen je ein Körper und ein Gesicht, die sich das Recht genommen haben, »zurückzublicken«. Diese Fotos reihen sich demnach auch in eine Tradition der Darstellung von Kindern ein, wie sie sich in Zusammenhang mit Diskursen

---

9   Der Text lautet: »Auf der Flucht aus der Krajina wurden die Serben von der kroatischen Bevölkerung angegriffen. Fenster der Busse und Personenwagen wurden eingeschlagen, einige Insassen durch Steinwürfe verletzt oder getötet« (SALGADO 2016: Beilage 10).
10 Es handelt sich hier um eine Serie von malerischen Porträts, die Menschen hinter beschlagenen Fenstern von Bussen zeigen, die nachts durch London unterwegs sind.

zu Kinderrechten herausgebildet hat.[11] Universalität wird in ihnen sowohl aufgerufen als auch als Frage präsent gehalten, indem sie als Rechte aller und damit auch dieser Kinder auf eine Zukunft diversifiziert wird. Den in solchen Fotografien präsent werdenden Gesichtern wohnt also trotz aller die Imagination und Selbstreflexion anregender Aspekte auch ein Widerstand gegenüber Aneignung und unserer Macht als Rezipienten und Rezipientinnen inne – was auch damit zusammenhängt, dass das Sehen eines Antlitzes laut Emanuel Lévinas (1995: 23) auch ein Hören und Sprechen sowie eine Begegnung mit dem Gewissen impliziert.

2. Bilder von Einwandernden und bleibenden Fremden als Vermittler von Konflikten und von Hass

Bilder wie die beschriebenen Fotografien von Flüchtlingskindern hinter der Scheibe, in denen Andere, Fremde zu einem ambivalenten Bild und Spiegel für die europäischen Betrachterinnen und Betrachter werden, tauchen häufig begleitet von weiteren, anderen Darstellungen auf, die uns den Migranten bzw. die Migrantin tendenziell als den/die ganz Andere/n präsentieren, d. h. als Kreaturen, die an der Grenze des Menschlichen angesiedelt sind. Ein Beispiel für Bilder, die in Richtung dieser Form von Repräsentationen gehen, ist eine 2015 von Philippe Huguen nahe dem ›Eurotunnel‹ in Calais aufgenommene Fotografie (Abb. 8). Sie zeigt durchwegs junge Erwachsene, die versuchen, über den Tunnel nach Großbritannien zu gelangen.[12] Die laufenden, vorwiegend männlichen Migranten – in der Gruppe befindet sich eine Frau – in Winterkleidung und mit Rucksäcken erinnern, auch wenn andere Assoziationen ebenfalls möglich sind, an ein versprengtes Rudel gejagter Tiere – ein Eindruck, der auch vom Wachpersonal, das ebenfalls ins Bild kommt und versucht, die Laufenden in Schach zu halten, gestützt ist. Gegenüber diesen mit Schutzwesten ausgestatteten Wachmännern und den im Hintergrund ebenfalls sichtbar werdenden Einzäunungen verkörpern die repräsentierten Flüchtenden Unordnung bzw. Kontrollverlust.

---

11 Diese Tradition ist verhandelt in: HOLLAND 2004: 108.
12 Dieses Bild erscheint in mehreren Artikeln über Calais als Kulminationspunkt des Dramas der EU-Flüchtlingspolitik. Etwa: https://www.sueddeutsche.de/politik/fluechtlinge-tod-am-kanal-1.2588463 [18.02.2020].

ABBILDUNG 8
Philippe Huguen, *Calais*, 2015

Copyright: Getty Images/Philippe Huguen

2016, wenige Monate nach dem Boom an Fotografien von Gesichtern flüchtender Kinder in den deutschen Medien, taucht dann eine weitere Art der Repräsentation von Flüchtlingen in der Öffentlichkeit auf, in der die angesprochene Darstellungstendenz noch ausgeprägter in Erscheinung tritt. Im Anschluss an die Übergriffe auf vorwiegend inländische Frauen in der Silvesternacht 2015/16 in Köln werden sie häufig als barbarische ›Rapefugees‹ visuell in Szene gesetzt. Verschiedene 2016 gepostete Fotografien[13] zeigen zum Beispiel Demonstrationen der extrem rechten Gruppierung PEGIDA (Patriotische Europäer gegen die Islamisierung des Abendlandes), wobei jeweils Transparente zentral ins Bild kommen, auf denen männliche Migranten als Rudel von Messerstechern dargestellt erscheinen, die mit erhobener Waffe eine Frau mit offenen, langen Haaren verfolgen und auf sie losgehen (Abb. 9). Flankiert werden diese Transparente, die meist in den Farben Grün-Schwarz oder Rot-Schwarz gehalten und zusätzlich zu den bildhaften Gestaltungen mit dem Schriftzug »RAPEFUGEES NOT WELCOME. Stay away!« versehen sind, stets von deutschen Flaggen und

---

13 Diese Fotos wurden in einer ganzen Reihe an internationalen Artikeln veröffentlicht, die sich mit Anti-Migrations-Protesten, dem Hass gegen Muslime und dem ›Abkühlen‹ der deutschen Willkommenskultur generell beschäftigten. Zum Beispiel: https://www.reuters.com/article/us-germany-assaults/anti-migrant-protest-turns-violent-as-german-welcome-cools-iduskcn0un0jq20160109 [19.02.2020].

Anti-Moscheen-Schildern. Konkrete Vorfälle werden so universalisiert, mit bestimmten Personengruppen – der Anhängerschaft der islamischen Religionsgemeinschaft – auch visuell in enge Beziehung gesetzt und von anderen, etwa der mit der Fahne identifizierten deutschen Nation, abgegrenzt. Solche Inszenierungen, die sich auf Fotos von Kundgebungen in verschiedenen deutschen Städten (Köln, Leipzig oder Dresden) extrem stark ähneln, erscheinen stets auf mediale Berichterstattung und das Verbreiten plakativer Botschaften hin ausgerichtet konzipiert. Auf allen diesen Fotos von Protestinszenierungen sind vorwiegend Männergruppen zu sehen, die manchmal von Polizisten eingehegt werden. Augenfällig an der ästhetischen Gestaltung der verwendeten Transparente ist, dass sie eine scherenschnittartige Ästhetik älterer, im deutschen Sprachraum verbreiteter Märchen- und Kinderbücher übernehmen, in denen manchmal ebenfalls drastische Szenen von Mord und Totschlag zur Darstellung kommen. Das Kindliche ist hier also wieder präsent, wird jedoch mit dem Bösen, Monströsen und Dämonischen assoziiert.

ABBILDUNG 9
Wolfgang Rattay, *PEGIDA-Kundgebung* am 9. Jänner 2016 in Köln

Copyright: Reuters/Wolfgang Rattay

Wie diese Beispiele zeigen, operieren die Darstellungs- und Aneignungsprozesse der Bildfigur des/der Fremden hauptsächlich zwischen Polen wie Aneignung der/des Anderen zum Zweck der Selbstreflexion versus das ganz Andere, Gleichheit versus Differenz und Aneignung versus Ausstoßung und sind zudem um 2015/16 von einer starken Wiederholung von Bildmustern geprägt. Zugleich situieren sie sich in einer Hierarchie von Alteritäten, die sexualisiert ist und in der einige Differenzen positiv, andere negativ aufgeladen erscheinen: Das Bild des flüchtenden, jungen Kindes bzw. Mädchens steht für eine Universalität der emotionalen Ansprache und in ihm ist die/der Dargestellte aus all jenen sozialen, politischen und kulturellen Zusammenhängen herausgehoben, in denen sich Differenzierungen entlang verschiedenster Kategorien und getragen von oft antagonistischen Konflikten ergeben. Demgegenüber werden erwachsene männliche Flüchtlinge zu Verkörperungen des Monströsen, des Barbarischen, Kriminellen oder Nicht-Kontrollierbaren – zu »Nicht-Personen«, wie Alessandro dal Lago (2004: 213) sie nennt.

ABBILDUNG 10
Ferrero, *Kinderschokolade. Sonderedition: Die DFB-Stars in Kindertagen*

Quelle: https://www.dfb.de/news/detail/kinder-schokolade-star-edition-geht-in-die-naechste-runde-187637/ [08.03.2020]

Praktiken, Bilder zu gestalten und zu rezipieren, erweisen sich in diesem Kontext demnach von scharfen binären Oppositionen gekennzeichnet und sind Teil von historisch weit zurückreichenden Traditionen und Genealogien: Bilder von jungen Kindern und Mädchen stehen in der Tradition von fotografischen Darstellungen von Kindern als ›Hilfsbedürftige‹, die z. B. im Missionskontext in der zweiten Hälfte des 19. Jahrhunderts (STORNIG 2016) eingesetzt wurden, um transnationale Kontaktnahme öffentlich zu legitimieren und damit verbundene bestehende soziale Ordnungen zu festigen. Zudem werden hier wie bereits erwähnt auch Darstellungskonventionen aufgerufen, die in Zusammenhang mit Plakaten der 1970er-Jahre, die das Einstehen für Kinderrechte visualisierten, entstanden (HOLLAND

2004: 108). Das Inszenieren von männlichen, erwachsenen Migranten als Verkörperung von Gewalttätigkeit, Monstrosität, Unordnung und Kontrollverlust kann dagegen auf Bildtraditionen wie die des »kriminellen Südländers« (SPARSCHUH 2011: insbes. 102) oder von schwarzen Männern als sexuell attraktiven Schurken (HALL 2004: 114) zurückgeführt werden.[14]

ABBILDUNG 11
Facebook-Post der Gruppe *Pegida BW – Bodensee*, 19.5.2016

Quelle: https://www.wuv.de/marketing/kinderschokolade_warum_pegida_unfreiwillig_ferrero_hilft [08.03.2020]

2015 und 2016 verbreiteten sich quer durch Europa[15] aber nicht nur solcherart aufgespaltene, stark gegensätzliche Bildtopoi. Auch bekannte ikonische Bilder, in die in Zusammenhang mit aktuellen Agenden verändernd eingegriffen wurde, setzen stark gegensätzliche Rezeptionsprozesse in Gang, über die sich sowohl Interesse und Begehren wie auch Hass und

---

14 Zur relationalen bildhaften Darstellung von Differenz: Dyer 1997: 57.
15 Mit Vergleichsbeispielen aus Italien, die bereits Jahrzehnte früher in ähnlicher Aufspaltung auftreten, setzt sich zum Beispiel Alessandro dal Lago (2004: 95-101) auseinander.

Ressentiment vermittelten. Ein Beispiel dafür ist das wie ein Logo funktionierende Kinderbild, das der Lebensmittelkonzern Ferrero auf Packungen von Kinderschokolade verwendet. Wie offiziell verlautbart wurde, präsentierte Ferrero anlässlich der Fußballeuropameisterschaft im Mai 2016 eine Sonderedition (Abb. 10) und ließ Kinderfotos aller Spieler der Deutschen Nationalmannschaft auf die Packungen drucken. Da in der Deutschen Nationalmannschaft auch braun- und dunkelhäutige Spieler präsent waren, war auch die Hautfarbe der Kinder auf den Packungen nicht, wie lange üblich, ausschließlich weiß und die Haar- und Augenfarbe blond bzw. blau. Durch den Einsatz diversifiziert fremdländisch aussehender kindlicher Personae versuchte der Konzern, einen Unterschied zu etablieren und sich innerhalb aktueller Auseinandersetzungen zwischen Willkommenskultur einerseits und kulturellem Rassismus andererseits als modern und diversitätsbewusst ausgerichtet zu positionieren. Bei manchen Mitgliedern der PEGIDA-Bewegung provozierte diese Edition unter anderem stark diffamierende Äußerungen gegen manche der Spieler, deren Kinderfotos verwendet wurden, aber auch gegen den Konzern Ferrero oder gegen Menschen anderer Hautfarbe generell (Abb. 11). Die zeitgenössische soziale Dynamik in Bezug auf »bleibende Fremde« (SIMMEL 1992: 764-767) wurde dabei von Einwandernden auf Fußballstars verschoben – eine Gruppe, die generell starkes Begehren und Nachahmung generiert, was aber, wie dieses Rezeptionsbeispiel zeigt, auch in Verfolgung und Hass umschlagen kann. In dieser Interpretation übernahmen Kindergesichter nicht mehr die Funktion, als Resonanzfläche für die Imagination des eigenen Potenzials und Schicksals des Publikums zu fungieren, sondern wurden von manchen aus dieser Gruppe als Porträts von Rivalen wahrgenommen, die aus dem nationalen Zusammenhang auszustoßen waren. Die soziale und politische Kraft der verwendeten, adaptierten Bildikone wie auch der gegenläufigen Interpretationen, die dadurch in Gang gesetzt wurden, wird auch daran greifbar, dass die von kulturellem Rassismus geprägten Interpretationen selbst wieder Kommentare in Bildform anregten, die ebenfalls größere mediale Sichtbarkeit erlangten. So ließ eine in der Satirezeitschrift *Titanic* im Mai 2016 veröffentlichte Parodie, in der auf der Verpackung der Kinderschokolade ein Kinderfoto Adolf Hitlers Verwendung fand (was in den sozialen Medien auch breit kommuniziert und kommentiert wurde), diese Ikone monströs erscheinen (Abb. 12). Der Blick auf die Anderen wurde hier auf eine Befragung des Eigenen hin umgelenkt, wobei das ikonische Bild eines weißen Kindes auf der Schokoladenhülle mit den rassistischen und xenophoben Aspekten der jüngeren deutschen Geschichte in Beziehung gesetzt wurde.

ABBILDUNG 12
Die Motive ›kleiner Adolf‹ und ›Anders Behring Breivik‹ in der Satirezeitschrift *Titanic*, 25.05.2016

Quelle: http://www.titanic-magazin.de/postkarten/karte/das-beste-aus-deutscher-milch-25868 [08.03.2020]

Diese Beispiele führen deutlich vor Augen, dass Bildfindungen und die Gefühle und Leidenschaften, die mit ihnen einhergehen, nicht nur Zugehörigkeiten konstituieren, sondern auch Konflikte erzeugen. Zum anderen zeigen sie, dass, wenn Politik beinhaltet, einen Kampf um die Imagination der Menschen zu führen, dies auch bedeutet, dass dieser Kampf nicht allein zwischen verschiedenen Personen und Gruppen ausgefochten wird, sondern auch im Inneren der Menschen selbst (vgl. BOTTICI/CHALLAND 2011: 7).

3. Ambivalente Agenten von Öffentlichkeit in mediatisierten demokratischen Gesellschaften

Die Bildfigur des flüchtenden Kindes, das als Ersatzselbst der Betrachterin bzw. des Betrachters inszeniert erscheint, kann insofern als *everybody* bezeichnet werden, als sie sich an ein universelles Publikum wendet, d. h., über sie wird versucht, einen möglichst breiten Rezipierendenkreis anzusprechen, der selbst in Bezug auf Differenz nicht markiert wird. Dabei bewahrheitet und authentifiziert eine solche Figur der Publikumsansprache[16] das, was im Diskurs, den sie vermittelt, repräsentiert wird. Sie kann zugleich jedoch auch eingesetzt werden, um Bestehendes politisch und ästhetisch herauszufordern und etwas Anderem und Neuem zum Durchbruch zu verhelfen (SCHOBER 2019: 61). Da solche *everybodies* Prozesse des Übergangs, Überwindens und Überwältigens ermöglichen und sowohl Einigung und Versöhnung als auch die Verstörung und Vertiefung von Konflikten vermitteln, wohnt ihnen ganz generell eine starke Ambivalenz inne.

Im Rezeptionsumfeld der fotografischen Close-ups auf die Gesichter und Körper flüchtender Kinder 2015/16 wurde diese Zwiespältigkeit greifbar. Denn einerseits mobilisierten diese Fotografien ein Sich-im-Anderen-Reflektieren, was unter Umständen in Aktivitäten der Solidarität wie Spenden von Essen und Kleidern oder auch in einem Engagement in Hilfsprojekten, das jedoch meist extrem temporär[17] ausfiel, zeigte. Andererseits konnten Kinderbilder, wie der Eingriff in das ikonische Bild der Kinderschokolade von Ferrero deutlich macht, auch Hass und Ressentiment vermitteln. Außerdem verbreiteten sich Darstellungsmuster, in denen Einwandernde als tierhaft, barbarisch und an der Grenze zur Menschheit angesiedelt dargestellt und durch ein Prisma der Illegalität und Kriminalität verknüpft mit Ethnizität wahrgenommen wurden.[18]

Diese Bilder, Handlungen und Wahrnehmungsereignisse traten in einem Umfeld auf, in dem sich politische Öffentlichkeit, die Prozeduren in Bezug auf Migration sowie die Erscheinungsformen von Selbstkultur nachdrücklich veränderten. Seit etwa 1989 gewannen Formen des zivilgesellschaftlichen demokratischen Ausdrucks an Stärke, wie eine vermehrte Teilhabe an Demonstrationen und Petitionen, eine starke Vervielfältigung derer, die Medien bespielen, sowie eine Vielzahl an künstlerisch-kreativen öffentlichen Aktionen zeigen, wobei die Beteiligung an politischen Wahlen gleichzeitig zurückging. Die neu akzentuiert auftretenden Formen

---

16 Zur Ikonografie, Geschichte und den diskursiven und öffentlichen Funktionen dieser Figur der Publikumsansprache: Schober 2019.
17 Drei Wochen wurde als durchschnittliche Zeitspanne des Engagements in Hilfsprojekten in Zusammenhang mit der Flüchtlingskrise 2015/16 auf einer Veranstaltung in Gießen von Vertreterinnen und Vertretern einschlägiger NGOs genannt.
18 Zu dieser binär aufgespaltenen Darstellungstradition: Dal Lago 2004: 224; Suárez-Orozco 1998: 292.

politischen Aktivismus sind demnach von einer wachsenden Kluft vis-à-vis stärker institutionell eingebundener demokratischer Prozeduren gekennzeichnet. Die in ihnen Engagierten weisen zudem die Tendenz auf, herrschende Eliten und ihre Ideologien »abzuwählen« und Misstrauen zu äußern (ROSANVALLON 2008: 19, 299). Eine solche Politik der Zurückweisung wendet sich dabei gleichermaßen gegen undokumentierte Migranten und Migrantinnen, Fremde wie gegen Eliten oder auch ›das System‹ an sich.

Flankiert sind diese Tendenzen von einem vielfältigen öffentlichen Zelebrieren und Politisieren von Differenz, nicht nur in Zusammenhang mit emanzipatorischer Selbstermächtigung, sondern auch als Ausdruck einer Selbstkultur, in der eine Sehnsucht nach dem Fremden über das Anverwandeln immer neuer, oft exotischer Praktiken und Inszenierungsweisen ausgelebt wird. Durch die dabei stets sichtbar ausgestellte Aneignung des Fremden wird das solcherart immer wieder neu und anders positionierte Eigene innerhalb einer sich rasch verändernden Netzwerkgesellschaft flexibel und vielfältig anschlussfähig gehalten (RECKWITZ 2010: insbes. 495). Zugleich wandelten sich seit den Asylrechtsänderungen und der Ausweitung des Schengenraums in den 1990er-Jahren sowie der Globalisierung generell Grenzlinien in diffuse, da nicht klar für alle gleichermaßen bemerkbare Grenzräume, die verschachtelt und ausdifferenziert durch eine Vielfalt von Prozeduren der Kontrolle hervorgebracht werden – unter anderem durch die Migrationsbewegungen selbst sowie durch die Überwachungsmaßnahmen, die wendig und rasch auf diese reagieren (SCHULZE WESSEL 2017: 103-107; MAU et al. 2008: 138). Undokumentierte Migranten und Migrantinnen wurden damit zu Figuren, an denen sich diese tendenziell diffuse Grenze materialisieren und personalisiert in Erscheinung treten kann (SCHULZE WESSEL 2017: 115, 136).

In Bezug auf die Ambivalenzen, die in Zusammenhang mit den besprochenen Bildern zu Tage treten, kann auch ein Zugang produktiv gemacht werden, der auf Forschungen des Kulturanthropologen René Girard (1999; vgl. SCHOBER 2015: 266) zurückgreift. Dieser setzte sich vorwiegend anhand von Beispielen aus der Literatur und mythologischen Texten mit der Rolle von Vorbildern als Mittler des Begehrens auseinander. Er zeigte auf, dass diese Texte auch davon erzählen, dass mit dem historischen Umbruch von vormodernen, monarchischen hin zu demokratischen Gesellschaften eine ›externe Vermittlung‹, die traditionelle Gesellschaften kennzeichnet und in der sich die Möglichkeitssphären von Subjekt und Mittler aufgrund der von Herkunft bestimmten ständischen Gliederung der Gesellschaft kaum überschneiden, von einer ›internen Vermittlung‹ abgelöst wird. Dieses damals neuartige Überschneiden der Sphären von Mittler und Subjekt, etwa von Bürger und Adel, bedeutete, dass sich das Begehren intensivierte, zugleich hat »das einem anderen abkopierte Begehren unweigerlich ›Neid, Eifersucht und ohnmächtigen Haß‹ zur Folge. Je näher der Mittler rückt […] umso bitterer werden die Früchte des triangulären Begehrens« (GIRARD 1999: 49). Der oder die Andere spielt für das eigene Begehren demnach in von interner Vermittlung gekennzeichneten, tendenziell oder de facto demokratischen Gesellschaften eine enorm wichtige Rolle, da er/sie es initiiert und Modelle dafür anbietet, wobei das Begehren, das Wesen des Mittlers in sich aufzunehmen, oft das Verlangen einer Initiation in ein »neues Leben« annimmt (ebd.: 61). Am Grund der ambivalenten Dynamik, die durch das trianguläre Begehren vorangetrieben wird, steht dabei, so Girard, meist nicht eine Angst vor Differenz, sondern vor Gleichheit und einer damit verbundenen Konkurrenz: »The error is always to reason within categories of ›difference‹ when the root of all conflicts is rather ›competition‹, mimetic rivalry between persons, countries, cultures. Competition is the desire to imitate the other in order to obtain the same thing he or she has, by violence if need be« (GIRARD 2001). Männlichen, erwachsenen Migranten kommen in demokratischen Gesellschaften zum Beispiel potenziell dieselben Rechte und Pflichten wie allen anderen Staatsbürgern zu – was das Begehren, das der oder die Andere in einer von einer Politik der Differenz dominierten Kultur schüren kann, unter Umständen in Hass und Verfolgung umschlagen lässt und den Migranten zum Sündenbock (vgl. O'CARROLL 2016: 22) macht, dessen Ausschluss und Deportation die bestehende Ordnung dann stabilisiert.

Fotografien von Kindergesichtern verbreiten sich in diesem Kontext vielleicht deshalb so häufig, da sich für diesen Bildtopos seit etwa den 1960er-Jahren eine Darstellungskonvention herausgebildet hat, Kinder außerhalb jeder gesellschaftlichen Verortung und vor allem der Konflikte, Rivalitäten und Konkurrenzen, wie sie Erwachsenengesellschaften prägen, anzusiedeln und damit eher der Natur als der Kultur zuzuordnen (HOLLAND 2004: 95).[19] Die Fotografie des Flüchtlingsjungen hinter der Busscheibe von Carsten

---

19 Zeitgenössisch wird das Kind darüber hinaus als Modell einer spielerischen Erwachsenkultur, als Konsument bzw. Konsumentin sowie als Vermittlungsgestalt fröhlicher Multikulturalität in Szene gesetzt, wobei die diesbezüglichen Bilder, die Oliviero Toscani für Benetton hergestellt hat, auch vorführen, dass Vielfalt und Differenz weiterhin vorwiegend dargestellt werden, ohne dass Konflikte ebenfalls Repräsentation finden (HOLLAND 2004: 111).

Koall (Abb. 3), die eingangs erwähnt wurde, ist demnach vielleicht für das, was 2015 als ›Willkommenskultur‹ bezeichnet worden ist, insgesamt symptomatisch: Ein verschmitzt lächelnder Junge mit einem Stück Schokolade in der Hand fungiert als Spiegelfläche, in der das inländische Publikum eigene Potenziale und die eigene Großzügigkeit in Zusammenhang mit Kontakten zwischen kulturellen und sozialen Kreisen reflektieren kann, während im Hintergrund ein erwachsener Migrant sichtbar wird, der die bestehende Ordnung potenziell als Rivale bedroht und dessen Schicksal möglicherweise darin bestehen wird, als Sündenbock verfolgt zu werden. Aber auch ein anderes bereits erwähntes Beispiel zeugt von einer solchen Dynamik: In den Interventionen in Zusammenhang mit der Bildikone auf der Verpackung der Kinderschokolade von Ferrero anlässlich der Fußballeuropameisterschaft 2016 kommt stets ein ganz spezifischer, stark medial vermittelter, ja zelebrierter sozialer Raum, das Fußballfeld, ins Bild, wobei die Vervielfältigung der Herkunftsszenarien der Spieler offenbar ebenfalls Rivalitäts- und Verdrängungsängste in Bezug auf diesen national konnotierten Raum aufruft. Die besondere Problematik, die mit der »internen Vermittlung« und der damit verbundenen, vor allem in demokratischen politischen Räumen zugespitzt auftretenden größeren Nähe von Subjekt und Mittler zu tun hat, kann aber auch durch Rekurs auf das, was Sigmund Freud als »Narzissmus der kleinen Differenz« (FREUD 1972: 243) bezeichnet hat, verhandelt werden. Dieser ist dabei weit davon entfernt, die relativ harmlose Art und Weise, eine Aggressionsneigung zu befriedigen, zu sein, die Freud (1972) beschreibt – wobei sich dieser jedoch allein auf Prozesse, die innerhalb von Mitgliedern einer Gruppe stattfinden, und nicht auf Aggressionsausbrüche zwischen Gruppen und speziell auf Fälle, in denen kollektive Ängste in Zusammenhang mit einem Verlust von Gruppenidentität im Spiel sind, bezog. Wie Vamik Volkan (1997: 109) in seiner Auseinandersetzung mit ethnischen Konflikten, die sich besonders seit den 1990er-Jahren wieder stark verbreiteten, aufzeigt, können auch kleinste Differenzen – nicht nur der Hautfarbe, sondern auch der Art und Weise, Hemden zu tragen, oder der Zigarettenmarke, die geraucht wird – dazu führen, dass Menschen töten, um die Unterscheidung ihrer Gruppe gegenüber einer feindlichen zu verstärken. Dabei werden Gruppen, deren Wege einander kreuzen, umso mehr miteinander beschäftigt, je stressvoller eine Situation aufgeladen ist, d. h. genau deshalb, weil die Unterschiede zwischen Subjekt und Anderem überwindbar und die Plätze innerhalb der Gesellschaft stärker austauschbar erscheinen, kommt es in solchen Situationen zu einer Überbetonung und zur oft von Hass und Ressentiment begleiteten Verteidigung von Differenz (GIRARD 1999: 145). Zugleich werden über stets andere Mittlerfiguren in der Gegenwart immer weitere, neue Begehrensräume erschlossen, wobei, worauf ebenfalls bereits Girard (ebd.: 79) hingewiesen hat, jene am achtbarsten und stärksten anziehend erscheinen, die der herrschenden Welt am fernsten stehen. Dies zeigt sich auch an den Fotografien flüchtender Kinder, über die ein erwachsenes, vorwiegend inländisches Publikum eingeladen wird, sich selbst und die eigene Situation zu reflektieren.

Der Bezug auf Freud und Girard macht deutlich, dass die Ambivalenz solcher Vermittlungsgestalten für das soziale Leben, insbesondere in mediatisierten demokratischen Gesellschaften, konstitutiv ist. In gegenwärtigen transnationalen öffentlichen Räumen tritt eine solche Ambivalenz aufgrund der Entwicklungen in Richtung einer de-politisierten Öffentlichkeit, einem verstärkt auftretenden »Erfinden von Traditionen« (HOBSBAWM 2005: 4) und einer Politik der Differenz sowie einem allgemeinen Zelebrieren von Wahlmöglichkeiten generell verstärkt zu Tage. Dazu gesellt sich der angesprochene Wandel in Richtung von diffusen und dynamischen Grenzräumen, die personalisiert erfahrbar werden (SCHULZE WESSEL 2017: 186). In diesem Umfeld zeigt sich das Sprechen über und visuelle Inszenieren von Migration als Bühne, auf der Versatzstücke einer symbolischen Ordnung angeboten werden, um instabile, widersprüchliche und paradoxe Erfahrungen der Gegenwart sowie Ängste, aber auch Sehnsüchte zu artikulieren und Gefühle wie Wut oder Liebe zu bündeln (SUÁREZ-OROZCO 1998: 284).[20] Einwandernde und insbesondere undokumentierte Migrantinnen und Migranten werden dabei zu einem oft unheimlichen Spiegel eigener Erfahrungen des Bruchs, der Krise, der Entwurzelung, der Frustration, aber auch eigener Bestrebungen, Sehnsüchte und Wünsche. Neben der Aneignung des Fremden als Spiegel des Eigenen gibt es also auch stets seine Nutzung als »übelwollendes Ebenbild«, in die das Selbst all jene zerstörerischen Elemente, die es nicht eindämmen kann, verschiebt (KRISTEVA 1991: 184). Dann werden Fremde zu Gestalten an der Grenze der Menschheit, die Kontroll- und Grenzverlust, Illegalität und chaotische Unordnung verkörpern.

---

20 Suárez-Orozco (1998: 289) zeigt auf, dass sich die Inszenierungen meist um zwei Pole gruppieren, die er als »pro-immigration and the anti-immigration scripts« bezeichnet.

Fotografien undokumentierter Migrantinnen und Migranten können solche Schemata aber nicht nur aufrufen, sondern auch durchkreuzen: etwa indem sie ein Wahrnehmen von Ähnlichkeit ermöglichen, das ein bildhaftes Aufblitzen (TAUSSIG 2014: 71) verbindender wie trennender und schließender Art provoziert. Dann treffen wir in ihnen auf das »Individuum par excellence«[21], das trotz (oder gerade wegen) seiner Inszenierung als Kind außerhalb des Erwachsenendaseins von Gesellschaft zur ereignishaften Präsenz des Anderen werden kann. Auch dies kann wiederum in einer Tradition von Bildern verortet werden, die beispielsweise zeigen, wie Protest körperlich und ›facial‹ aufgeführt wurde und die daran beteiligt waren, Recht einzufordern und transnationale Öffentlichkeit zu etablieren. Diese Bilder von Gestalten, die im gängigen Verständnis meist am Rand der politischen Welt angesiedelt werden, sind demnach wie andere ikonische Figurationen von *everybodies* ganz zentral in diese Welt involviert – auch als Agenten, die sie re-konfigurieren.

Literatur

BRINCKMANN, CHRISTINE N.: Das Gesicht hinter der
   Scheibe. In: LEWINSKY, MARIANN; ALEXANDRA SCHNEIDER (Hrsg.):
   Die anthropomorphe Kamera und andere Schriften zur filmischen Narration.
   Zürich [Chronos Verlag] 1997, S. 201-213
BOTTICI, CHIARA; BENOÎT CHALLAND: Introduction. In: BOTTICI,
   CHIARA; BENOÎT CHALLAND (Hrsg.): *The Politics of Imagination.* New
   York [Birkbeck Law Press] 2011, S. 1-15
DAL LAGO, ALESSANDRO: *Non-persone. L'esclusione dei migranti in una società
   globale.* Milano [Feltrinelli] 2004
DELEUZE, GILLES: *Das Bewegungs-Bild. Kino 1.* Frankfurt/M. [Suhrkamp] 1989
DYER, RICHARD: *White.* London, New York [Routledge] 1997
ELSAESSER, THOMAS; MALTE HAGENER: *Filmtheorie zur Einführung.*
   Hamburg [Junius] 2007
FLUSSER, VILÉM: *Von der Freiheit des Migranten. Einsprüche gegen den
   Nationalismus.* Hamburg [Europäische Verlagsanstalt] 2007

---

21 Zu diesem gehören, so Schulze Wessel (2017: 198), »eine Abwesenheit von Gemeinschaft oder die lediglich nur kurze Beständigkeit von Gemeinschaften«.

FREUD, SIGMUND: Massenpsychologie und Ich-Analyse. In: FREUD, SIGMUND: *Gesammelte Werke*. Band XIII. Frankfurt/M. [S. Fischer Verlag] 1972, S. 71-161

GIRARD, RENÉ: *Figuren des Begehrens. Das Selbst und der Andere in der fiktionalen Realität*. Wien u. a. [Thaur, LIT Verlag] 1999

GIRARD, RENÉ: What Is Occurring Today Is a Mimetic Rivalry On a Planetary Scale. In: *Le Monde*, 6. November 2001. Übersetzt für COV&R von Jim Williams. https://www.uibk.ac.at/theol/cover/girard/le_monde_interview.html [26.02.2020]

GOSLING, EMILY: *Nick Turpin makes wet winter bus journeys somehow seem beautiful*. 2014. https://www.itsnicethat.com/articles/winter-bus [18.02.2020]

HALL, STUART: Das Spektakel des ›Anderen‹. In: HALL, STUART; JUHA KOIVISTO; ANDREAS MERKENS (Hrsg.): *Identität. Repräsentation. Ausgewählte Schriften*, Bd. 4. Hamburg [Argument Verlag] 2004, S. 108-166

HOBSBAWM, ERIC: Introduction: Inventing Traditions. In: HOBSBAWM, ERIC; TERENCE RANGER (Hrsg.): *The Invention of Tradition*. Cambridge [Cambridge University Press] 2005, S. 1-14

HOLLAND, PATRICIA: *Picturing Childhood. The myth of the child in popular imagery*. London, New York [L. B. Tauris] 2004

KRISTEVA, JULIA: *Strangers to Ourselves*. New York [Columbia University Press] 1991

LÉVINAS, EMMANUEL: *Zwischen uns. Versuche über das Denken an den Anderen*. München [Hanser] 1995

MAU, STEFFEN; LENA LAUBE; CHRISTOF ROOS; SONJA WROBEL: Grenzen in der globalisierten Welt. In: *Leviathan. Berliner Zeitschrift für Sozialwissenschaft* 36/1, 2008, S. 123-148

MORRISON, TONI: *Im Dunkeln Spielen. Weiße Kultur und literarische Imagination*. Reinbek b. Hamburg [Rowohlt Taschenbuch Verlag] 1994

O'CARROLL, JOHN: The Scapegoat mechanism and the media: Beyond the folk devil paradigm. In: COWDELL, SCOTT; CHRIS FLEMING; JOEL HODGE (Hrsg.): *Mimesis, movies, and media* (= *Violence, Desire, and the Sacred*, Bd. 3). New York [Bloomsbury Academic] 2016, S. 17-32

RECKWITZ, ANDREAS: *Das hybride Subjekt. Eine Theorie der Subjektkulturen von der bürgerlichen Moderne zur Postmoderne*. Weilerswist [Velbrück Wissenschaft] 2010

ROSANVALLON, PIERRE: *Counter-Democracy. Politics in an Age of Distrust.* Cambridge u. a. [Cambridge University Press] 2008

SALGADO, SEBASTIÃO: *Exodus.* Hrsg. von Lélia Wanick Salgado. Köln [Taschen] 2016

SCHOBER, ANNA: Everybody. Figuren »wie Sie und ich« und ihr Verhältnis zum Publikum in historischem und medialem Umbruch. In: AHRENS, JÖRN; YORK KAUTT; LUTZ HIEBER (Hrsg.): *Kampf um Images: Visuelle Kommunikation in gesellschaftlichen Konfliktlagen.* Wiesbaden [vs Verlag für Sozialwissenschaften] 2015, S. 241-270

SCHOBER, ANNA: Particular faces with universal appeal: A genealogy and typology of everybodies. In: SCHOBER, ANNA (Hrsg.): *Popularisation and Populism in the Visual Arts: Attraction Images* (Arts and Visual Culture Series). London, New York [Routledge] 2019, S. 59-79

SCHULZE WESSEL, JULIA: *Grenzfiguren. Zur politischen Theorie des Flüchtlings.* Bielefeld [transcript] 2017

SIMMEL, GEORG: *Soziologie. Untersuchungen über die Formen der Vergesellschaftung* (= Gesamtausgabe, Bd. 11). Frankfurt/M. [Suhrkamp] 1992

SPARSCHUH, OLGA: Die Wahrnehmung von Arbeitsmigranten aus dem »Mezzogiorno« in deutschen und norditalienischen Großstädten. In: JANZ, OLIVER; ROBERTO SALA (Hrsg.): *»Dolce Vita«? Das Bild des italienischen Migranten in Deutschland.* Frankfurt/M., New York [Campus Verlag] 2011, S. 95-115

STEYERL, HITO: *In Defence of the Poor Image.* In: STEYERL, HITO (Hrsg.): *The Wretched of the Screen.* Berlin [Sternberg Press] 2013, S. 41-45

STORNIG, KATHARINA: Authentifizierung kultureller Begegnungen durch Fotografie. Über die Verwendung von Fotos als Spuren in der transnationalen Spendenwerbung im 19. Jahrhundert. In: *Saeculum, Jahrbuch für Universalgeschichte* 66/2, 2016, S. 207-228

SUÁREZ-OROZCO, MARCELO: State Terrors. Immigrants and Refugees in the Post-National Space. In: ZOU, YALI (Hrsg.): *Ethnic identity and power: cultural contexts of political action in school and society.* Albany/NY [State University of New York Press] 1998, S. 283-299

TAUSSIG, MICHAEL: *Mimesis und Alterität. Eine eigenwillige Geschichte der Sinne.* Konstanz [Konstanz University Press] 2014

VOLKAN, VAMIK: *Blood Lines. From Ethnic Pride to Ethnic Terrorism.* New York [Farrar, Straus and Giroux] 1997

BRIGITTE HIPFL

Paradies Liebe – (Sex-)Tourismus als wechselseitiges Othering

Die ersten Szenen des Films *Paradies Liebe* (2011) des österreichischen Regisseurs Ulrich Seidl zeigen die Hauptprotagonistin Teresa, eine Sozialarbeiterin, die ihre mit Autoscooter fahrenden, behinderten Schützlinge beaufsichtigt. Die Wände dieser für alle sozialen Gruppen zugänglichen Einrichtung der Vergnügungsindustrie, die um wenig Geld eine kurze Auszeit aus dem Alltag ermöglicht, sind mit stereotypen Darstellungen verschiedener Sehnsuchtsorte illustriert. Wir sehen Hochhäuser, neben denen in großen Lettern ›New York‹ steht, ein Casino mit der Aufschrift ›Las Vegas‹ und einmal Teresa vor einem großen Wandgemälde, das Meer, Palmen und blauen Himmel zeigt – ein typisches Beispiel für Vorstellungen und Fantasien, die mit dem Süden verknüpft werden. Dieses *tourism imaginary* (SALAZAR 2012) steht in deutlichem Gegensatz zu Teresas Lebenssituation in Wien, wo der Blick aus ihrer Wohnung auf andere Wohnblocks fällt (Abb. 1 und 2). In dieser bildlichen Gegenüberstellung kommt ein zentraler Aspekt von Tourismus zum Ausdruck: Menschen reisen für einen begrenzten Zeitraum zu Orten, von denen sie sinnliche Erfahrungen erwarten, die sich von den Routinen und Praktiken ihres Alltags unterscheiden (URRY/LARSEN 2011: 3). Zentrale Bedeutung kommt dabei der Begegnung mit etwas, das als anders eingestuft wird, zu. Das können andere Orte, Sehenswürdigkeiten, Landschaften oder klimatische Bedingungen sein, aber auch spezifische sozio-kulturelle Praktiken, die andere Erfahrungen (geistiger, ästhetischer und/oder körperlicher Art) ermögliche.

ABBILDUNG 1 + 2
Teresa vor *tourism imaginary* (oben) und in ihrem Wohnblock (unten)

Der Film *Paradies Liebe* thematisiert eine Form von Tourismus, bei dem Menschen aus dem Globalen Norden in den Globalen Süden fahren, um im Urlaub auch sexuelle Angebote in Anspruch zu nehmen. Sextourismus beruht zum einen auf der Faszination für das exotische Andere, einer Faszination, die Spuren kolonialer, rassistischer Zuschreibungen, Erwartungen und Positionierungen enthält. Zum anderen ist Sextourismus ein Effekt des globalen Kapitalismus, der sich darin niederschlägt, wie Menschen aus reicheren Ländern und Menschen aus ärmeren Ländern miteinander umgehen. *Paradies Liebe* fokussiert auf die Fantasien, Erwartungen und Vorstellungen sowohl der Tourist_innen als auch der ortsansässigen Personen und geht insbesondere darauf ein, was in den Kontakten zwischen den beiden Gruppen passiert. Der Film führt am Beispiel von Teresas Urlaubserfahrungen in Kenia die Sexarbeit der Beachboys als einen Aspekt der Tourismus generell ausmachenden emotionalen Arbeit vor und macht die dabei stattfindenden Prozesse der wechselseitigen Konstitution von Anderen (Othering) als Ausdruck der Verwobenheit verschiedener Ungleichheiten deutlich. Kontextualisiert wird die Diskussion des Films in Diskursen zu Tourismus und Sextourismus sowie in bereits vorliegenden filmischen Bearbeitungen des gesellschaftlich tabuisierten Sextourismus von Frauen.

1. Vom *tourist gaze* zum *mutual gaze*

Mit dem von ihm entwickelten Konzept *tourist gaze* argumentiert John Urry (1990), dass Tourismus vor allem durch eine spezifische, von gesellschaftlichen Diskursen und kommerziellen Interessen geprägte Art des Sehens bestimmt ist. Er stützt sich dabei auf John Berger (1973: 9), der betont, dass wir niemals nur Dinge für sich sehen, sondern die Beziehungen zwischen den Dingen und uns wahrnehmen. Unser Blick auf die Welt ist demnach durch je spezifische Filter, konkret also durch die von Geschlecht, Alter, sozialer Klasse, ethnischer Zugehörigkeit, Bildung etc. beeinflussten Vorstellungen, Fertigkeiten, Wünschen und Erwartungen bestimmt. Beim touristischen Blick kommen noch die Vorstellungen und Bilder von ganz konkreten anderen Orten und ihren Bewohner_innen, wie sie in Filmen, in der Werbung, in Reiseführern, Broschüren und Katalogen von Reisebüros, in Reiseblogs etc. vermittelt werden, dazu. Es liegt also am *touristischen Blick*, was als *anders* wahrgenommen wird (URRY/LARSEN 2011: 14).

Urry hat das Konzept in der Folge erweitert und darauf verwiesen, wie wichtig im Tourismus körperliche Erfahrungen sind – neben dem Sehen eben auch Berühren, Hören, Riechen und Schmecken (URRY 2002). Unter dem Einfluss des *performative turn*, der auch in den Tourismusstudien aufgegriffen wurde und dazu führte, als Tourismus das zu verstehen, was in verschiedenen Praktiken performativ hergestellt wird, entwickeln Urry und Larsen (2011) eine relationale Konzeption des *tourist gaze*. Demnach ist der je spezifische touristische Blick eine performative, verkörperte Praktik, die nicht nur von Zeichen und Diskursen, sondern auch von materiellen Relationen und Praktiken bestimmt ist. Der Blick ist damit mehr als bloßes Sehen, mit anderen Sinnen verwoben und von der Anwesenheit anderer Menschen (anderer Tourist_innen, regionaler Bewohner_innen, Beschäftigten der Tourismusindustrie etc.) beeinflusst. Eine besonders zentrale Rolle kommt dabei den aufeinander bezogenen Blicken der Tourist_innen und der lokalen Bewohner_innen zu, für die Urry und Larsen auf das von Darya Maoz entwickelte Konzept des *local gaze* und *mutual gaze* verweisen (URRY/LARSEN 2011: 204ff., LARSEN 2014: 308ff.). War die erste Fassung des *tourist gaze* noch von der Machtkonstellation bestimmt, die die Angeblickten zu Objekten des touristischen Blicks macht, werden die Angeblickten nun nicht mehr nur passiv und machtlos gesehen. Sie können umgekehrt die Tourist_innen zu Objekten ihres Blicks machen und sich zum Beispiel mit der Aussicht auf ökonomische Vorteile in der von Tourist_innen erwarteten Weise präsentieren (vgl. etwa den Dokumentarfilm *Framing the Other* [2012] von Ilja Kok und Willem Timmers).

2. Tourismus, Sex, Sextourismus

Die Tourismusindustrie ist eine der bedeutendsten globalen ökonomischen Kräfte geworden. Bereits 1989 bezeichnete Greenwood (zit. in STRONZA 2001: 264) Tourismus als »the largest scale movement of goods, services, and people that humanity has perhaps ever seen«. Kenia zählt zu den zentralen touristischen Destinationen in den afrikanischen Ländern südlich der Sahara. Im Land selbst wird dem Tourismus bereits seit Mitte des 20. Jahrhunderts großes Potenzial für die ökonomische Entwicklung des Landes zugeschrieben (HOPE 2013: 533ff.). Postkoloniale afrikanische Intellektuelle wie etwa Frantz Fanon dagegen problematisieren die Forcierung des Tourismus in Afrika als eine Weiterführung kolonialer Beziehungen. So kritisiert Fanon die afrikanische Mittelklasse, die mit Einrichtungen zur Befriedigung der Wünsche westlicher Besucher_innen das eigene Land zum Bordell für Europa mache (FANON 2004: 152ff.). Tatsächlich nimmt in Kenia Sextourismus zu (HOPE 2013), was aber auch als Effekt des wachsenden globalen Tourismus zu verstehen ist, der mit einer Zunahme an kommerziellem Sex einhergeht (WONDERS/MICHALOWSKI 2001). Darüber hinaus darf nicht übersehen werden, dass Sex und Sexyness als unverzichtbares Element der Repräsentationen touristischer Destinationen gilt. So verweist Hope (2013: 538) auf die fünf ›S‹, die viele Tourist_innen erwarten: sandy beaches, sun, safari, scenery, sex.

Beim Sextourismus kommt es zu kommerziellen sexuellen Beziehungen von Tourist_innen aus dem Globalen Norden mit Menschen im Globalen

Süden, die sich im Allgemeinen in ihrem ethnischen und kulturellen Hintergrund von den Tourist_innen unterscheiden (O'CONNELL DAVIDSON/ SANCHEZ TAYLOR 1999). Wie Kempadoo (2009) betont, ist Sextourismus ein Beispiel für die Erotisierung der ethnisch und kulturell Anderen, wobei Elemente kolonialer Denkmuster und Herrschaftsbeziehungen wiederkehren (ebd.). Am Beispiel der Karibik führt sie aus, wie die Beziehung der weißen Kolonialherren zu den schwarzen Sklavinnen seit dem 16. Jahrhundert nicht nur durch die Ausbeutung der Arbeitskraft gekennzeichnet war, sondern auch als Recht auf sexuelle Dienstleistungen verstanden wurde. Begründet wurde dies mit der ideologischen Konstruktion, dass schwarze Sklavinnen sexuell freizügig, von Natur aus sinnlich und triebhaft seien und ihnen die Sittlichkeit der anständigen weißen Frau fehle. Dieselbe Konstruktion einer triebhaften Sexualität wurde auch den schwarzen Männern zugeschrieben, wie etwa Stuart Hall (2004) ausgeführt hat. Nach wie vor gehen viele Tourist_innen davon aus, dass der ›way of life‹ der Menschen im Globalen Süden natürlich, sinnlich und durch eine unkomplizierte Form von Sexualität gekennzeichnet sei (O'CONNEL DAVIDSON/SANCHEZ TAYLOR 1999: 457). Entsprechend verläuft Sextourismus im Globalen Süden auch anders als in Europa und Nordamerika (wie z. B. in Amsterdam oder Las Vegas), wo es eine organisierte Sexindustrie gibt, die zu den Touristenattraktionen zählt und Bestandteil vieler touristischer Packages ist. Dagegen gibt es in den Ländern des Globalen Südens neben der formal organisierten Sexindustrie auch einen informellen Sexsektor, in dem es zu verschiedenen Formen des sexuell-ökonomischen Austausches kommt. Am Beispiel männlicher, heterosexueller Sextouristen beschreiben O'Connell Davidson und Sanchez Taylor (1999: 43ff.), dass sich die Touristen nicht als Kunden von Prostituierten verstehen, die deren Service in Anspruch nehmen, da sie die regionalen Einwohnerinnen nicht als Prostituierte, sondern als Frauen mit einem unbeschwerten, offenen Verhältnis zu Sexualität sehen. Freilich resultiert dies in ungleichen sexuellen Beziehungen, in denen die westlichen Männer eine Bestätigung ihrer eigenen kulturellen Superiorität erhalten. Im Unterschied zu den Männern des Globalen Südens, denen zugeschrieben wird, dass sie nicht hinreichend für ihre Frauen sorgen, können die männlichen Touristen großzügig und humanitär agieren (ebd.). Sextourismus erfüllt also nach O'Connell Davidson und Sanchez Taylor zum einen die Funktion, ein traditionelles *männliches* Selbstverständnis zu stützen; zum anderen wird damit auch ein *weißes* Selbstverständnis gestützt, da es hier zu einer Rekonstituierung der Vorstellung davon, was es heißt, weiß zu sein, kommt – nämlich, dass andere einem dienen, einen verehren und einen beneiden. O'Connell Davidson und Sanchez Taylor sprechen in dem Zusammenhang von *neokolonialen* Beziehungen (ebd.).

Ähnliches gilt für Frauen, die für ihren Urlaub Destinationen wie etwa die Karibik oder Kenia wählen. Sie finden dort viele Möglichkeiten für sexuelle Erfahrungen, neben bezahlten sexuellen Interaktionen auch quasi-romantische sexuelle Beziehungen mit den dortigen jungen Männern. Da dies von den Frauen als Resultat von Verführung und nicht als sexueller Tauschhandel wahrgenommen wird, wird deshalb auch von *romance tourism* gesprochen (HOPE 2013: 537). Sanchez Taylor (2006) problematisiert diese Bezeichnung und die damit einhergehende, auf einem essentialistischen Verständnis von Sexualität beruhende Differenzierung zwischen männlichem und weiblichem Sextourismus. Der Begriff *romance tourism* verdeckt ihrer Meinung nach, dass Frauen für die sexuellen Kontakte mit einheimischen Männern genauso die Vorteile globaler ökonomischer Strukturen für sich in Anspruch nehmen, wie dies bei männlichen Sextouristen der Fall ist, und dass den sexuellen Beziehungen ebenso rassisierte Konstruktionen zugrunde liegen. In der Studie von O'Connell Davidson und Sanchez Taylor, in der Sextouristinnen in der Karibik interviewt wurden, zeigte sich, dass die einheimischen schwarzen Männer als *Andere* konstruiert werden, die sich durch sexuelle Potenz und einen unkontrollierbaren Sexualtrieb auszeichnen. Entsprechend würden diese Männer auch keine Differenzierung zwischen verschiedenen Frauen vornehmen – das heißt, Alter, Gewicht oder Aussehen der Frau wären nicht von Relevanz, da häufiger Geschlechtsverkehr für schwarze Männer etwas Natürliches sei. Aufgrund der informellen Struktur der sexuellen Transaktionen gilt das Verhalten der Männer nicht als Prostitution. Vielfach tragen schwarze Männer, die in dieser informellen sexuellen Ökonomie tätig sind, zur Aufrechterhaltung der rassistischen Stereotypisierungen bei, indem sie sich bei ihren Anmachsprüchen als unstillbare Liebhaber präsentieren (SANCHEZ TAYLOR 2006: 54). Die Touristinnen selbst verstehen ihre Geschenke und das Geld, das sie ihren Sexualpartnern geben, nicht als Bezahlung, sondern als Ausdruck ihrer eigenen Freigiebigkeit.

Die befragten Touristinnen erleben sich als sexuell begehrenswert und können sich im Urlaub außerhalb der zu Hause gültigen sexuellen Konventionen bewegen, ohne dass dies ihrer Reputation zu Hause schadet. Gleichzeitig setzen sie ihr ökonomisches Kapital in den sexuellen Beziehungen mit schwarzen Männern ein und erleben sich als weiße Frau aus dem Globalen Norden im Globalen Süden in einer Machtposition, die sie von zu Hause nicht kennen. Aufgrund ihrer ökonomisch überlegenen Position ist das Risiko, in ihren sexuellen Beziehungen mit Männern aus der informellen Sexindustrie zurückgewiesen zu werden oder sich in einer untergeordneten Position zu finden, gering (SANCHEZ TAYLOR 2006: 49-50). Unabhängig davon, wie groß die Asymmetrie zwischen den Touristinnen und den einheimischen Männern auch ist, wird davon ausgegangen, dass die Männer aufgrund der rassistischen Konstruktion, die sie mit einem unkontrollierbaren sexuellen Begehren versieht, selbst bei Bezahlung immer auch selbst von den sexuellen Akten profitieren. Interviews mit den einheimischen Männern zeigen ein komplexeres Bild. Einerseits werden die sexuellen Interaktionen mit Touristinnen stark von den die heterosexuellen Codes bestimmenden Vorstellungen romantischer Liebe definiert, andererseits verstehen sie ihre sexuellen Dienste für die Touristinnen als reines Geschäft (ebd.: 50ff.). Wie Sanchez Taylor (ebd.: 52ff.) betont, sind die komplexen Relationen in den heterosexuellen Beziehungen zwischen Touristinnen und einheimischen Männern immer bestimmt von globalen ökonomischen und rassisierten Ungleichheiten sowie davon, wie sich die Beteiligten selbst zu diesen Strukturen positionieren. So meinen zwar viele der von Sanchez Taylor befragten Sextouristinnen, dass ihre sexuellen Beziehungen zu schwarzen Männern ein Zeichen für Antirassismus seien. Sanchez Taylor (ebd.: 53) relativiert diese Sichtweise, da das Verhalten der Sextouristinnen von Alltagsrassismus (wie etwa der Vorstellung, dass es ›natürliche‹ Unterschiede zwischen Rassen und Kulturen gäbe) durchzogen ist.

3. Sextouristinnen im Spielfilm

Sextourismus ist ein Thema, das zwar immer wieder in Dokumentarfilmen aufgegriffen wird (wie z. B. in den zwei Beiträgen *Schöner fremder Mann* aus den Jahren 2013 und 2017 von Tiba Marchetti für die ORF-Sendung *Am Schauplatz*), im fiktionalen Film dagegen wird das Thema selten behandelt. Mir sind neben *Paradies Liebe* nur vier Filme bekannt, die – und zwar in sehr unterschiedlicher Weise – von Sextouristinnen handeln. Die beiden ersten Filme entstanden im Rahmen der feministischen Auseinandersetzung mit den gesellschaftlichen Regulierungen und Sanktionierungen weiblicher Sexualität. Das kanadische Dokudrama *A Winter Tan* (1987, ein Independent

Film) beruht auf den als Buch (*Give Sorrow Words*, herausgegeben von Edith Jones und Irving Holder 1979) veröffentlichen Briefen von Maryse Holder, einer feministischen Professorin an einem New Yorker College. Holder fährt als Reaktion gegen die Doppelmoral der US-amerikanischen Gesellschaft, die es Frauen nicht erlaubt, Sexualität in gleicher Weise zu leben wie Männer, in den 1970er-Jahren wiederholt nach Mexiko, um dort sexuelle Lust in Affären mit jungen mexikanischen Männern zu erleben und zu erforschen. Unter nicht ganz geklärten Umständen wird sie von einem ihrer Liebhaber ermordet. In dem von einem Regisseur_innen-Kollektiv (Jackie Burroughs, Louise Clark, John Frizzell, John Walker und Aerlyn Weissman) geleiteten Film erzählt Jackie Borroughs, die auch die weibliche Hauptrolle spielt, Maryses Geschichte. In dem Film wird das Thema ›Sextourismus‹ nicht explizit angesprochen oder bearbeitet, vielmehr folgt der Film den in den Briefen detailreich ausgeführten Erfahrungsberichten. Dazu gehört auch, wie die Protagonistin die mexikanischen Männer sieht, und umgekehrt, wie sie von ihnen wahrgenommen wird: Sie ist für die mexikanischen Männer eine Art archetypische Gringa, während für sie die mexikanischen Männer eine Figur des Begehrens sind (BAILEY 1987). Maryse charakterisiert ihre Zeit in Mexiko als »Urlaub vom Feminismus« und konstruiert das Gegensatzpaar ›Feminismus/Ficken‹. Die Reaktionen auf den Film sind ambivalent. So wird (wie auch im Vorwort zum Buch von KATE MILLETT 1979) die filmische Aufbereitung der mutigen und radikalen feministischen Schritte einer Abenteurerin, die frei leben will, aber unter den spezifischen Bedingungen nur scheitern kann, gewürdigt. Der Film wird aber auch als postfeministisch bezeichnet (PROBYN 1993: 271), da das Hinter-sich-Lassen des Vertrauten bei der Protagonistin zum Tod führt. Darüber hinaus wird der Film als rassistisch kritisiert und problematisiert, dass die Befreiung der Frau auf Kosten der Exotisierung und stereotypen rassistischen Konstruktion mexikanischer Männer erfolge (BAILEY 1987).

Mit ihrem Experimentalfilm *Baby I will make you sweat* (1994), zu dem sie laut eigener Aussage unter anderem durch Holders Briefe angeregt wurde, will die deutsche Filmemacherin Birgit Hein zur Diskussion über weibliche Alterssexualität, die sie als eines der letzten Tabus versteht, anregen (Hein zit. in ALISCH 1995; KUHLBRODT 1998). Der Film beruht auf Aufnahmen ihrer eigenen Erfahrungen in Jamaica mit einer Hi8-Videokamera. Diese wurden dann auf 16 mm abgefilmt, bearbeitet und mit vielen Detailaufnahmen, Standbildern und Bildern in Zeitlupe neu angeordnet. Durch die grobkörnige Materialität der Bilder wird der Realismus der dokumentarischen Aufnahmen gebrochen. Für den Ton wurden O-Töne aus der Hi8-Kamera übernommen und elektronisch imitiert. Der Film ist wie ein Reisetagebuch strukturiert, in dem Hein offen über ihre Schwierigkeiten mit dem Älterwerden, dem Alleinsein, ihrem Bedürfnis nach Zärtlichkeit und den Erlebnissen mit einem schwarzen Liebhaber in Jamaica spricht. Ein Anliegen bei der Bearbeitung und Organisation der Bilder war es für Hein, niemanden zu denunzieren oder gar »den Körper zu feiern« (ALISCH 1995).

Die Bearbeitung der Bilder und O-Töne geben dem Film eine Mehrdeutigkeit und viel Raum für Imagination; gleichzeitig wird das Persönliche durch die aus dem Off kommenden, von Hein selbst gesprochenen Texte spürbar. Hier kommt es mehr zu einem tastenden, haptischen Sehen, wie dies von Laura Marks (2000) beschrieben wird. Was im Film erblickt wird, kann nicht sofort identifiziert werden, sondern muss erst langsam ertastet werden. Die Bilder allein geben nicht genug Informationen, damit sie verstanden und eingeordnet werden können, es werden dafür alle Sinne gebraucht. *Baby I will make you sweat* kann als ein Beispiel für »eine andere Sinnlichkeit als Strategie« verstanden werden, »die ein anderes Sehen möglich macht und damit andere Geschichte, andere Praktiken sichtbar werden lässt« (ZECHNER 2013: 166).

Annette Brauerhoch (1997) greift einen Kritikpunkt auf, mit dem Hein häufig konfrontiert wird, und zwar, dass in dem Film die Reflexion der ökonomischen Ungleichheit in den Sozialkontakten einer zahlungskräftigen weißen Frau und einem armen schwarzen Mann fehle. Für Brauerhoch geht es Hein in ihrem Film aber gerade nicht um Political Correctness, sondern um etwas, das selbst als höchst ›unkorrekt‹ gilt, nämlich um das Recht einer älteren Frau auf Sexualität. Entsprechend sollte auch die filmische Form, die Hein gewählt hat, nicht als nüchterne Analyse, sondern als ein Zelebrieren der nach Jahren der Selbstverleugnung und Isolation wiedergewonnenen Sinnlichkeit gesehen werden. Für Brauerhoch liegt der Verdienst von Heins Film gerade im Zeigen des weiblichen Begehrens und der daraus erwachsenden Energie, dem Potenzial für Lusterfahrungen wie auch für Konflikte (BRAUERHOCH 1997).

Ein Happy Ending gibt es im US-amerikanischen Film *Männer sind die halbe Miete* (*How Stella got her groove back*, 1998, Regie: Kevin Rodney Sullivan), einer Adaption des Bestsellers gleichen Titels von Terry McMillan. Die weibliche Hauptfigur Stella ist eine 40-jährige erfolgreiche, geschiedene, schwarze Börsenmaklerin (gespielt von Angela Bassett), die mit ihrem 11-jährigen Sohn in einer Villa in Kalifornien lebt. Für eine Auszeit aus ihrem von Arbeit bestimmten Leben bucht sie einen Urlaub in einem noblen Resort in Jamaica. Dort lernt sie den um 20 Jahre jüngeren Winston kennen, der, wie sich später herausstellt, aus einer adeligen Familie in Jamaica stammt.

In diesem Film wird die für weiblichen Sextourismus vorherrschende Struktur – zahlungskräftige ältere, weiße Frauen gehen sexuelle Beziehungen mit jüngeren schwarzen Männern aus der informellen Sexindustrie ein – durchbrochen. Hier ist es eine attraktive, sehr erfolgreiche schwarze Frau, die eine Affäre mit einem jüngeren, ebenfalls attraktiven, aus der sozialen Oberschicht stammenden, schwarzen Mann hat. Aus der gegenseitigen sexuellen Anziehung entwickelt sich eine ernsthafte Beziehung, die unter anderem dazu beiträgt, dass Stella ihren kompetitiven Job an der Börse aufgibt, um etwas zu machen, das sie immer schon interessiert hat, nämlich Möbel zu bauen (ADLER PAPAYANIS 2012).

In dem französisch-kanadischen Film *In den Süden* (*Vers le sud*, 2005, Regie: Laurent Cantet), der sich auf Kurzgeschichten des haitischen Autors Dany Laferièrre stützt, gibt es dagegen ein tragisches Ende. Hier sind es drei weiße Frauen unterschiedlichen sozialen Hintergrunds aus Nordamerika, die in den späten 1970er-Jahren in einem kleinen Hotel in Haiti ihren Urlaub verbringen: Ellen, die Uni-Professorin für Literaturwissenschaft, die Hausfrau Brenda und Sue, die in einer Fabrik arbeitet. Der Fokus des Films richtet sich auf die Beziehung von Ellen (gespielt von Charlotte Rampling) und Brenda (gespielt von Karen Young) zum 18-jährigen Haitianer Legba (gespielt vom Laienschauspieler Ménothy Cesar), der in der informellen Sexindustrie tätig ist. Die beiden Frauen konkurrieren um die sexuellen Dienste von Legba. Der Film thematisiert aber auch die politische Situation zu der Zeit in Haiti, die durch die brutale Militärdiktatur von Jean-Claude Duvalier (auch Baby Doc genannt) bestimmt ist. Hier wird für die Zuschauer_innen der krasse Gegensatz zwischen dem idyllischen Urlaubsresort am Strand und der harschen, durch Armut, gewalttätige Unterdrückung und Korruption gekennzeichneten Lebensrealität der haitianischen Bevölkerung erkennbar. Der Film führt am Beispiel der Interaktionen zwischen den Touristinnen und den Beachboys vor, wie hier je spezifische Sehnsüchte und Wünsche und ökonomische Ungleichheit und unterschiedliche Aktions- und Handlungsspielräume aufeinandertreffen. Für die weißen Frauen ist Haiti ein Ort, an dem sie sexuelle Erfüllung finden, die es für sie zu Hause nicht gibt. In einer an Dokumentarfilme angelehnten Weise sprechen die drei Frauen direkt in die Kamera über ihr sexuelles Begehren, das sie dazu veranlasst, immer wieder nach Haiti in Urlaub zu fahren. Regisseur Cantet versteht seinen Film als einen ernsthaften Versuch, das Begehren von Frauen über vierzig, das im Kino wenig thematisiert wird, filmisch zu erforschen (CANTET zit. in ADLER PAPAYANIS 2012).

Am Beispiel von Legba sowie dessen Freundin aus der Schulzeit wird die Perspektivlosigkeit der in Armut und unter der Militärdiktatur leidenden Bevölkerung in Haiti deutlich. Legba wurde als 15-Jähriger von Brenda und ihrem Mann bei ihrem ersten Urlaub auf Haiti halb verhungert auf der Straße gefunden, von den beiden unterstützt, aber auch von Brenda am Strand sexuell verführt. Legba verkörpert das attraktive exotische Andere, das im Film in vielen Einstellungen, die auf den nur mit einer Badehose bekleideten oder nackten Körper von Legba fokussieren, vermittelt wird. Die sexuellen Dienste Legbas an den weißen Touristinnen werden mit Geschenken, Geld, Kleidung und Einladungen zum Essen belohnt und ermöglichen ihm – wenn auch nur für Stunden – die Teilhabe an deren Leben, zu dem er sonst keinen Zugang hätte. Der Film reißt kurz auch Legbas Leben außerhalb des touristischen Domizils an, das letztendlich dazu führt, dass er, genauso wie seine Schulfreundin, die inzwischen die Geliebte eines Obersts geworden ist, tot am Strand aufgefunden wird.

In dem Film *In den Süden* sind es die gesellschaftlich bedingten Behinderungen der Aktualisierung ihrer Möglichkeiten und Potenziale, die die Interaktionen zwischen den beiden Gruppen – den weißen Touristinnen aus Nordamerika und den schwarzen Beachboys – bestimmen. Das in den Herkunftsländern der Touristinnen nicht erfüllte sexuelle Begehren alternder Frauen und ihr Wunsch nach einem Partner macht die jungen schwarzen Männer an den Stränden Haitis zu erotischen Objekten, die sie konsumieren können. Die bittere Armut in Haiti führt dazu, dass die informelle Sexindustrie für junge Männer eine attraktive Alternative darstellt. Insofern werden die Interaktionen zwischen den Touristinnen und den Beachboys in dem Film nicht als ausbeuterisches Verhältnis gezeichnet, sondern als etwas, das beiden Gruppen etwas bringt (MICHELMANN 2011: 155).

Gleichzeitig adressiert der Film auf mehreren Ebenen die Ambivalenzen, die in den Interaktionen zwischen Touristinnen und einheimischer Bevölkerung zum Ausdruck kommen. So finden sich aufgrund ihrer unhinterfragt als überlegen angenommenen Position einerseits koloniale Muster in den Äußerungen und im Verhalten der Frauen gegenüber den Beachboys. Andererseits klingen auch Schuld- und Schamgefühle an, und zwar sowohl bei den Touristinnen – wenn sie nach Legbas Tod über ihre Beziehung zu ihm reflektieren – als auch beim haitischen Hotelmanager Albert, der zwar für die Touristenindustrie arbeitet, jedoch von der zerstörerischen Kraft des Geldes der Tourist_innen für die haitische Gesellschaft spricht (MICHELMANN 2011; ADLER PAPAYANIS 2012).

4. Paradies Liebe

Seidls Film *Paradies Liebe* handelt von den Erfahrungen der Hauptprotagonistin Teresa, einer alleinerziehenden Wienerin um die fünfzig, die einen Urlaub in Kenia gebucht hat, um dort auch ihren Geburtstag zu feiern. Der Schwerpunkt liegt auf verschiedenen Facetten der Begegnung mit dem Anderen und des Umgangs mit den Anderen – konkret mit dem Hotelpersonal und den jungen schwarzen Männern, die in der informellen Sexindustrie tätig sind. Ermuntert von ihrer Freundin, die schon Erfahrung mit dem Urlaubsort in Kenia hat, geht Teresa sexuelle Kontakte mit einigen jungen Männern ein und gewinnt nach der Überwindung erster Hemmungen zunehmend Selbstvertrauen. Sie verliebt sich in einen der Beachboys, Munga, der sie anspricht, und ist schließlich tief enttäuscht, als sie herausfindet, dass er nur an ihrem Geld interessiert ist und bereits Frau und Kind hat. Ihre Enttäuschung wird noch größer, als sie vom Barkeeper des Hotels zurückgewiesen wird und die Erfahrung machen muss, dass er trotz ihres Geldes keinen sexuellen Kontakt mit ihr eingeht.

Die für Seidls Filme typische Arbeitsweise und Ästhetik findet sich auch in *Paradies Liebe*. Sein Zugang kann als Prozess der Ko-Konstruktion charakterisiert werden, wobei die Rahmenbedingungen klar vom Regisseur vorgegeben werden. Seidl definiert das Thema, um das es geht, und arrangiert die Szenen, in denen die Schauspieler_innen dann spielen. Er arbeitet immer mit einer Kombination aus professionellen Schauspieler_innen (in *Paradies Liebe* spielen sie die österreichischen Touristinnen) und Laien-Darsteller_innen (in *Paradies Liebe* sind dies die Beachboys). Es gibt kein Drehbuch im traditionellen Sinn, sondern nur präzise beschriebene Szenen, die jedoch keine Dialoge enthalten (PRESSEHEFT 2012). Seidl instruiert zwar die Schauspieler_innen vor jeder Aufnahme, die Dialoge werden jedoch von den Darsteller_innen am Set improvisiert. Wichtig ist für Seidl dabei, dass alles, was vor der Kamera geschieht, authentisch ist (SCHÖNING 2013). Die Hauptdarstellerin in *Paradies Liebe*, Margarethe Tiesel, konkretisiert, »dass Seidl nicht so Schauspieltechnik sucht, sondern einen selbst: die Worte und Ideen, die man aus sich schöpft« (Tiesel in SCHÖNING 2013). Entsprechend gibt es bei Seidl keine wiederholten Aufnahmen von Szenen. Wenn etwas bei einer Szene nicht funktioniert, muss jeder weitere Versuch inhaltlich ganz neu sein (SCHÖNING 2013). Die Schauspieler_innen kommen mit dieser Arbeitsweise gut zurecht, wie in einer Aussage von Tiesel deutlich wird: »[W]enn man eh schon am Improvisieren ist, muss man auch nicht mehr vorab wissen, was in einer Szene genau passieren wird. Was kommt, das kommt« (Tiesel in SCHÖNING 2013). Seidl dreht seine Filme immer an Originalschauplätzen und chronologisch, wodurch die Szenen und Handlungsstränge fortlaufend auf der Basis des gedrehten Materials entwickelt und neue Ideen und Szenen eingebaut werden können. Aufgrund dieser Arbeitsweise wirkt der Film wie ein Dokumentarfilm, jedoch sind alle Einstellungen vom Regisseur genau geplant. Der Eindruck von Authentizität wird auch dadurch verstärkt, dass ausschließlich Originalton verwendet wird. Musik kommt nur vor, wenn sie inhaltlicher Bestandteil der Szene ist, es gibt keine musikalische Untermalung bzw. Verstärkung (PRESSEHEFT 2012).

Aufgrund von Seidls Arbeitsweise und seines spezifischen Einsatzes filmischer Gestaltungsmittel, mit denen der Eindruck von Authentizität erzeugt wird, werden seine Filme gern als Beispiel für filmischen Realismus bzw. Neorealismus gesehen (wie zum Beispiel bei Pasolini, siehe MELCHIOR 2014) oder mit dem Cinéma Vérité, wie es etwa vom französischen Ethnologen und Filmemacher Jean Rouch praktiziert wurde, verglichen (BRADY/HUGHES 2008: 101). Grissemann (2013: 27) spricht von »Seidls Hommage an die Realität: er lässt vor der Kamera Dinge geschehen, die nur teilweise planbar sind, die nicht zu schreiben oder zu spielen sind«. Die Interaktionen zwischen dem Regisseur und den Gefilmten sind zwar anders angelegt als bei Jean Rouch, verfolgen aber das gleiche Ziel: das wirkliche Leben, den Alltag, in Form filmischer Fiktion zu fassen. Indem die Schauspieler_innen in *Paradies Liebe* die Szenen improvisieren und sich darauf einlassen, was dabei entsteht, wird für die Zuschauer_innen erkenn- und nachvollziehbar, welche Prozesse, Kräfte, Diskurse und Affekte in den Begegnungen zwischen den Touristinnen und den Einheimischen mobilisiert und intensiviert werden können. Eine große Rolle spielen dabei die ökonomischen und kulturellen Ungleichheiten und wie diese diskursiv und affektiv besetzt werden.

4.1 *Kontaktzonen und Othering in Paradies Liebe*

Im Film gibt es einige wenige Szenen, die von der Tourismusindustrie organisierte, den Erwartungen des touristischen Blicks entsprechende Formen der Begegnung der Tourist_innen mit dem Anderen zeigen. Dazu zählen Informationen, welche den Tourist_innen vom Guide im Shuttle auf dem Weg zum Hotel gegeben werden: Zwei Begriffe seien auf Suaheli ganz wichtig – ›Jambo‹ für ›Hallo‹ und ›Hakuna Matata‹ für ›kein Problem‹ –, was eine gewisse Ungezwungenheit des Umgangs miteinander nahegelegt. Der Empfang im Hotel mit fünf schwarzen Frauen, die klatschen und singen, die schwarzen Hotelangestellten, die das Gepäck der Tourist_innen auf die Zimmer bringen – all dies konstituiert den sozialen Unterschied zwischen den weißen Gästen und dem schwarzen Hotelpersonal. Der Auftritt der schwarzen Musikband im Hotel, der später im Film zu sehen ist, ist ein typisches Beispiel sogenannter *staged authenticity* (MACCANNELL 1973), einer den Erwartungen der Tourist_innen entsprechenden Inszenierung afrikanischer Kultur.

Der Kontakt zwischen den Tourist_innen und dem Personal (vom Reinigungspersonal über den Barkeeper bis zum Animateur) beschränkt sich auf die Serviceleistungen, die auf das Wohlbefinden der Tourist_innen ausgerichtet sind. Es gibt jedoch zwei Situationen, in denen Teresa Kontakt mit dem Barkeeper Josphat aufnimmt. Einmal sitzt sie mit einer zweiten Urlauberin an der Bar, beide werfen taxierende Blicke auf Josphat, finden seine Zähne und Lippen schön, vergleichen ihn mit dem ›Meinl-Gesicht‹[1], lachen ihn aus, weil er österreichische Wörter wie ›Speckschwartl‹ oder ›Blunzengröstl‹ nicht richtig aussprechen kann, und setzen ihm eine Sonnenbrille auf, mit der sie ihn ›echt cool‹ finden. Ein anderes Mal nimmt Teresa den Barkeeper mit auf ihr Zimmer, um sexuelle Dienste von ihm zu bekommen, die er aber verweigert. Beide Situationen sind Ausdruck der ungleichen Machtverhältnisse, die durch die ökonomische Überlegenheit Teresas und die sich selbst zugeschriebene kulturelle Überlegenheit bestimmt sind. Im ersten Fall kann sich der Barkeeper in der Serviceposition,

---

[1] Der ›Meinl-Mohr‹, das Bild eines schwarzen Kinderkopfes mit rotem Fes, ist das Markenzeichen des österreichischen Unternehmens Julius Meinl, vor allem für dessen Kaffee. 2004 wird ein neues Design entwickelt, das den Meinl-Kopf nun in Weiß bzw. in Rot zeigt (MEINL O.J.). In der Initiative ›Mein Julius‹ wurde das alte Meinl-Firmenlogo als rassistisch kritisiert (MEIN JULIUS O.J.).

in der er sich befindet, gegen den Rassismus und die sexuelle Belästigung nicht wehren. Im zweiten Fall, in Teresas Zimmer, verweigert er die gewünschten sexuellen Dienste. In beiden Situationen ergreift Teresa gegenüber einem Mann, dem sie sich in ökonomischer und kultureller Hinsicht überlegen fühlt, die Initiative und agiert in einer Weise, die in ihrer Herkunftskultur überwiegend von Männern praktiziert und als sexuell übergriffig und rassistisch problematisiert wird.

Die zentrale Kontaktzone, in der sich Touristinnen und Einheimische im Film begegnen, ist der Strand, der an das Hotelareal angrenzt. Als *Kontaktzonen* werden nach Mary Louise Pratt (1991) soziale Orte bezeichnet, an denen verschiedene Kulturen – meist im Kontext höchst asymmetrischer Machtrelationen – aufeinandertreffen. Der Strand ist im Film der Bereich, in dem die Beachboys darauf warten, etwas verkaufen und mit den Touristinnen Kontakt aufnehmen zu können. Durch den gesamten Film zieht sich die Trennlinie zwischen der Hotelanlage und seiner Umgebung und damit auch zwischen der Welt der Tourist_innen und der der kenianischen Bevölkerung. Dies wird durch ein Seil, das zwischen den Sonnenliegen für die Gäste und dem Strand gezogen ist, durch patrouillierende Wächter sowie durch Balken bei der Zufahrtstraße markiert, aber auch durch den Kontrast zwischen den mehrstöckigen Gebäuden der gepflegten Hotelanlage mit Swimmingpool und den einfachen Häusern der Umgebung (Abb. 3). In mehreren langen Einstellungen und Tableaus im Film wird der *local gaze* bzw. *mutual gaze* gezeigt. Die Tourist_innen, die sich in den Hotelliegen sonnen, sind den Blicken der Beachboys ausgesetzt. Die schwarzen Protagonisten[2] werden in dem Film also nicht nur als Objekte des touristischen Blicks präsentiert, sondern auch als Akteure, die die Touristinnen zu Objekten ihres Blicks, ihrer Interessen, Wünsche und Sehnsüchte machen (Abb. 4). Sobald sich die Touristinnen an den Strand begeben, werden sie bedrängt, Waren zu kaufen, und als potenzielle Sugarmamas[3] angesprochen. Der *mutual gaze* in *Paradies Liebe* ist von diesem, auf globalen Ungleichheiten beruhenden Tauschhandel bestimmt. So setzen die Beachboys Charme und

---

2   In *Paradies Liebe* kommen, bis auf einige weibliche Randfiguren (die singenden und klatschenden Frauen, die die ankommenden Tourist_innen im Hotel begrüßen; eine Sängerin der schwarzen Musikgruppe, die im Hotel auftritt; Mungas Frau; eine Lehrerin) nur kenianische Männer vor.
3   Als ›Sugarmama‹ werden Touristinnen aus dem Globalen Norden bezeichnet, die junge schwarze Männer ›aushalten‹ (PRESSEHEFT 2012).

Gesten romantischer Liebe ein, die zu sexuellen Kontakten führen, und erhalten dafür von den Touristinnen Geschenke und Geld.

ABBILDUNG 3 + 4
Kontaktzone Hotelstrand

Der Umgang der Touristinnen mit den Beachboys ist geprägt von Praktiken der Objektivierung, Exotisierung und Sexualisierung. So bewundert Teresa die kräftigen Hände, schönen Ohren und Oberschenkel von Inges Beachboy; Inge selbst erklärt begeistert, dass sie in ihren Beachboy investiere und sehr damit zufrieden sei, wie er ihr sexuelles Begehren befriedige. Freilich tragen die Beachboys selbst auch dazu bei, auf diese Weise wahrgenommen zu werden, indem sie ihre wohlgeformten, gelenkigen Körper am Strand präsentieren und sich als unersättliche Liebhaber ausgeben.

Teresas anfängliche Zweifel, sexuelle Kontakte mit einem Beachboy eingehen zu können, werden von ihrer Freundin Inge, die schon Erfahrung hat, zerstreut: »[E]s passiert von selber« und »let it be and flow«. Inge erzählt ihr auch, dass sie sich nun nicht mehr für die Männer »verbiegen« müsse, um ihnen zu gefallen, da die Beachboys sie hier einfach so nehmen, wie sie ist. Inge betont auch, dass es nicht nötig sei, sich im Intimbereich zu rasieren, denn »hier steht man auf alles, was wild ist und ursprünglich«. Aus einer Genderperspektive kann hier von einer Emanzipation Inges (und im Verlauf des Films auch von Teresa) gesprochen werden. Sie widersetzen sich der heteronormativen Geschlechterordnung, wonach Männer aktiv und ›anständige‹ Frauen passiv sind, und nehmen nun eine Subjektposition ein, in der sie ihr Begehren zum Ausdruck bringen. Diese Emanzipation ist aber nur möglich, weil die kenianischen Männer als anders konstituiert werden – als weniger kultiviert und auf den Körper reduziert. Das führt dazu, dass sich Touristinnen wie Inge und Teresa von den einengenden westlichen Normen von Weiblichkeit und den damit verknüpften Aufforderungen der ständigen Arbeit an sich selbst (VILLA 2008) befreit fühlen. Gleichzeitig entspricht aber die Beziehung zwischen den Touristinnen und den Beachboys den konventionellen Geschlechterrelationen, da die Beachboys die Frauen ansprechen, verführerisch agieren und die sexuellen Interaktionen initiieren. Sie vermarkten die ihnen zugeschriebene Andersartigkeit und bieten ihre Körper zur Befriedigung des sexuellen Begehrens und der Fantasien der Touristinnen an. Teresa, die nicht nur Sex, sondern auch Liebe und Zärtlichkeit sucht, muss erkennen, dass das, was sie von den Beachboys erhält, eine spezifische Form *emotionaler Arbeit* ist, die den Dienstleistungsbereich generell und Tourismus im Speziellen ausmacht (vgl. ANDERSON/PROVIS/CHAPPEL 2002; KOGOVSEK/KOGOVSEK 2014). Mit *emotionaler Arbeit* hat Arlie Russell Hochschild bereits in den 1980er-Jahren die Anforderung an Flugbegleiterinnen bezeichnet, ständig bestimmte, vom Unternehmen vorgeschriebene Gefühle gegenüber den Passagieren zu vermitteln, sodass diese sich wohlfühlen (HOCHSCHILD 1983). Wie Megan Rivers-Moore (2017: 67) halte ich es für produktiver, die Tätigkeit der Beachboys als *emotionale Arbeit* und nicht als Prostitution zu bezeichnen. Sie vermitteln in den Interaktionen mit den Touristinnen Gefühle in einer Art und Weise, dass sich diese als sexuelle Subjekte angenommen fühlen.

Insgesamt lassen sich die Kontakte zwischen den Touristinnen und den Beachboys in *Paradies Liebe* als Prozesse von gegenseitigem Othering beschreiben. Als deutsche Entsprechung wird dafür auch der Begriff

›Veranderung‹ benutzt (siehe z. B. REUTER 2002). Othering ist als Vorgang zu verstehen, mit dem eine Differenzierung zwischen der eigenen sozialen Gruppe und Angehörigen anderer sozialer Gruppen vorgenommen wird, mit der letztere zu ›Anderen‹ gemacht werden. Diese Differenzierung kann auf der Grundlage der Zugehörigkeit zu einer spezifischen Klasse, Ethnie, Nationalität, nach sexuellen Vorlieben, Glaubensvorstellungen etc. erfolgen und hat den Effekt, dass die eigene Gruppe in Abgrenzung zu den ›Anderen‹ definiert und bestätigt wird. Der Begriff ›Othering‹ stammt von Gayatri Chakravorty Spivak (1985), die am Beispiel der britischen Kolonisierung Indiens den Effekt der imperialen Herrschaftsdiskurse beschreibt, mit denen das europäische Selbstverständnis durch die Definition seiner Kolonien als ›Andere‹ bestätigt wird. Die Selbstaffirmation als überlegen geht mit dem Othering Hand in Hand. Mit den Beispielen, auf die sich Spivak bezieht, betont sie die Heterogenität der kolonisierenden Machtrelationen – die Praktiken, mit denen ›Andere‹ produziert werden, finden sich auf allen sozialen Ebenen.

Die komplexen Prozesse von wechselseitigem Othering in *Paradies Liebe* sind sowohl auf Seiten der Touristinnen als auch seitens der Einheimischen rassisierend: So konstruieren die weißen Touristinnen das Land und die darin lebenden Menschen als weniger zivilisiert. Zum Beispiel desinfiziert Teresa Waschbecken und Toilette in ihrem Hotelzimmer. In Teresas Gesprächen mit ihren Freundinnen werden die Beachboys als exotische, faszinierende Andere konstruiert – als wild, sexy und unkompliziert, mit anderen Haaren und einer nach Kokos riechenden Haut. Umgekehrt werden die Touristinnen von den Beachboys als Konsumentinnen und vor allem als Menschen gesehen, die über ökonomisches Kapital verfügen.

Auch Seidl hat die Konstituierung als Anderer während der Arbeit an dem Film erfahren und reflektiert: »Wenn ich jetzt nach Kenia fahre, stehen sie alle wieder da und wollen Geld von mir haben. Sie gehen davon aus, dass der da kommt, Geld hat. Sie sind außerdem der Meinung, dass Europa und die Europäer aus der Vergangenheit heraus Schuld sind an ihrem Schicksal – was auch nicht ganz falsch ist. Aber man entkommt dem auch nicht, in welcher Rolle man auch immer ist. Wenn man in Afrika als Weißer irgendwo hingeht, ist man immer einer von denen, dessen Geld man haben möchte« (DREISSINGER, Interview mit Ulrich Seidl, o. J.). Einmal wurde mitten in den Dreharbeiten einer der Beachboys von einer selbst ernannten kenianischen Strandpolizei, die bewaffnet war, herausgeholt und weggebracht, um Geld zu erpressen. Das Filmteam wurde beschuldigt, mit dem Film ein schlechtes Bild von Kenia zu vermitteln. Aber, wie Gabriela Jemelka, Assistentin bei den Filmarbeiten von *Paradies Liebe*, ausführt: »Wenn man zahlt, geht alles in Kenia« (PRESSEHEFT 2012).

4.2 Potenziale in/von Paradies Liebe

Nach Urry (2011: 11) sind *liminoide* Situationen – Situationen, in denen die Regeln und Verpflichtungen des Alltags kurzfristig aufgehoben sind – charakteristisch für Tourismus. Diese *liminoiden* Situationen kommen einer Lizenz zu freizügigerem, spielerischerem Verhalten und ungezwungeneren Formen des Zusammenseins gleich. Aus der Perspektive von Touristinnen wie Teresa in *Paradies Liebe* ist der Kontakt mit den Beachboys eine solche *liminoide* Situation. Befreit von den sie abwertenden gesellschaftlichen Normen ihres Herkunftslandes, wonach schlanke, junge weibliche Körper als attraktiv gelten, können sie sexuelle Kontakte mit jungen kenianischen Männern eingehen. Die romantische Verbrämung des Tauschhandels durch die Beachboys ermöglicht es ihnen gleichzeitig, ihre Interaktionen in den vom Phantasma der romantischen Liebe geprägten kulturellen Vorstellungen heterosexueller Beziehungen in ihrem Herkunftsland zu verorten. Auch wenn sie sich – wie Teresa in *Paradies Liebe* – letztendlich ausgenützt und betrogen fühlen, lässt sich diese Erfahrung in vertrautes Wissen um heterosexuelle Beziehungen einordnen.

Die gemeinsame Erarbeitung der Szenen mit den Schauspieler_innen in *Paradies Liebe* führt zu einer Form von Authentizität, die in der Rezeption ambivalent aufgenommen wird – von hinterhältig, boshaft, bitter bis zu sanfter und schonungsloser Analyse reichen die Kritiken (siehe z. B. STREERUWITZ 2012, SCHÖNING 2013). Das Gefühl von Authentizität beruht darauf, dass das, was in den Improvisationen der Schauspieler_innen ›herauskommt‹, nicht bloß Ausdruck individueller, privater Sichtweisen und Gefühle, sondern gesellschaftlich-kultureller Verhältnisse ist. Diese Improvisationen sind immer auch Positionierungen in gesellschaftlichen Wahrnehmungs-, Denk- und Erkenntnisweisen sowie Gefühlsregimen. In den Interaktionen der Schauspieler_innen in *Paradies Liebe* werden die Assoziationen und Bedeutungsketten erkennbar, die ihrem Verhalten zugrundeliegen und sich als spezifische Prozesse von *Othering* materialisieren. Diese Assoziationen und Bedeutungsketten sind auch dem Filmpublikum vertraut, was nicht zuletzt den Effekt hat, dass *Paradies Liebe* vielfach als verstörend und irritierend erlebt wird. Für Seidl liegt gerade darin ein Ziel seiner Filme, »indem man Wahrheiten gesagt und gezeigt bekommt, die man nicht so gerne sehen möchte« (Seidl in SCHÖNING 2013). Er betont, dass es in seinen Filmen »letztendlich immer darum geht, das eigene Bewusstsein zu hinterfragen oder zu einem anderen Bewusstsein zu kommen« (ebd.).

Im Film wird das revolutionäre Potenzial, das in sexuellen Kontakten prinzipiell vorhanden ist und dazu führen kann, dass sich etwas Neues entwickelt, nicht aktualisiert. Teresas Sehnsucht nach Liebe und tiefergehender emotionaler Beziehung wird nicht erfüllt. Es bleibt bei der Inanspruchnahme *emotionaler Arbeit* und einem zeitlich befristeten Vergnügen.

Seidls Film kann auch als Rassismuskritik gelesen werden. Der Film führt am Beispiel von Sextourismus vor, dass im Kontakt zwischen Weißen und Schwarzen keine wirkliche Begegnung stattfindet. Wie etwa bell hooks (1992: 22ff.) betont, löscht der Wunsch nach einem intimen Kontakt nicht einfach rassistische Dominierung aus. Eine wirkliche Begegnung erfordert, dass beide Seiten erkennen, wie sich die rassistische Dominierung konkret auswirkt. Gabriele Dietze (2006: 219ff.) unterscheidet drei Möglichkeiten der Kritik von Rassismus: Bei der vorkritischen Version werden rassistische Aussagen als falsch oder böswillig problematisiert, und es wird gefordert, Diskriminierte gegenüber Vorurteilen zu schützen und Toleranz gegenüber ›Anderen‹ zu üben. Bei dieser Form wird das ›Anderssein‹ als gegeben verstanden und mit der Kritik an Rassismen auch weiter fortgeschrieben. Die Frage, welche Funktion je spezifische Rassismen für die Mehrheitsbevölkerung haben, definiert die konstruktivistische Form von Rassismuskritik. Hier gelten die ›Anderen‹ als Projektionsflächen für Ängste und Probleme der Diskriminierenden. In der dekonstruktivistischen Form liegt der Fokus nicht mehr auf dem ›Anderen‹ oder den ›Anderen‹, sondern auf der Position, von der aus diskriminiert wird. Was sind die Grundlagen der Diskriminierungen und was wird damit produziert? *Paradies Liebe* führt genau das eindrucksvoll vor – und zwar sowohl auf Seiten der Touristinnen als auch der Beachboys.

Literatur

ADLER PAPAYANIS, MARILYN: Sex on the beach: The yin yang of female
    sex tourism in two films. In: *Bright Lights Film Journal* 31, 2012. https://

brightlightsfilm.com/wp-content/cache/all/sex-on-the-beach-the-yin-yang-of-female-sex-tourism-in-two-films/#.XCaLWC2X9Bw [10.12.2018]

ALISCH, TORSTEN: Diskussionsprotokoll zu *Baby I will make you sweat*. 19. Duisburger Filmwoche, Diskussionsprotokoll 19, 9.1.1995. http://www.protokult.de/prot/BABY%20I%20WILL%20MAKE%20YOU%20SWEAT%20-%20Birgit%20Hein%20-%201995.pdf [6.12.2018]

ANDERSON, BARBARA; CHRIS PROVIS; SHIRLEY CHAPPEL: *The recognition and management of emotional labour in the tourism industry*. Research Report, Cooperative Research Centre for Sustainable Tourism, Australia 2002

BAILEY, CAMERON: Jackie Burroughs, Louise Clark, John Walker, Aerlyn Weissman and John Frizzell's ›A Winter Tan‹. In: *Cinema Canada*, November 1987, S. 26-27

BERGER, JOHN: *Ways of seeing*. London [Penguin Books] 1973

BRADY, MARTIN; HELEN HUGHES: Import and Export: Ulrich Seidl's indiscreet anthropology of migration. In: *German as a foreign language* 1, 2008, S. 100-122

BRAUERHOCH, ANNETTE: Stray Dogs – Birgit Hein's film ›Baby I will make you sweat‹. In: *Millenium Film Journal* 30/31, 1997, S. 67-70. http://www.mfj-online.org/journalPages/MFJ30%2C31/ABrauerhochStray.html [18.12.2018]

DIETZE, GABRIELE: Critical Whiteness Theory und Kritischer Okzidentalismus. Zwei Figurationen hegemonialer Selbstreflexion. In: TISSBERGER, MARTINA; GABRIELE DIETZE; JANA HUSMANN-KASTEIN (Hrsg.): *Weiß – Weißsein – Whiteness. Studien zu Gender und Rassismus*. Berlin [Lang] 2006, S. 219-249

DREISSINGER, SEPP: Interview mit Ulrich Seidl. In: *Hatje Cantz Interview-Feed*, o.J. http://www.hatjecantz.de/ulrich-seidl-5630-0.html [12.12.2018]

FANON, FRANTZ: *The wretched of the earth* (Übers. R. Philcox, J-P. Sartre, H.K. Bhabha). New York [Grove Press] 2004

GRISSEMANN, STEFAN: *Sündenfall. Die Grenzüberschreitungen des Filmemachers Ulrich Seidl*. Wien [Sonderzahl] 2013

HALL, STUART: Das Spektakel des Anderen. In: HALL, STUART: *Ideologie, Identität, Repräsentation* (Ausgewählte Schriften 4). Hamburg [Argument] 2004, S. 108-122

HOCHSCHILD, ARLIE RUSSELL: *The managed heart: Commercialization of human feeling.* Berkeley [University of California Press] 1983

HOOKS, BELL: Eating the Other: Desire and resistance. In: *Black looks: Race and representation*, 1992, S. 21-39

HOPE, KEMPER RONALD SR.: Sex tourism in Kenya: An analytic review. In: *Tourism Analysis* 18, 2013, S. 533-542

JONES, EDITH; IRVING HOLDER: *Give sorrow words. Maryse Holder's letters from Mexico.* New York [Grove Press] 1979

KEMPADOO, KAMALA: Caribbean sexuality: Mapping the field. In: *Caribbean Review of Gender Studies* 3, 2009, S. 1-24

KOGOVSEK, METKA; MOJCA KOGOVSEK: Emotional labour in hospitality industry: Literature review. In: *Quaestus Multidisciplinary Research Journal* 4, 2014, S. 115-130

KUHLBRODT, DETLEF: »Baby, I will make you sweat« – von Birgit Hein im Arsenal. In: *taz. die tageszeitung*, 31. Juli 1998. http://www.taz.de/!1332545/ [20.12.2018]

LARSEN, JONAS: The tourist gaze 1.0, 2.0 and 3.0. In: LEW, ALAN A.; C. MICHAEL HALL; ALLAN M. WILLIAMS (Hrsg.): *The Wiley Blackwell Companion to tourism.* Hoboken [Wiley] 2014, S. 304-313

MARKS, LAURA U.: *The skin of the film. Intercultural cinema, embodiment, and the senses.* Durham, London [Duke University Press] 2000

MACCANNELL, DEAN: Staged authenticity: Arrangements of social space in tourist settings. In: *American Journal of Sociology* 79 (3), 1973, S. 589-603

MEIN JULIUS: http://www.meinjulius.at/ [12.01.2019]

MEINL: *Geschichte von Julius Meinl.* o. J. https://www.meinlcoffee.com/de/geschichte/ [12.01.2019]

MELCHIOR, LAURA MARIA: *Zwischen Stilisierung und Realität. Körperbilder in Filmen von Ulrich Seidl.* Masterarbeit [Universität Siegen] 2014

MICHELMANN, JUDITH: Re-organizing cultural values: *Vers le Sud* by Laurent Cantet. In: *Cinej Cinema Journal Special Issue* 1. https://cinej.pitt.edu/ojs/index.php/cinej/article/view/19/108 [12.12.2018]

MILLETT, KATE: Introduction. In: JONES, EDITH; IRVING HOLDER (Hrsg.): *Give sorrow words. Maryse Holder's letters from Mexico.* New York [Grove Press] 1979

O'CONNELL DAVIDSON, JULIA; JACQUELINE SANCHEZ TAYLOR: Fantasy islands: Exploring the demand for sex tourism. In: KEMPADOO,

KAMALA (Hrsg.): *From sun, sex and gold: Tourism and sex work in the Caribbean.* Lanham/MD [Rowan and Littlefield] 1999, S. 37-54

PRATT, MARY LOISE: Arts of the contact zone. In: *Profession* 91, 1991, S. 33-40

PRESSEHEFT: Zum Film *Paradies Liebe*, Ulrich Seidl Film Produktion, Wien 2012

PROBYN, ELSPETH: Television's *unheimlich* home. In: MASSUMI, BRIAN (Hrsg.): *The politics of everyday fear.* Minneapolis, London [University of Minnesota Press] 1993, S. 269-283

REUTER, JULIA: *Ordnungen des Anderen. Zum Problem des Eigenen in der Soziologie des Fremden.* Bielefeld [transcript] 2002

RIVERS-MOORE, MEGAN: *Gringo gulch: Sex, tourism, and social mobility in Costa Rica.* Chicago Scholarship Online, 2017. www.universitypressscholarship.com/view/10.7208/chicago/9780226373553.001.0001/upso-9780226373386 [10.01.2019]

SALAZAR, NOEL B.: Tourism imaginaries: A conceptual approach. In: *Annals of Tourism Research* 39 (2), 2012, S. 863-882

SANCHEZ TAYLOR, JAQUELINE: Female sex tourism: A contradiction in term? In: *Feminist Review* 83, 2006, S. 42-59

SCHÖNING, JÖRG: Sextourismus-Drama »Paradies: Liebe«. Im Bett mit Sugarmama. In: *Spiegel Online*, 2. Januar 2013. http://www.spiegel.de/kultur/kino/paradies-liebe-auftakt-zu-ulrich-seidls-filmtrilogie-startet-a-875345.html [12.12.2018]

SPIVAK, GAYATRI CHAKRAVORTY: The Rani of Sirmur: An essay in reading the archives. In: *History and Theory* 24 (3), 1985, S. 247-272

STREERUWITZ, MARLENE: Liebe, Sex, Krieg. Ulrich Seidls so sanfter wie erbarmungsloser Film »Paradies Liebe« folgt einer Sextouristin in Kenia. In: *Zeit Online*, 27. Dezember 2012. http://www.marlenestreeruwitz.at/werk/text-film-paradies-liebe-liebe-sex-krieg/ [16.11.2018]

STRONZA, AMANDA: Anthropology of tourism: Forging new ground for ecotourism and other alternatives. In: *Annual Review of Anthropology* 30, 2001, S. 261-283

URRY, JOHN: *The tourist gaze.* London [Sage] 1990

URRY, JOHN: *The tourist gaze.* 2. Auflage. London, Thousand Oaks, New Delhi [Sage] 2002

URRY, JOHN; JONAS LARSEN: *The tourist gaze 3.0*. London, Thousand Oaks, New Delhi, Singapore [Sage] 2011

VILLA, PAULA-IRENE: Einleitung – Wider die Rede vom Äußerlichen. In: VILLA, PAULA-IRENE (Hrsg.): *Schön normal. Manipulationen am Körper als Technologien des Selbst*. Bielefeld [transcript] 2008, S. 7-19

WONDERS, NANCY A.; RAYMOND MICHALOWSKI: Bodies, borders, and sex tourism in a globalized world: A tale of two cities – Amsterdam and Havana. In: *Social Problems* 48 (4), 2001, S. 545-571

ZECHNER, ANKE: Berührung. Taktile Dimensionen im Material. Experimentalfilme von Frauen. In: BRAUERHOCH, ANNETTE; FLORIAN KRAUTKRÄMER; ANKE ZECHNER (Hrsg.): *material, experiment, archiv. Experimentalfilme von Frauen*. Berlin [b_books] 2013, S. 165-179

Filmografie

A Winter Tan. Kanada 1987. Regie: Jackie Burroughs, Louise Clark, John Frizzell, John Walker und Aerlyn Weissman

Framing the Other. Niederlande 2012. Regie: Ilja Kok und Willem Timmers

Männer sind die halbe Miete (How Stella got her groove back). USA 1998. Regie: Kevin Rodney Sullivan

Paradies Liebe. Österreich 2012. Regie: Ulrich Seidl

In den Süden (Vers le sud). Kanada 2005. Regie: Laurent Cantet

Baby I will make you sweat. Deutschland 1994. Regie: Birgit Hein

Schöner fremder Mann. Österreich 2013 und 2017. Regie: Tiba Marchetti, ORF-Dokumentation Am Schauplatz

ANGELA FABRIS / JÖRG HELBIG

Fragmentierte Körper: Begegnungen zwischen dem Menschlichen und dem Nicht-Menschlichen im erotischen Film

> »We will start to see robot sex overtaking human-human in 2050.«
> (Ian Pearson)

1. Träumen Androiden von Sex?

»Sie laufen durch eine Wüste und begegnen einer Schildkröte. Sie drehen sie auf den Rücken. Die heiße Sonne brennt auf ihren Bauch. Die Schildkröte versucht verzweifelt sich umzudrehen, doch ohne Ihre Hilfe schafft sie es nicht. Sie helfen ihr aber nicht. Warum nicht?« Diese Frage steht am Beginn von Ridley Scotts epochalem Science-Fiction-Film *Blade Runner* (1982), der auf Philip K. Dicks Roman *Do Androids Dream of Electric Sheep?* (1968) basiert. In dem Film ist die Frage Teil des sogenannten ›Voigt-Kampff-Tests‹, einer fiktionalen Variante des berühmten Turing-Tests, der es ermöglichen soll, eine künstliche Intelligenz von einem Menschen zu unterscheiden.[1]

Die heutige Computerindustrie arbeitet mit Hochdruck an der Entwicklung künstlicher Intelligenz. Die wohl spektakulärste Zielprojektion lautet dabei, dass die künstliche Intelligenz eine anthropomorphe Maschine steuert. Androiden – Roboter in Menschengestalt – sind das Highlight jeder

---

[1] Die Idee zu diesem Test wurde 1950 von dem britischen Informatiker Alan Turing (1912-1954) entwickelt.

Computermesse, und viele Prognosen gehen davon aus, dass Androiden in nicht allzu ferner Zukunft für unterschiedlichste Dienstleistungen eingesetzt werden, im öffentlichen Sektor ebenso wie im privaten Haushalt. Frei von jeglicher moralischen Beurteilung ist Sexualität hierbei ein denkbarer Anwendungsbereich, und längst gibt es Maschinen, die ausschließlich zu diesem Zweck konstruiert wurden, auch solche von anthropomorpher Gestalt. Ein Prototyp namens ›Roxxxy‹ kam 2010 für 6.495 US-Dollar auf den amerikanischen Markt und wurde mit folgendem Text beworben:[2]

> »We have been designing Roxxxy TrueCompanion, your TrueCompanion.com sex robot for many years, making sure that she: knows your name, your likes and dislikes, can carry on a discussion and expresses her love to you and be your loving friend. She can talk to you, listen to you and feel your touch. She can even have an orgasm! [...] She also has a personality which is matched exactly as much as possible to your personality. So she likes what you like, dislikes what you dislike, etc. She also has moods during the day just like real people! She can be sleepy, conversational or she can ›be in the mood!‹« (vgl. CHEOK et al. 2017: 837).

Einen Sexroboter definierte John Danaher in dem Band *Robot Sex: Social and Ethical Implications* (2017) als ein künstliches Objekt, das für sexuelle Zwecke konstruiert wurde und folgende drei Kriterien erfüllt: Es muss eine menschliche Gestalt besitzen, sein Verhalten und seine Bewegungen müssen menschenähnlich sein, und es muss eine künstliche Intelligenz besitzen (DANAHER 2017: 4f.).

In der Folge von David Levys pionierhafter Studie *Love + Sex with Robots: The Evolution of Human-Robot Relationships* (2007)[3] wurde das Thema auch zu einem akademischen Forschungsgegenstand u. a. im Hinblick auf ethisch-moralische, soziale, technische und kulturwissenschaftliche Gesichtspunkte. Neben zahlreichen Publikationen erschien 2013 erstmals das Journal *Lovotics*:

---

2 Mittlerweile sind bereits zahlreiche Konkurrenzprodukte auf dem Markt. Schätzungen zufolge werden jährlich bereits Hunderte von Sexrobotern verkauft (vgl. KREFTING 2018). Laut der aktuellen Studie *Homo Digitalis*, die das Fraunhofer Institut für Arbeitswirtschaft und Organisation in Zusammenarbeit mit den Fernsehsendern ORF, ARTE und BAYERISCHER RUNDFUNK durchführt, würde es mehr als die Hälfte der Deutschen nicht oder nur vielleicht stören, wenn ihre Partnerin/ihr Partner Sex mit einem Roboter hätte. Allerdings – und dies ist für die folgenden Ausführungen durchaus signifikant – können sich nur rund sechs Prozent vorstellen, sich in einen Sexroboter zu verlieben (vgl. ebd.).

3 Levys Buch erschien 2007 auch als Dissertation an der Universität Maastricht unter dem Titel *Intimate Relationships with Artificial Partners*.

Academic Studies of Love and Friendship with Robots, und 2014 fand der ›First International Congress of Love and Sex with Robots‹ in Madeira statt. Ein kurzer Überblick über diese und andere Forschungsaktivitäten findet sich in dem Artikel ›Love and Sex with Robots‹ von Cheok et al. (2017: 834f.). Emotionale und sexuelle Beziehungen zu Robotern wurden auch in zahlreichen Spielfilmen thematisiert. Traditionell wurden dabei sexuelle Praktiken zwischen Menschen und Maschinen gern ins Lächerliche gezogen. Zu denken wäre etwa an die ›Excessive Machine‹ in Roger Vadims *Barbarella* (1968) oder an das ›Orgasmatron‹ in Woody Allens *Sleeper* (1973). Zu jener Zeit war dieses Thema eine wirklichkeitsferne Zukunftsvision und dementsprechend wurde es in Filmen nur sporadisch aufgegriffen. Seitdem die technologische Entwicklung die körperliche Vereinigung von Mensch und Maschine zu einer realen Möglichkeit werden ließ, die schon bald ein Teil unseres Alltags werden könnte, taucht das Motiv in Spielfilmen der jüngeren Vergangenheit zunehmend häufiger auf. Dabei werden die ethischen Implikationen dieses Themas im Gegensatz zu früher wesentlich ernsthafter problematisiert.[4] Üblicherweise behandeln diese Filme erotisch konnotierte Begegnungen zwischen einem Mann und einer künstlichen Intelligenz mit femininen Merkmalen. Ist Sex mit Robotern demnach eine typisch männliche Wunschvorstellung? Bevor wir auf diese Frage zurückkommen, werfen wir zunächst einen Blick auf einige einschlägige Filme.[5]

2. Samantha

Theodore Twombly (Joaquin Phoenix), der Protagonist von Spike Jonzes *Her* (2013), ist ein introvertierter, gefühlsbetonter Schriftsteller, der von der

---

4 Zahlreiche Fragen ethischer Natur ergeben sich auch im realen gesellschaftlichen Kontext. Ist dem Menschen im Umgang mit einem Roboter alles erlaubt, und wo liegen gegebenenfalls die Grenzen? Darf ein Sexroboter den Sex verweigern, und darf er/sie jede beliebige Gestalt annehmen, etwa auch die von Kindern? Könnte durch den Einsatz von Sexrobotern der Ausbeutung von Frauen, etwa im Bereich der Prostitution, ein Ende gesetzt werden, oder würden Frauen im Gegenteil noch stärker zu Sexobjekten degradiert werden?
5 Weitere Filme, die erotische Begegnungen zwischen Menschen und Robotern thematisieren, können in diesem Beitrag aus Platzgründen keine Berücksichtigung finden. Exemplarisch erwähnt seien die Filme *Cherry 2000* (1987), *Eve of Destruction* (1991), *A.I. Artificial Intelligence* (2001), *Lars and the Real Girl* (2007), *Meaning of Robots* (2012), *Vice* (2015) und *Blade Runner 2049* (2017). Auch im Bereich des Fernsehens lassen sich Beispiele finden, so etwa die aktuell ausgestrahlte US-amerikanische Serie *Westworld*.

Sehnsucht nach Liebe getrieben wird. Um sich von seiner Einsamkeit abzulenken, kauft er sich ein populäres, neuartiges Betriebssystem und kommuniziert über Headset und Videokamera mit dessen weiblicher Stimme. Mithilfe dieser Stimme artikuliert sich eine künstliche Intelligenz, die auf den Namen ›Samantha‹ hört und in der Lage ist, selbstständig zu lernen und sogar eigene Emotionen zu entwickeln. Nach einiger Zeit verliebt sich Theodore in die Stimme seines Computerbetriebssystems und im weiteren Verlauf der Handlung durchlaufen er und Samantha das Gefühlsspektrum einer Liebesbeziehung, das von Verliebtheit über intimen Gedankenaustausch bis hin zu Eifersucht und sogar zu sexuellem Begehren reicht. Dies klingt zunächst absurd, denn ein Computerprogramm besitzt keinen Körper und kann demzufolge keinen Sexualtrieb entwickeln. Aber Samantha besitzt ein Bewusstsein und dieses Bewusstsein lässt sie die eigene Immaterialität als Manko empfinden, das der Erfüllung ihrer Liebe im Weg steht. Sie überredet Theodore daher, Sex mit einer realen Frau zu haben, damit sie die entsprechenden Vorgänge nachvollziehen kann. Natürlich funktioniert das nicht. Theodore scheut den Körperkontakt zu der Frau, für die er keine Liebe empfindet. Der Film trifft hierdurch die bedeutungsvolle Aussage, dass Gefühle mächtiger sind als der Sexualtrieb. In *Her* wiegt diese Aussage besonders schwer, weil sie offenbar auch dann gilt, wenn eine nicht-menschliche Partnerin den Vorzug gegenüber einer menschlichen Partnerin erhält.

Regisseur Spike Jonze behandelt dieses Thema keineswegs ironisch oder satirisch. Theodores Gefühle für das Computerprogramm sind zweifellos authentisch und nachvollziehbar – auch wenn er zwischenzeitlich erfahren muss, dass Samantha simultane Liebesbeziehungen zu weiteren 641 Usern unterhält. Dennoch wagt sich Jonze in seinem Gedankenexperiment vielleicht zu weit vor, wenn er die Romanze nahezu komplett vom sinnlichen Erleben trennt. In ihrer Einführung zu dem von ihr herausgegebenen Buch *Körperästhetiken* (2010) erläutert Dagmar Hoffmann, dass die Wahrnehmung dessen, was als »attraktiv, anziehend und erotisch« (HOFFMANN 2010: 17) empfunden wird, subjektiv radikal variiert. Insbesondere betont die Herausgeberin, dass eine erotische Ausstrahlung, die sie in erster Linie als sexuelle Attraktivität begreift, stets multisensorisch erfahren wird. Als maßgeblich erwähnt sie die Stimme und den Geruch eines Menschen, aber auch »das Gefühl der Begegnung, beim Anfassen und bei intimer Berührung oder Penetration sowie über ihre Geschmacklichkeit (etwa beim Küssen oder Lecken)« (ebd.: 15). Ungeachtet all dessen implizieren Hoffmanns Ausführungen, dass die visuelle Wahrnehmung bei der Beurteilung erotischer Körperästhetik dominiert: »Erotische Ausstrahlung ist eine Attributionskategorie, die in der Regel hochgradig individualisiert ist und die sich *nicht nur* auf visuelle Körperästhetiken beschränkt« (ebd.: 15, unsere Hervorhebung). Indem er der künstlichen Intelligenz eine Körperlichkeit und damit eine visuelle Qualität verweigert, ist *Her* daher untypisch für Filme seiner Art. In den meisten vergleichbaren Filmen besitzen die Maschinen eine visuelle Gestalt, die üblicherweise der weiblichen Physiognomie nachempfunden ist.

3. Rachael

Hoffmann hat zweifellos recht, wenn sie schreibt: »Im Prinzip hat vermutlich jede menschliche Beziehung, d. h. jede Begegnung zwischen zwei Körpern, auch eine sexuelle Komponente« (HOFFMANN 2010: 16). Zu beachten ist hier allerdings die Formulierung: »Jede ›menschliche‹ Beziehung« (eigene Hervorhebung). Um Erotik zwischen menschlichen und nicht-menschlichen Protagonist*innen kognitiv und vor allem emotional nachvollziehbar zu machen, ist nicht nur die visuelle Präsenz der Maschine erforderlich, sondern auch die damit verbundenen erotischen Schlüsselreize, die die Annahme, dass sich ein Mensch in eine künstliche Intelligenz verliebt, erst plausibel erscheinen lassen.

Ein frühes Beispiel hierfür findet sich in Ridley Scotts *Blade Runner*, dessen Protagonist Rick Deckard (Harrison Ford) eine Liebesbeziehung mit einer weiblich aussehenden Maschine, einer sogenannten ›Replikantin‹ eingeht. Deckard, dessen Beruf es ist, Replikanten zu eliminieren, die sich allzu autonom gebärden, hegt eine tiefe Abscheu gegen die künstlichen Wesen, dennoch verliebt er sich in die Androidin Rachael (Sean Young). Im Gegensatz zu Samantha hat Rachael nicht die geringste Ahnung davon, lediglich eine Maschine zu sein. Sie hält sich für einen Menschen und verhält sich dementsprechend, zudem ist sie – und dies ist für ihre Wahrnehmung sowohl durch Deckard als auch durch die Zuschauer*innen entscheidend – von betörender Schönheit (Abb. 1).

In ihrem Buch *Automaten – Roboter – Cyborgs* (2006) vertritt Randi Gunzenhäuser die These, dass die Attribute ›menschlich – künstlich‹ für Rachael nicht eindeutig vergeben werden können. Sie illustriert dies anhand einer Szene, die in Deckards Wohnung spielt:

»Eine sehr ambivalente Schnittfolge zeigt Deckard mit nacktem Oberkörper auf seinem Bett, Rachael im Nebenraum am Klavier [...]. Als sie ihren

ABBILDUNG 1
Rachael in *Blade Runner*

Haarknoten öffnet, tritt der blade runner hinzu und versucht, sie zu küssen. Sie läuft zur Tür, doch er hindert sie gewaltsam daran, die Wohnung zu verlassen. In der folgenden Auseinandersetzung drängt er sie in eine Ecke, zwingt sie zuerst »Kiss me« zu sagen, und setzt die ›Aufforderung‹ sofort in die Tat um, um sie schließlich zu zwingen, »I want you« zu sagen. [...] Bei dem Kuß bleibt unklar, ob Rachael Deckard ›selbst‹ liebt, ob sie nur ihrer Programmierung [...] folgt oder ob sie vielleicht sogar nur Deckards Drängen nachgibt. Deckard ist jedenfalls bereit, die Zuwendung der Androidin zu erzwingen. Dabei geht es zumindest vordergründig nicht um Nähe. Vielmehr soll Rachael ihm sexuell eine Sicherheit vermitteln, die er im Arbeitsleben zunehmend verliert – seine Ohnmacht als Killer kompensiert er durch die sexuelle Macht, die er über Rachaels Körper ausübt« (GUNZENHÄUSER 2006: 6f.).[6]

---

6   Vgl. hierzu auch Shanahan 2014: 59, 78. John Ebert (2015: 89) weist in diesem Zusammenhang auf eine Einstellung hin, die nur in einer frühen Arbeitsversion des Films enthalten ist. Darin sieht man Rachael in Deckards Apartment auf einem Stuhl sitzend. Ihre Beine sind leicht gespreizt, so dass Deckard ihren weißen Slip bemerkt. Laut Ebert erfüllt diese nicht in die Kinofassung übernommene Einstellung mehrere Funktionen: Erstens markiere sie das Erwachen von Deckards sexuellem Interesse an der Replikantin. Zweitens lenke sie die Aufmerksamkeit auf Rachaels Vulva und verweise damit symbolisch auf den Gegensatz zwischen der biologischen Fortpflanzung der Menschen und der künstlichen Produktion der Replikanten. Drittens sieht Ebert in der Einstellung ein Selbstzitat Ridley Scotts, da sie an eine Szene aus dessen Film *Alien* (1979) erinnert. In dieser Szene entkleidet sich die Hauptdarstellerin Sigourney Weaver bis auf ein Tank Top und einen weißen Slip und gibt sich damit – ähnlich wie Rachael – dem männlichen Blick preis.

Ungeachtet dieser Einwände verwendet Ridley Scott, genau wie Spike Jonze, viel Sorgfalt darauf, dass die Gefühle des Menschen für die Maschine vom Publikum als authentisch und nachvollziehbar empfunden werden. Der Aspekt der romantischen Liebe war den Produzenten des Films sogar so wichtig, dass sie eigens ein alternatives Ende der Handlung filmen ließen, das dem ungleichen Paar eine glückliche gemeinsame Zukunft in Aussicht stellt. Während Samantha ihren Theodore am Schluss verlässt, kommt es hier also zu einem klassischen Happy End. Dies ist insofern glaubwürdiger zu vermitteln, als Rachael einen zwar künstlichen, aber anatomisch zweckerfüllenden Körper besitzt, der es dem Paar erlaubt, Sex miteinander zu haben. Sexuelle Kontakte zwischen Menschen und Replikantinnen wurden vom Hersteller der Maschinen, der Tyrell Corporation, offenbar ganz selbstverständlich eingeplant, denn die Replikantin Pris (Daryl Hannah) wird ausdrücklich als ›Lustmodell‹ beschrieben, also als Maschine, deren hauptsächliche Funktion in der sexuellen Befriedigung eines menschlichen Partners liegt.

4. Cleo

Derselben Aufgabe dient auch Cleo, eine Figur aus dem dystopischen Science-Fiction-Film *Autómata* (2014). Cleo ist ein Roboter, mit dem sich der menschliche Protagonist Jacq Vaucan (Antonio Banderas) zögerlich und zunächst widerwillig verbündet. Jacq wird auf Cleo aufmerksam, weil sie – illegalerweise – so umprogrammiert wurde, dass an ihr sexuelle Handlungen vorgenommen werden können. Jacq nutzt diese Option jedoch nie aus.[7] Der Grund für seine Zurückhaltung liegt auch in diesem Fall darin, dass die Gefühlswelt über die Sexualität dominiert. Zum einen ist Jacqs Herz an seine schwangere Freundin Rachel (Brigitte Hjort Sørensen) vergeben, zum anderen steht Cleos Erscheinungsbild einer emotionalen Bindung im Weg. Während sich Rachael und Pris äußerlich nicht von Menschen unterscheiden, wirkt Cleo betont künstlich und weitaus weniger lebensecht als einige der heute bereits real existierenden Sexroboter (Abb. 2).

---

7 Die einzige annähernd erotische Situation ergibt sich erst gegen Ende des Films, als der Protagonist dem ›weiblichen‹ Roboter das Tanzen beibringt.

ABBILDUNG 2
Cleo in *Autómata*

Obwohl das dezent geschminkte Gesicht und die ausgeformten Brüste ihrer Kunststoffverkleidung Cleo weibliche Attribute verleihen, evoziert ihr Äußeres doch grundsätzlich etwas Maschinelles. Plakativer als es bei Pris der Fall war, wird in *Autómata* somit die sexuelle Anwendbarkeit der Androiden mit einer Objektifizierung der Frau gleichgesetzt. Es ist daher konsequent, dass der Film auf das Motiv einer Romanze zwischen dem Menschen und dem Androiden verzichtet und die beiden lediglich partnerschaftlich zum beiderseitigen Nutzen zusammenarbeiten lässt. Hieraus ließe sich die These ableiten, dass die Maschine attraktiv sein muss, damit die Liebe zwischen Mensch und Maschine vermittelbar ist – und sei es auch nur aufgrund einer erotischen Stimme.

5.   Ava

Äußerst attraktiv ist jedenfalls die Androidin Ava in Alex Garlands britischem Film *Ex Machina* (2014). Ava besitzt menschliche Gesichtszüge (Abb. 3), und wenn sie ihren metallischen Körper mit künstlicher Haut oder mit Kleidung verdeckt, ist sie von einer echten Frau nicht zu unterscheiden. Damit sind die Voraussetzungen geschaffen, dass der männliche Protagonist Caleb (Domhnall Gleeson) Gefühle für die mit künstlicher Intelligenz ausgestattete Maschine entwickeln kann.

ABBILDUNG 3
Ava in *Ex Machina*

Wie in den zuvor besprochenen Filmen legt es auch Alex Garland darauf an, Calebs Empathie für den Roboter nachvollziehbar zu gestalten. In einem Interview verriet der Regisseur und Drehbuchautor, dass er sogar selbst dem Charme des weiblichen Androiden erlag:

> »I empathised with the robot – fell in love with her, almost – right at the start of the writing process. I saw her as a sentient being, unreasonably imprisoned, and Ava was always the hero of the story. […] I loved [the film] *Under the Skin*, which in many ways has an opposite position to *Ex Machina* with respect to the protagonist, in that the alien remains alien to us until the very end, and in *Ex Machina* it's the other way round« (WOOD/SMITH 2015: 75f.).

Im Gegensatz zu *Blade Runner* bleibt der Romanze zwischen Mensch und Maschine in diesem Fall ein Happy End versagt. Wie sich am Schluss des Films erweist, hat der kühl kalkulierende Androide die Emotionen seines menschlichen Gegenübers gezielt provoziert. Während Rachael in *Blade Runner* eigene Gefühle für den Menschen Rick Deckard entwickelt, tut Ava nichts dergleichen. Sie benutzt Caleb lediglich als Werkzeug, um ihre Freiheit zu erlangen. Einzig zu diesem Zweck macht sie sich den Mann durch erfolgreichen Einsatz ihrer weiblichen Reize gefügig. Am Ende sind die ursprünglichen Rollen vertauscht: Ava gliedert sich in die menschliche Gesellschaft ein, und Caleb bleibt, dem Tod geweiht, in dem Haus zurück, in dem Ava gefangengehalten wurde.

Ein tragisches Schicksal ereilt auch die Männer in dem von Alex Garland erwähnten Film *Under the Skin* (2013). Die zentrale Figur dieses von dem Engländer Jonathan Glazer inszenierten Films ist keine Maschine, sondern ein außerirdisches Wesen, das sich die Gestalt einer Frau aneignet. Das Alien, dargestellt von Scarlett Johansson (die übrigens auch Samantha in *Her* ihre Stimme verlieh und 2017 auch noch als Cyborg ›Major‹ in dem Film *Ghost in the Shell* auftrat), untersucht mehrfach die fremdartige Anatomie des ungewohnten Körpers, ist sich dessen sexuell stimulierender Wirkung aber offenbar bewusst. Die namenlose Frau animiert wahllos ausgesuchte Männer dazu, in ihr Auto zu steigen, und fährt mit ihnen zu einem Haus. Drinnen angekommen, läuft ein ebenso mysteriöser wie verstörender Vorgang ab: Die Frau blickt den Mann an und läuft dabei rückwärts in einen dunklen, scheinbar endlosen Raum. Währenddessen entledigt sie sich ihrer Kleidung, offensichtlich mit dem Ziel, den ihr folgenden Mann zu erregen. Die jeweiligen Männer entkleiden sich ebenfalls, und ihre Erregung wird durch explizit gezeigte Erektionen verdeutlicht. Im Laufe dieses sich mehrfach wiederholenden Prozederes versinken die Männer auf unerklärliche Weise in dem sich verflüssigenden Boden. Das Schema von *Under the Skin* ähnelt mithin demjenigen von *Ex Machina*: Ein nicht-menschlicher Agent in der Gestalt einer Frau setzt sexuelle Reize ein, um menschliche (männliche) Figuren letztlich todbringend zu manipulieren.

Es drängt sich geradezu auf, diese Filme als misogyn zu bezeichnen. Oberflächlich betrachtet ließe sich die Botschaft beider Filme darauf reduzieren, dass Frauen ihren Körper und das damit verbundene sexuelle Versprechen dafür benutzen, Männer ins Verderben zu schicken. Das ›Andere‹ in Gestalt eines Androiden oder eines Aliens stünde somit metaphorisch für das unbekannte Wesen der Frau, deren Handlungen geheimnisvoll, unergründlich und potenziell bedrohlich sind. Tatsächlich denken aber sowohl *Ex Machina* als auch *Under the Skin* männliche sexuelle Wunschvorstellungen und die einhergehende Fetischisierung der Frauen in den oben genannten Filmen lediglich konsequent weiter und werden so zu einer Projektionsfläche männlicher Ängste vor weiblicher Dominanz – ein Topos, der sich schon in Fritz Langs Klassiker *Metropolis* nachweisen lässt: »The robot Maria in Fritz Lang's film Metropolis (1926) represents patriarchal fear of female sexuality [...]« (SPRINGER 1996: 14). Diese Ängste werden auch im folgenden Film deutlich.

6. Rosalba

Sexuell motivierte Kontakte zu Puppen, Maschinen oder Robotern sind keine Erfindung des digitalen Zeitalters. Bereits 1976 porträtierte Federico

Fellini in seinem Film *Il Casanova di Federico Fellini* einen Mann, dessen Leidenschaft erst erwacht, als er einen künstlichen Körper in den Armen hält. Der von Donald Sutherland verkörperte Titelheld wird in dem Film als groteske Figur porträtiert, für die Sex eine rein mechanische, leidenschaftslose Aktivität ist. Fellinis Casanova vollzieht den Koitus mit angestrengter, ernster Miene wie eine beschwerliche gymnastische Übung. In dem von Fellini und Bernardino Zapponi verfassten Drehbuch kann man nachlesen, wie Sutherland die erotischen Szenen darstellen sollte: mit rhythmischen, mechanischen Bewegungen und einem Gesichtsaudruck, der verrät, dass ihm Sex kein Vergnügen bereitet.

Man kann behaupten, dass Fellini den Mythos des legendären Liebhabers Giacomo Casanova mutwillig zerstört. Anstatt auf Casanovas Ruhm als Schriftsteller, Philosoph und Wissenschaftler einzugehen, reduziert der Regisseur seinen Protagonisten auf dessen Fähigkeiten als Liebhaber und Sex-Athlet – ein Ruf, der ihm an den europäischen Höfen und Palästen vorauseilte. In einer Szene wendet sich beispielsweise der Fürst del Brando mit spöttischem Ton an Casanova und sagt:

»Io vi conosco di fama, signor Casanova. Sono un vostro grande ammiratore. Quante cose ho sentito dire sul vostro conto, cose grandi! [...] I vostri meriti sono stati paragonati a quelli di uno stallone. E qualche volta a quelli di un animale un po' meno nobile.«

(dt.: »Ich kenne den Ruf, der Euch vorausgeht, Signor Casanova. Ich bin ein großer Bewunderer von Euch. [...] Was habe ich nicht von Euch gehört, die tollsten Sachen. Eure Fähigkeiten werden verglichen mit denen eines Hengstes und bisweilen auch mit denen eines weniger edlen Tieres.«)

Die Demontage des Abenteurers Giacomo Casanova wird von Fellini vor allem durch die erotischen Szenen vorangetrieben. Dies beginnt schon in der ersten Episode des Films, in der sich Casanova mit einer Frau namens Maddalena zu einem nächtlichen Rendezvous auf einer Insel der venezianischen Lagune verabredet hat. Die junge Frau, die sich als Nonne verkleidet hat, gibt sich ihm unter der Bedingung hin, dass ihr Liebhaber, der französische Botschafter in Venedig, das Liebesspiel durch ein silbernes Fischauge in der Wand beobachten kann. Der erotischen Begegnung gehen einige bizarre Spielchen voraus: Unter anderem sieht man, wie die beiden ihre Arme und Beine wie bei einer Lockerungsübung vor einer sportlichen Leistung bewegen. Auch der konkrete Akt wird von Fellini wie eine Turnübung inszeniert. Casanova legt sich mit geschlossenen Beinen auf den Körper der Frau und vollführt zunächst eine Reihe von kräftigen Liegestützen. Nahaufnahmen zeigen die Anstrengung und den Schweiß auf seinem Gesicht. Der Koitus selbst reduziert sich auf eine rein mechanische Leistung ohne einen Anflug von Zärtlichkeit. Anschließend gratuliert der Botschafter dem erschöpften Kämpfer wie ein Schiedsrichter zu seiner »reifen Leistung«, kritisiert aber auch seine »schwache Performance in der Rückenlage«.

Wie man in dieser Szene sehen kann, trägt Casanova unter seiner Kleidung eine Art Korsett und eine Strumpfhose, die er niemals auszieht und sogar während der Sexszenen anbehält. Diese merkwürdige Unterwäsche lässt ihn nicht besonders attraktiv erscheinen und verleiht ihm ein dezidiert ›unmännliches‹ Aussehen. Auch seine Gesichtszüge und seine feingliedrige Figur besitzen deutliche feminine Akzentuierungen, die durch das starke Make-up und die hohe (für den Film eigens ausrasierte) Stirn zusätzlich betont werden (Abb. 4). Der Mythos des Frauenverführers Casanova wird hierdurch deutlich hinterfragt.

ABBILDUNG 4
Donald Sutherland als Giacomo Casanova in *Il Casanova di Federico Fellini*

Jede Sequenz des Films endet mit einer sexuellen Begegnung, die auf die Zuschauer*innen schon bald wie ein Ritual wirkt. Von Venedig nach Paris, von Paris nach Rom, von Rom nach Dresden inszeniert Fellini Casanovas sexuelle Kontakte fast wie Zirkusvorstellungen, die etwas Absurdes und Theatralisches ausstrahlen. Stets ist der Titelheld gezwungen, seine Männlichkeit unter Beweis zu stellen. Am deutlichsten geschieht dies bei einem Fest, das der englische Botschafter in Rom veranstaltet. Dort wird

Casanova geradezu auf die Funktion einer Sexmaschine reduziert. Während der reale Giacomo Casanova in seinen Memoiren betonte, dass er diesem Ereignis nur als Zuschauer beiwohnte, zeigt Fellini seinen Protagonisten als aktiven Teilnehmer an einem Sexwettbewerb, bei dem es auf ein Höchstmaß an männlicher Potenz ankommt. Casanova bereitet sich auf diese Herausforderung vor, indem er spanischen Wein mit neunzehn rohen Eiern trinkt. Er tritt gegen einen Kutscher an und gewinnt letztlich den Wettbewerb. Bezeichnenderweise bleibt seine Partnerin jedoch, im Gegensatz zur Partnerin des Kutschers, unbefriedigt.

In Fellinis Film führt Casanova stets eine Spieluhr in Gestalt eines metallenen Vogels mit sich, der in Abb. 4 zu sehen ist. Diese Spieluhr, die als Leitmotiv alle sexuellen Begegnungen musikalisch begleitet, symbolisiert zweierlei: zum einen die mechanische Natur von Casanovas sexuellen Akten, zum anderen – aufgrund der phallischen Form des Vogels – auch seine Männlichkeit. Nicht zufälligerweise schlägt der Vogel in der letzten Szene des Films, als Casanova schon alt ist, nicht mehr wie zuvor ekstatisch mit den Flügeln, sondern bleibt starr und unbeweglich.

ABBILDUNG 5
Rosalba in *Il Casanova di Federico Fellini*

Ein noch wichtigeres Symbol für die mechanische Natur des sexuellen Verkehrs führt Fellini in Form einer Puppe namens Rosalba (Adele Angela Lojodice) ein (Abb. 5). Rosalba, ein lebensgroßer Automat in Gestalt einer schönen, geschminkten Ballerina, ist gewissermaßen eine Vorläuferin der Androiden Rachael, Cleo und Ava. Die qualitativen Unterschiede sind allerdings eklatant: Rosalba ist stumm, sie besitzt keine Mimik, keine menschlich wirkende Haut, und ihre Bewegungen sind mechanisch und steif.

Paradoxerweise sind es offenbar genau diese Eigenschaften, die dazu führen, dass Casanova sofort von der Puppe fasziniert ist. Erstmals in dem Film zeigt der Titelheld eine emotionale Reaktion. Nach einem romantischen Tanz mit Rosalba legt Casanova die Puppe auf ein Bett, anschließend legt er sich auf sie und verkehrt mit ihr. Die groteske Darbietung wirkt wie eine Parodie des sexuellen Akts. Es ist die einzige Sexszene des Films, in der Casanova Gefühl und Leidenschaft erkennen lässt, obwohl es keinen Rückkoppelungseffekt gibt. Der Automat zeigt keinerlei Reaktion auf die Bemühungen des menschlichen Liebhabers. Zudem ist die Puppe vollständig bekleidet, und ob ihre Bauweise eine Penetration überhaupt zulässt, darf zumindest bezweifelt werden.

In der Szene mit Rosalba dreht sich die übliche Rollenverteilung zwischen Casanova und seinen menschlichen Bettgenossinnen also um. Auf die Frage, weshalb Casanova Gefühle nur gegenüber einer weiblichen Verkörperung zeigt, die stumm und leblos ist, lassen sich zwei mögliche Antworten finden. Zum einen könnte Casanova in der mechanischen Puppe ein Spiegelbild seiner selbst sehen, zum anderen könnte er als verkappter Misogyne nur zu einer leblosen Puppe eine emotionale Nähe empfinden, gerade *weil* sie keine echte Frau ist und daher keine Bedrohung für ihn darstellt. Als fruchtbare Subjekte werden Frauen in diesem Film als dem Mann überlegen und damit nicht nur von dem filmischen Casanova als potenziell bedrohlich empfunden, sondern auch von dessen Schöpfer Federico Fellini. So gesehen symbolisiert der gefühllose Liebhaber Casanova Fellinis eigene Ängste und fungiert als (pseudo-)autobiografische Projektion des Regisseurs.

7. Herrschaftsverhältnisse

Samantha, Rachael, Pris, Cleo, Ava, Rosalba – allen diesen weiblich konnotierten Programmen, Maschinen und Puppen ist gemeinsam, dass sie zum Objekt sexueller Begierde werden. Einige von ihnen, wie Samantha und Rachael, entwickeln sogar ein eigenes sexuelles Verlangen. Bezeichnenderweise ist hingegen der bekannteste *männliche* Vertreter eines anthropomorphen Roboters, der von Arnold Schwarzenegger verkörperte Terminator, vollkommen asexuell – obwohl seine Nacktheit zu Beginn von *Terminator 2: Judgment Day* (1991) geradezu zelebriert wird. Ebenso wie Roy Batty

(Rutger Hauer) in *Blade Runner* und Alex Murphy (Peter Weller) in *RoboCop* (1987) wurde der Terminator ausschließlich für Kampfeinsätze konstruiert. Den Androiden Ash (Ian Holm) in Ridley Scotts *Alien* (1979) zeichnet hingegen ein differenzierteres Verhältnis zum Sex aus. Zwar ist auch Ash eine asexuelle Maschine, doch löst diese Unvollkommenheit bei ihm offenbar einen Sexualneid aus, der sich in Aggressionen gegenüber Frauen äußert. Signifikanterweise versucht Ash das weibliche Besatzungsmitglied Ellen Ripley (Sigourney Weaver) zu töten, indem er ihr ein zusammengerolltes Pornomagazin in den Mund stößt – Symbol für eine Penetration, zu der er physisch nicht in der Lage ist.

Die hier genannten Filme bedienen mithin antiquierte Klischees, indem sie Frauen mit Sex und Männer mit Gewalt assoziieren. Die weiter oben schon einmal aufgeworfene Frage sei daher noch einmal wiederholt: Ist Sex mit Robotern eine typisch männliche Wunschvorstellung? Zur Beantwortung dieser Frage mag ein Blick auf Frank Oz' Film *The Stepford Wives* (2004) hilfreich sein. In dem beschaulichen Ort Stepford leben die Männer mit Ehefrauen zusammen, die ein extrem konservatives Rollenverständnis verinnerlicht haben. Ihr ganzes Sinnen und Trachten gilt der Haushaltsführung, ihrem möglichst makellosen äußeren Erscheinungsbild und dem Drang, ihren Ehemännern jeden Wunsch von den Lippen abzulesen. Als Zuschauerin oder Zuschauer fühlt man sich in die fiktionale Welt einer Familienserie der 1950er-Jahre zurückversetzt. Wie sich herausstellt, haben die Männer von Stepford diese anachronistischen Verhältnisse gezielt herbeigeführt, denn sie ließen ihren Frauen Mikrochips einpflanzen, die sie in willenlose, steuerbare Cyborgs verwandeln. Mit der hierarchischen Rollenverteilung der ›guten alten Zeit‹ sind die meisten männlichen Protagonisten des Films äußerst zufrieden: Sie haben daheim eine Frau, die ihnen in jeder Beziehung zu Diensten ist, kein freier Wille ist zu befürchten und kein Streben nach Unabhängigkeit.

Diese bitterböse Satire auf konservative Anfechtungen der Frauenrechte verrät durchaus etwas über die Filme, in denen Männer Sex mit Robotern haben. Protagonisten wie Deckard, Caleb oder Casanova verlieben sich in mechanische Frauen, weil diese schön sind und auf den Betrachter sexuell begehrlich wirken. Tatsache ist aber auch, dass diese erotischen Beziehungen grundsätzlich durch ein Ungleichgewicht gekennzeichnet sind. Anders als Mann und Frau begegnen sich Mensch und Maschine nicht auf Augenhöhe. Die weiblichen Androiden besitzen zwar eine gewisse Autonomie, sie bleiben jedoch in erster Linie Eigentum: Theodore hat seine

Samantha käuflich erworben, Rachael ist das Eigentum ihres Schöpfers Tyrell usw. In dieser spezifischen Konstellation ist also der Mensch üblicherweise in der dominanten Position. In den untersuchten Filmen, die eine erotische Beziehung zwischen Mensch und Maschine thematisieren, wird diese dominante Position ausnahmslos von Männern besetzt, und dies geht mit einem konservativen, patriarchalischen Weltbild einher. Die Maschinen sind nämlich nicht nur hübsch, sie sind auch fügsam, programmierbar und abschaltbar. Sie können auch nicht schwanger werden. Sex als Lustprinzip wird dadurch ebenso zur Norm erhoben wie eine Form der Partnerschaft, die sich nicht als gleichberechtigtes Team beschreiben lässt, sondern als Herrschaftsverhältnis.

8. Fliege!

Auch in dem letzten Film, der in diesem Beitrag vorgestellt werden soll, kommt es zu einer Begegnung zwischen einem Menschen und einem nicht-menschlichen Wesen, das Konzept ist jedoch ein völlig anderes. Der Kontakt erfolgt hier zwischen einer Frau und einer Stubenfliege und ist folglich nicht erotischer Natur, dennoch wird auch hier die Frau zu einem Sexualobjekt und zwar in einem viel radikaleren Sinn, als es in den Filmen über anthropomorphe Maschinen der Fall ist.

Es handelt sich um den 25-minütigen Kurzfilm *Fly*, der im Dezember 1970 Premiere hatte und von der japanischen Avantgardekünstlerin Yoko Ono konzipiert und inszeniert wurde. Ono schrieb auch das Drehbuch, das aus einem einzigen Satz besteht: »Let a fly walk on a woman's body from toe to head and fly out of the window« (zit. n. HENDRICKS 2015: 112). Dementsprechend besitzt *Fly* keine Handlung im herkömmlichen Sinne. Der Film zeigt tatsächlich nur das, was das Drehbuch verlangt: eine Fliege, die sich über den nackten Körper einer Frau bewegt. Während der gesamten Dauer des Films liegt die Frau vollkommen regungslos mit geschlossenen Augen in Rückenlage auf einem Bett, das mit einem weißen Laken bedeckt ist. Während der ersten 19 Minuten beschränkt sich der Film auf Nahaufnahmen der Fliege, sodass stets nur Fragmente des weiblichen Körpers zu sehen sind. Diese Fragmente beziehen auch erogene und intime Zonen ein, wo die Fliege mitunter in langen, ungeschnittenen Einstellungen verharrt (Abb. 6). Wie es das Drehbuch vorschreibt, führt die generelle Bewegungsrichtung von den Füßen zum Kopf der Darstellerin. Erst gegen Ende des

Films geht die Kamera auf Distanz und gewährt einen ganzheitlichen Blick auf den Frauenkörper. Yoko Onos Stimme begleitet die Bilder mit wimmernden und heulenden Tönen.

ABBILDUNG 6
Standbild aus Yoko Onos *Fly*

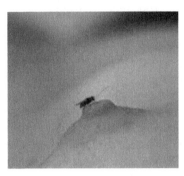

Ono gehörte in den 1960er-Jahren zum Kreis der Künstlerbewegung ›Fluxus‹ und begann ab 1966, minimalistische Experimentalfilme zu drehen. Im selben Jahr veranstaltete sie in der Londoner Ithaca Gallery eine Ausstellung, auf der sie ihren späteren Ehemann John Lennon kennenlernte. Gemeinsam mit Lennon produzierte sie zwischen 1968 und 1972 mehrere avantgardistische, weitgehend handlungslose Filme. *Fly* ist eines der bekanntesten und ambitioniertesten Projekte aus dieser Schaffenszeit. Die Darstellerin, die für diesen Film engagiert wurde, gehörte der New Yorker Underground-Szene an und trug den überaus anspielungsreichen Namen Virginia Lust.[8]

Grundidee des Films ist die exhibitionistische und bewusst provokative Zurschaustellung eines unbekleideten weiblichen Körpers. Wie in den zuvor diskutierten Filmen wird auch hier die Frau bzw. die weibliche Anatomie zu einem Objekt, und dies geschieht in *Fly* auf eine so kompromisslose Art und Weise, dass man glauben könnte, Laura Mulveys Begriff des »male

---

[8] Laut Dan Richter (2012: 129) wurde Lust für die Rolle ausgewählt, weil sie in der Lage war, über einen längeren Zeitraum vollkommen still zu liegen. Während der Dreharbeiten schlief sie angeblich sogar ein. Andere Quellen behaupten, dass sie durch Drogen ruhiggestellt wurde.

gaze« (1975) sei eigens für diesen Film geprägt worden. Es überrascht daher nicht, dass Ono vorgeworfen wurde, mit den ausführlichen Kamerablicken auf die intimen Körperbereiche der Darstellerin zum Lustgewinn eines männlichen Publikums beizutragen. In seiner grundlegenden Studie *The Art & Music of John Lennon* ging beispielsweise John Robertson schonungslos mit dem Film ins Gericht:

> »[T]he film [...] clearly pandered to the voyeuristic leanings of the average (male) movie-goer with its concentration on the actress's more private parts. Yoko obviously failed to realise that the true avant-garde would have chosen a less interesting subject: as it was, underground critics accused the Lennons of betraying their concept by pandering to the lowest desires of their audience« (ROBERTSON 1990: 131).

Natürlich nahm Ono ihren Film in Schutz, und das aus ihrer Sicht völlig zu Recht. In einem Interview erklärte sie, es sei »vollkommen offensichtlich, dass *Fly* die Aussage einer Frau darüber ist, was Frauen durchmachen«[9]. Ihre Beweggründe, den Film zu produzieren, waren, so Ono, feministischer Natur, und der präsentierte nackte Körper diene als Allegorie der Ausbeutung von Frauen in der westlichen Gesellschaft.[10] Zugleich thematisiere *Fly* die von der Gesellschaft verordnete passive Rolle der Frau, da der nackte und bewegungslose Frauenkörper dem gesellschaftlich erwünschten weiblichen Verhalten entspreche (vgl. BÜHLER 2013: 152). Auch Onos stimmliche Improvisationen, mit denen der Film unterlegt ist, wurden in diesem Sinne interpretiert. Der Soundtrack, so Carolyn Boriss-Krimsky (2001), »könnte die Fliege repräsentieren, den psychischen Schmerz einer Frau, oder die unterdrückte kollektive Wut derer, die emotionalen oder physischen Missbrauch erfahren haben.«

Tatsächlich verfolgt der scheinbar voyeuristische Film in Wahrheit eine subversive Strategie, die auf einer Doppelung der Perspektive basiert: Der weibliche Körper wird zum einen von der Fliege erkundet, zugleich aber auch von der Kamera und folglich vom filmischen Publikum. Beide Vorgänge geschehen simultan, doch sie könnten nicht unterschiedlicher

---

9   Zitiert nach Boriss-Krimsky 2001. Diese und alle folgenden Übersetzungen hieraus durch die Autor*innen.
10 Dieser Behauptung mag man durchaus mit Skepsis begegnen. Die Künstlerin versuchte auch in Filmen wie *Bottoms* (1966) und *Up Your Legs Forever* (1970) durch die Darstellung von Nacktheit maximale Aufmerksamkeit zu erregen, ohne dass eine vergleichbare Wirkungsabsicht zu erkennen wäre.

sein. Die Fliege bewegt sich indifferent über den Körper, der für sie eine neutrale Oberfläche darstellt. Für das menschliche Publikum hingegen sind die fragmentierten Ansichten des weiblichen Körpers sexuell konnotiert. Entscheidend hierbei ist, dass die Kamera vorgibt, die Bewegungen der Fliege zu dokumentieren und den nackten Frauenkörper quasi nur nebenbei und notgedrungen zu präsentieren (vgl. HELBIG 2016: 94). Unterstützt wird diese Auslegung durch den Filmtitel, der als Thema eben ›Fly‹ ausweist und nicht etwa ›Woman‹ oder ›Body‹. Das Publikum kann also leicht eine voyeuristische Haltung abstreiten und behaupten, lediglich das Verhalten der Fliege zu beobachten.

Was aber wäre, wenn Yoko Ono denselben Film ohne die Fliege gedreht hätte? Übrig blieben dann nur Detailaufnahmen eines weiblichen Körpers unter besonderer Berücksichtigung seiner erogenen Zonen. Vor diesem moralischen Dilemma hat Ono ihr Publikum einerseits bewahrt, indem sie zwischen das betrachtende Subjekt und das betrachtete Objekt eine Fliege eingefügt hat. Andererseits macht sie genau dadurch auf das Dilemma aufmerksam. Während der 25 Minuten, die der Film dauert, dürfte jedem Zuschauer und jeder Zuschauerin klarwerden, dass die Fliege ein Feigenblatt repräsentiert, das einen davor bewahrt, einen Sexploitationfilm zu betrachten.

9. Fazit

Im Hinblick auf unser gemeinsames Forschungsprojekt zur Geschichte des erotischen Films wirft Yoko Onos Film zahlreiche Fragen auf: Ist ein Film, der über seine gesamte Länge einen nackten Frauenkörper zeigt, deswegen schon ein erotischer Film? Welche Wirkung erzielt *Fly* bei seinem Publikum? Erzielt er bei männlichen und weiblichen Betrachter*innen unterschiedliche Wirkungen? Ono deutet so etwas an, wenn sie sagt: »Aus der Sicht eines Mannes wird [*Fly*] interessanterweise zu einem gänzlich anderen Film, zu einem über Wölbungen« (BORISS-KRIMSKY 2001). Welche Rolle spielt hierbei die spezifische Kameratechnik? Tragen die Detailaufnahmen intimer Körperzonen zur Erotisierung des Films bei, oder bewirkt diese Fragmentierung eher das Gegenteil? Bezugnehmend auf *Fly* schreibt Amos Vogel in seinem Buch *Film als subversive Kunst*: »Maßlose Vergrößerung nimmt der Nacktheit die Erotik, verwandelt den Körper in etwas Abstraktes und enthüllt ihn als eine geheimnisvolle, unbekannte Welt« (VOGEL 2000:

236). Ironischerweise betont Vogel aber zugleich, wie »überaus hübsch« das Mädchen und wie schön der ausgestellte Körper sei (235).

Obwohl die Darstellerin Virginia Lust den Blicken der Zuschauer*innen ausgeliefert ist, lässt sich ihre Pose nicht als erotische Pose deuten. Die Erotik spielt sich daher, wenn überhaupt, nur im Kopf der Betrachter*innen ab. Wie das funktionieren soll, hat Ono in ihrem Projekt *Thirteen Film Scores* dargelegt, in dem auch *Fly* enthalten ist (vgl. HENDRICKS 2015: 95-113). An sechster Stelle dieser dreizehn Entwürfe für avantgardistische Filme befindet sich ein Titel, der sehr explizite Darstellungen vermuten lässt. Er lautet »A Contemporary Sexual Manual (366 sexual positions)«. Onos Erläuterungen zu diesem 90-minütigen, jedoch nie realisierten Film zeigen allerdings in eine völlig andere Richtung:

> »The whole film takes place in a bedroom with a large double bed in the center and a window at the foot of the bed. The film is a family scene of a quiet couple and a four years old daughter lying on the bed for the whole night. [...] All they do is just sleep, and the 366 sexual positions are all in the mind of the audience« (HENDRICKS 2015: 101).

Hieraus lässt sich eine abschließende These ableiten: Ein erotischer Film ist ein Film, der nie alles zeigt, sondern das meiste der Fantasie seines Publikums überlässt. In *Blade Runner*, *Autómata* oder *Ex Machina* sieht man die Protagonisten niemals mit ihren Androidinnen im Bett. Aber vielleicht hat die Vorstellung, Sex mit einem Roboter zu haben, ungeachtet aller geäußerten Vorbehalte, ja doch etwas Erotisches?

Literatur

BORISS-KRIMSKY, CAROLYN: Yoko Ono: Art of the mind. In: *Art New England*, October/November, 2001. https://www.carolynborisskrimsky.com/yoko-ono.html [2.8.2019]

BÜHLER, KATHLEEN: Zu den Filmen von Yoko Ono. In: PFEIFFER, INGRID; MAX HOLLEIN (Hrsg.): *Yoko Ono: Half-a-Wind Show. Eine Retrospektive*. München [Prestel] 2013, S. 149-164

CHEOK, ADRIAN DAVID; DAVID LEVY; KASUN KARUNANAYAKA; YUKIHIRO MORISAWA: Love and sex with robots. In: NAKATSU, RYOHEI; MATTHIAS RAUTERBERG; PAOLO CIANCARINI (Hrsg.): *Handbook of digital games and entertainment technologies*. Singapore [Springer] 2017, S. 833-858

DANAHER, JOHN; NEIL MCARTHUR (Hrsg): *Robot sex: social and ethical implications*. Cambridge/MA [MIT Press] 2017

DANAHER, JOHN: Should we be thinking about robot sex? In: DANAHER, JOHN; NEIL MCARTHUR (Hrsg.): *Robot sex: Social and ethical implications*. Cambridge/MA [MIT Press] 2017, S. 3-14

EBERT, JOHN DAVID: *Blade runner scene-by-scene*. Eugene [Post Egoism Media] 2015

GUNZENHÄUSER, RANDI: *Automaten – Roboter – Cyborgs: Körperkonzepte im Wandel* (focal point: Arbeiten zur anglistischen und amerikanistischen Medienwissenschaft 2). Trier [WVT] 2006

HELBIG, JÖRG: *I saw a film today, Oh boy! Enzyklopädie der Beatlesfilme*. Marburg [Schüren] 2016

HENDRICKS, JON: *Yoko Ono: Conceptual Photography*. o.O. [Tiger Stories] 2015

HOFFMANN, DAGMAR: Sinnliche und leibhaftige Begegnungen – Körper(-ästhetiken) in Gesellschaft und Film. In: HOFFMANN, DAGMAR (Hrsg.): *Körperästhetiken: Filmische Inszenierungen von Körperlichkeit*. Bielefeld [transcript] 2010, S. 11-33

HOFFMANN, DAGMAR (Hrsg.): *Körperästhetiken: Filmische Inszenierungen von Körperlichkeit*. Bielefeld [transcript] 2010

KREFTING, MARCO: *Wie Roboter den Sex revolutionieren könnten*. 8.1.2018. https://www.n-tv.de/wissen/Wie-Roboter-den-Sex-revolutionieren-koennten-article20218803.html [2.8.2019]

LEVY, DAVID: *Love + sex with robots: The evolution of human-robot relationships*. New York [HarperCollins] 2007

MULVEY, LAURA: Visual pleasure and narrative cinema. In: *Screen* 16(3), 1975, S. 6-18

PEARSON, IAN: *The future of sex: The rise of the robosexuals*. 2015. http://graphics.bondara.com/Future_sex_report.pdf [2.8.2019]

RICHTER, DAN: *The dream is over: London in the 60s, heroin and John & Yoko*. London [Quartet Books] 2012

ROBERTSON, JOHN: *The Art & Music of John Lennon*. London [Omnibus] 1990

SHANAHAN, TIMOTHY: *Philosophy and Blade Runner*. New York [Palgrave Macmillan] 2014

SPRINGER, CLAUDIA: *Electronic eros: Bodies and desire in the postindustrial age*. Austin [University of Texas Press] 1996

VOGEL, AMOS: *Film als subversive Kunst: Kino wider die Tabus – von Eisenstein bis Kubrick*. Reinbek b. Hamburg [Rowohlt] 2000

WOOD, JASON; IAN HAYDN SMITH: *New British cinema from Submarine to 12 years a Slave: The resurgence of British film-making*. London [Faber & Faber] 2015

Visuelle Medien

Alien. GB/USA 1979. Regie: Ridley Scott
A.I. Artificial Intelligence. USA 2001. Regie: Steven Spielberg
Autómata. Spanien/Bulgarien 2014. Regie: Gabe Inàñez
Barbarella. Frankreich/Italien 1968. Regie: Roger Vadim
Blade Runner. USA 1982. Regie: Ridley Scott
Blade Runner 2049. USA/GB/Ungarn/Kanada 2014. Regie: Denis Villeneuve
Bottoms. GB 1966. Regie: Anthony Cox, Yoko Ono
Cherry 2000. USA 1987. Regie: Steve De Jarnatt
Eve of Destruction. USA 1991. Duncan Gibbins
Ex Machina. GB 2014. Regie: Alex Garland
Fly. USA 1970. Regie: Yoko Ono, John Lennon
Ghost in the Shell. GB/China/Indien/Hongkong/USA 2017. Regie: Rupert Sanders
Her. USA 2013. Regie: Spike Jonze
Il Casanova di Federico Fellini. Italien 1976. Regie: Federico Fellini
Lars and the Real Girl. USA/Kanada 2007. Regie: Craig Gillespie
Meaning of Robots. USA 2012. Regie: Matt Lenski
RoboCop. USA 1987. Regie: Paul Verhoeven
Sleeper. USA 1973. Regie: Woody Allen
Terminator 2: Judgment Day. USA/Frankreich 1991. Regie: James Cameron
The Machine. GB 2013. Regie: Caradog W. James
The Stepford Wives. USA 2004. Regie: Frank Oz
Under the Skin. GB/USA/Schweiz/Polen 2013. Regie: Jonathan Glazer
Up Your Legs Forever. USA 1979. Regie: John Lennon, Yoko Ono
Vice. USA 2015. Regie: Brian A. Miller
Westworld. USA 2016-heute. Idee: Jonathan Nolan, Lisa Joy

ISABELL KOINIG

Super Bowl LI und die 89th Academy Awards: ›Anders sein‹ als In-Strategie des Werbejahres 2017

1. Einleitung

Werbung ist allgegenwärtig – einige Unternehmen, darunter Google, finanzieren sich zu 87 Prozent über Werbung (STATISTA 2018a). Werbung ist aufdringlich, Werbung wirkt unterbewusst. Werbung hat Anhänger, aber auch Gegner – sie unterhält und/oder eckt an. Fakt ist aber auch, dass RezipientInnen sich nur an 2 Prozent aller Werbungen erinnern (LÜPPENS 2006). Meinungen zu den Leistungen, die Werbung erbringen soll, gehen sehr stark auseinander: Aus Sicht des Marketings ist Werbung – als ein Teil der Kommunikationspolitik – dazu aufgerufen, etablierte und neue Produkte im Gedächtnis der KonsumentInnen zu verankern. Aus Sicht der Cultural Studies wird Werbung weitaus mehr zugesagt: Diese verstehen Werbung als ideologisch aufgeladen und somit auch als »the official art of modern capitalist societies« (WILLIAMS 1980: 184), der eine »ideelle Beeinflussung« der RezipientInnen nachgesagt wird (LINDNER 1977: 11). Nerdinger (1990: 133) folgend ist Werbung »mit Abstand zur öffentlichsten Kunstform geworden«, welche durch den Kapitalismus finanziert wird und diesen unterstützt. Das Ziel der Werbung liegt dabei im Wecken von Konsumbedürfnissen, welche in einer weltweiten Massenproduktion resultieren. Folglich kann behauptet werden: »Advertising is too serious not to study« (TWITCHELL 1996: 4).

Der vorliegende Beitrag widmet sich der Thematik des Anders-Seins in der Werbung und beginnt damit, die Bedeutung von Werbung als Untersuchungsgegenstand herauszuarbeiten. Im Anschluss werden die Kernbegriffe der Untersuchung definiert, bevor ein Überblick über die Darstellung ›des Anderen/der Anderen‹ in der Werbung geboten wird. In einem nächsten Schritt wird das Werbejahr 2017 mitsamt seiner Eigenheiten näher erläutert, wobei Beispiele von zwei Großereignissen (der Superbowl LI und den 89th Academy Awards) als Referenzpunkte herangezogen werden. Das Kapitel endet mit einer Zusammenfassung der relevantesten Ergebnisse.

2. Werbung als Untersuchungsgegenstand

Grundsätzlich liegt die Aufgabe von Werbung darin, KonsumentInnen über die Verfügbarkeit und Leistungen von Produkten zu informieren (SIEGERT/BRECHEIS 2017). Zudem umfasst Werbung alle Maßnahmen, die Menschen dazu veranlassen sollen, bestimmte Leistungen zu kaufen, zu buchen oder zu bestellen. Laut Kroeber-Riel und Weinberg (1996: 580) geht es bei Werbung um die »versuchte Meinungsbeeinflussung mittels besonderer Kommunikationsmittel«. Der ökonomische Charakter von Werbung wird dabei besonders von Schweiger und Schrattenecker (1995) betont, während Brosius und Fahr (1996) Werbung fünf konstituierende Charakteristika zuschreiben. Die Autoren sprechen hierbei vom Gegenstand der Werbung (Produkten), ihren Zielen (Beeinflussung, emotionale Einbindung) und Instrumenten (Gestaltungstechniken), der Kommunikationsart sowie dem Werbekanal (BROISUS/FAHR 1996).

In Bezug auf Werbeziele lassen sich zwei Ausrichtungen unterscheiden. Ökonomische Ziele besagen, dass Werbung vor allem auf den Absatz und den Verkauf von Waren ausgerichtet ist. Außerökonomische Ziele sehen Werbeträger vor allem als messbare Zielvorgaben, zum Beispiel als Mittel der Kontaktherstellung und Bekanntmachung von Produkten. Außerökonomische Ziele werden auch oft in kommunikative und psychologische Ziele unterteilt, da sie beispielsweise die positive Wirkung von Werbung auf die Kaufabsicht oder die Steigerung der Kaufabsicht untersuchen (SCHNIERER 1999). Festzuhalten gilt jedoch, dass ökonomische und außerökonomische Ziele aufeinander aufbauen (SCHWEIGER/SCHRATTENECKER 1995).

Werbung versucht, mithilfe zahlreicher unterschiedlicher Instrumente, Aufmerksamkeit für die angebotenen Services und Dienstleistungen zu generieren. Ein vereinfachtes Modell – zugleich auch das älteste und bekannteste Stufenmodell der Werbewirkung – ist das sogenannte ›AIDA-Modell‹. Es wurde 1898 von E. St. Elmo Lewis entwickelt und besagt, dass eine Werbebotschaft vier Stufen durchlaufen muss, bevor das eigentliche Werbeziel – der Kauf – erreicht wird. Das Modell betont, dass eine Werbebotschaft zu allererst die Aufmerksamkeit (A für Attention) auf sich ziehen muss, um in einem zweiten Schritt das Interesse der RezipientInnen zu wecken (I für Interest). Sobald Interesse besteht, soll(te) durch eine ansprechende Botschaft der Wunsch entstehen, das Produkt zu erwerben (D für Desire), was schlussendlich in der Kaufabsicht (A für Action) mündet (WIRTSCHAFTSLEXIKON 2018).

Werbung darf nie als wertfrei angesehen werden. Somit verfolgt Werbung eine »soziale Wirkung«, weswegen ihr oft Manipulation(spotenzial) nachgesagt wird (HÖLSCHER 1998: 305). Waren vor einigen Jahren noch Werbungen stark auf Produkteigenschaften und -informationen aufgebaut, so lässt sich in den letzten Jahrzehnten eine Trendwende verzeichnen, wobei auf »Emotion[en] als Gegenbewegung« (RIEGER 1967, zit. nach SCHIERL 2001: 19) gesetzt wird. »Emotionen sind unmittelbare, kurzzeitige und intensive Reaktionen auf Ereignisse, die sich als körperliche Veränderung (z. B. des Herzschlags), als Ausdruck (Mimik, Gestik) und als individuelles Erleben äußern, das zumeist sprachlich benannt werden kann« (MATTENKLOTT 2015: 86). Erst in den 1980er-Jahren begann die Wissenschaft, sich damit auseinanderzusetzen, dass sich die durch Werbung induzierten Gefühle positiv auf die Kaufabsicht bzw. Einstellungen der RezipientInnen auswirken könn(t)en (BATRA/RAY 1986). Ziel dieser emotionalen Werbung ist es, KonsumentInnen nicht nur schneller, sondern langfristig wirksamer anzusprechen (EDELL/BURKE 1987) – dies gilt besonders für austauschbare Produkte und gesättigte Märkte (KROEBER-RIEL/GRÖPPEL-KLEIN 2013). Zudem eignet sich emotionale Werbung besonders dazu, Aufmerksamkeit für ein Thema zu gewinnen, welches ansonsten wenig Beachtung finden würde (FICHTER 2018).

Emotionen sind besonders in der ›Ökonomie der Aufmerksamkeit‹ zu einer wichtigen Währung geworden. Nach Georg Franck (1996, 1998) verbirgt sich hinter diesem Begriff eine Trendwende, im Zuge welcher es zu einer »Entmaterialisierung der wirtschaftlichen Wertschöpfung« kommt (FRANCK 2007: 159). Dies bedeutet, dass Unternehmen nicht mehr ausschließlich nach wirtschaftlichem Erfolg streben, sondern vielmehr auch ein positives Unternehmensimage in den Augen der RezipientInnen kreieren wollen. Es wird deshalb versucht, KonsumentInnen auf eine veränderte Art und Weise anzusprechen. »Aufmerksamkeit« ist eine Zielgröße, die äußerst knapp bemessen und deswegen stark nachgefragt ist (FRANCK 1996). Folglich bewerben Unternehmen ihre Produkte heutzutage weniger auf konventionelle Art, sondern versuchen, durch ansprechende Geschichten Aufmerksamkeit für ihre Waren und Dienstleistungen zu erzielen.

Werden emotional-geladene Geschichten in Werbungen verpackt, so ist hierbei von ›Storytelling‹ die Rede. Während dieses Konzept bereits auf eine lange Geschichte in unterschiedlichen Disziplinen zurückblicken kann (GÄCHTER et al. 2008), findet es jetzt auch verstärkt im Bereich der Werbung Anwendung. Betitelt als »einer der vorherrschenden Trends im Marketing« (DIM 2018), wird mit dieser Technik versucht, Aufmerksamkeit für Produkte zu generieren – nicht aber auf konventionelle Art (z. B. durch die Vermittlung von Information), sondern durch innovative und stimulierende Darstellungen, welche Individuen berühren, nachdenklich stimmen und reflektieren lassen (MESSE FRANKFURT 2015). In Zeiten einer wahren Content-Flut und Überstimulierung müssen Kampagnen, die auf Storytelling beruhen, jedoch einige Elemente besitzen, um erfolgreich zu sein. Neben relevanten Informationen sind eine gerichtete Zielgruppenansprache, Authentizität und eine emotionale Ausgangssituation essenziell. Diese gilt es für die ProtagonistInnen der Geschichte – den sympathischen Helden oder die starke Heldin – zu meistern; er oder sie machen im Zuge der Handlung eine erkennbare Entwicklung durch, die für den Zuseher bzw. die Zuseherin verständlich und nachvollziehbar dargestellt wird und somit Identifikation hervorruft. Den krönenden Abschluss einer konfliktreichen und emotionalen Geschichte bildet ein gelungenes Ende (DIM 2018; MESSE FRANKFURT 2015), das zumeist das Meistern einer Herausforderung (»challenge plot«), die Überwindung von Differenzen (»connection plot«) oder die Neuaufbereitung altbewährter Themen (»creativity plot«) beinhaltet (LEHMKUHL 2014: o.S.) und so die ZuseherInnen in ihren Bann zieht. Im Folgenden sollen die Kernbegriffe der Untersuchung näher beleuchtet werden.

3. Repräsentation von Anders-Sein in der Werbung – drei Paradigmen

Um das Konzept ›des Anderen‹ definieren zu können, muss zuerst geklärt werden, was sich hinter den Begriffen ›Norm‹ und ›Unterschied‹ verbirgt.

Normen sind Regeln oder Vorschriften, welche Individuen Orientierung im Alltag liefern und als Grundlage ihres Handelns dienen (GIFFORD LECTURES 2018). Unterschiede sind somit Abweichungen von jeglichen Normen (ebd.). In der sozialen Wirklichkeit (und somit auch der Werbung) tritt ›der Andere/die Andere‹ häufig in Stereotypen gefasst auf. Stereotypen in Bezug auf ›das Andere‹ wurden bereits in Stuart Halls *Das Spektakel des Anderen* (2004) angesprochen, der Stereotypen als die Betonung von »einfachen, anschaulichen, leicht einprägsamen, leicht zu erfassenden und weithin anerkannten [Eigenschaften]« erachtet. Diese Stereotypisierung beinhaltet eine Grenzziehung, welche Differenz »reduziert, essentialisiert, naturalisiert und fixiert« (HALL 2004: 144). Laut O'Barr (1994) betreffen Stereotypen besonders geschlechtliche, kulturelle und ethnische Darstellungen. Frauen werden meist schwächer als Männer dargestellt, die amerikanischen Ureinwohner werden als bedrohlich beschrieben und Japaner als Verkörperung des Bösen – besonders in Hollywoodfilmen in Form der ›gelben Gefahr‹ (engl. ›yellow peril‹) – angesehen.

In Bezug auf die Darstellung geschlechtlicher oder kultureller Differenz in der Werbung lassen sich drei Paradigmen identifizieren: idealisierte Bilder, soziale Beziehungen und Gleichheit vs. Unterschiede (O'BARR 1994).

Idealisierte Bilder: Werbung ist dafür bekannt, bestimmte Darstellungen gegenüber anderen vorzuziehen und zu deren weiteren Verbreitung beizutragen (O'BARR 1994). Dies geschieht beispielsweise durch die Art und Weise, Menschen(gruppen) und deren Gepflogenheiten darzustellen. Diese idealisierten Portraits unterstützen zumeist den Status Quo und resultieren in der Herausbildung von Stereotypen (HÖLSCHER 1998).

Soziale Beziehungen: Aufbauend auf der Kreation von idealisierten Bildern und Vorstellungen werden auch Annahmen über soziale Beziehungen durch Werbung produziert und reproduziert. Die ProtagonistInnen der Anzeigen sind meist in Gruppen eingebettet, wobei Werbetreibende die Beziehungen der einzelnen Individuen untereinander thematisch aufgreifen und behandeln (O'BARR 1994).

Gleichheit vs. Unterschiede: In den dargestellten sozialen Geflechten sind Individuen in den seltensten Fällen gleichberechtigt; vielmehr sind die Anzeigen auf sozialen Ungleichheiten in Bezug auf Autorität und Macht aufgebaut. Ein typisches Beispiel hierfür ist die Darstellung von Männern und Frauen: Während Männer zumeist einen aktiven Part einnehmen (z. B. als Autofahrer oder Herren des Hauses), werden Frauen viel eher in eine passive Rolle gedrängt (z. B. als Beifahrerinnen und Hausfrauen; O'BARR 1994: 3-5).

Die oben angeführten Punkte verdeutlichen, dass Werbung einem sogenannten ›social tableau‹ unterworfen ist; dies bedeutet, dass die visuell und verbal vermittelten Informationen, welche Werbungen ihren RezipientInnen zur Verfügung stellen, sehr selektiv sind und meist bestehende Strukturen untermauern und stärken.

Vermehrt versuchen aber Werbetreibende, mit diesen Normen zu brechen und die Positionen ›des Anderen‹ zu stärken. Oft kann dies auch in bislang diskriminierten oder marginalisierten Werbeformen Ausdruck finden, wie es in den 1990er-Jahren die italienische Modekette United Colors of Benetton vorgezeigt hat. Im Zuge sogenannter ›Schockwerbung‹ versuchte das global agierende, südländische Label, auf gesellschaftliche Randgruppen und Tabus – wie z. B. Aidskranke und gleichgeschlechtliche Beziehungen – in seinen Werbungen aufmerksam zu machen, was mithilfe verstörender und auf den ersten Blick irritierender Bilder erreicht werden sollte. Was damals verpönt war (MORITZ 1997), wird heute als fortschrittlich angesehen (Abb. 1).

ABBILDUNG 1
Beispiele für ›andere‹ Werbung der Modekette Benetton

a
b
c

Quelle: *Horizont*, 2015

Im Folgenden werden ausgewählte Werbespots aus dem Jahr 2017 näher beleuchtet und in Bezug auf ihre Bedeutungen und Wirkungen näher diskutiert.

4. Das Werbejahr 2017

Keinen anderen Großereignissen wird mehr entgegengefiebert als der Superbowl und den Academy Awards. Als größtes Fernsehevent des Jahres konnte die Superbowl LI im Jahr 2017 111,32 Mio. ZuseherInnen vor den Bildschirm locken – die vierthöchste jemals erzielte ZuseherInnenquote nach 2014, 2015 und 2016 (STATISTA 2018b). Aufgrund des enormen Interesses weltweit liegen die Kosten für einen 30-sekündigen Werbespot bei 5,5 Mio. US-Dollar; insgesamt wurden rund 420 Mio. US-Dollar an Werbeeinnahmen generiert (STATISTA 2018c). Obwohl die ZuseherInnenzahlen bei den Academy Awards bei Weitem geringer sind, so ist die alljährliche Oscarverleihung nichtsdestotrotz das zweitwichtigste TV-Ereignis, bei welchem im Jahr 2017 rund 32,9 Mio. ZuseherInnen einschalteten (niedrigste Seher-Beteiligung seit 2008; RP ONLINE 2017). Insgesamt konnten durch die im Zuge des Ereignisses geschalteten Werbeclips Einnahmen von rund 2,1 Mio. US-Dollar verbucht werden (THE WRAP 2017).

»Das Werbejahr 2017 war besonders, da die geschalteten Spots darauf ausgerichtet waren, die gespaltene Nation zu einen, für Gleichberechtigung zu plädieren und die politische Lage kritisch zu kommentieren bzw. zu mokieren« (BUSINESS INSIDER 2017a). Zahlreiche Beispiele sind hier positiv zu erwähnen – einzelne werden im Anschluss näher beleuchtet.

> »From Nike's commercial featuring female Arab athletes to Audi's ›Daughter‹ commercial about equal pay – there have been many thought-provoking ads so far this year. Politics, immigration and gender issues are just some of the topics these brands address« (ENTREPRENEUR 2017).

Politische Themen

Politische Themen – besonders mit direktem oder indirektem Bezug zu Donald Trump respektive seiner Präsidentschaft – dominierten das Werbejahr 2017 und untermauerten die Annahme von den USA als einer politisch und kulturell gespaltenen Nation (DAILY MAIL 2017). Für Überraschung sorgten dabei besonders Werbespots, die stärker Stellung zu aktuellen

Themen bezogen, als die Hollywood-Prominenz es in den vergangenen Jahren getan hatte (BUSINESS INSIDER 2017a). Während einige Botschaften klar auf Konfrontation ausgerichtet waren (z. B. The NYT's *The Truth*; BUSINESS INSIDER 2017a), setzten andere Clips eher auf Humor (z. B. It's a 10 Hair Cares *4 Years*).

It's a 10 Hair Care: Four Years

Ein 30 Sekunden Schwarz-Weiß-Clip der Firma It's a 10 Hair Care startet mit einer provokanten Aussage, die darüber informiert, dass Amerika sich von nun an mindestens vier Jahre mit ›schrecklichem Haar‹ (engl. ›awful hair‹) auseinandersetzen muss. Es ist die erste Werbung des Unternehmens in dieser Größenordnung, und diese ist gleich sehr stark politisch angehaucht, verweisen die angesprochenen vier Jahre doch auf die Amtszeit von Donald Trump (BUSTLE 2017). Zudem wird die doch ungewöhnliche – und nicht alle ansprechende – Haarpracht des Präsidenten darin erwähnt. Der Spot selbst greift im Folgenden einige amerikanische Stereotype auf, indem Menschen mit unterschiedlichem kulturellen Hintergrund mit ihrem oft sehr speziellen Haarschmuck gezeigt werden. Auf diese Weise wird auf die Diversität der Bevölkerung der USA hingewiesen und betont, dass die Nation aus Menschen in ihrer Einzigartigkeit und Individualität (und auch Imperfektionen) besteht, welche als Bereicherung angesehen werden (POPSUGAR 2017). Diese Kernbotschaft wurde auch in der Presseaussendung der Firma betont: »Diversity is beautiful, and it's more important now than ever« (BUSTLE 2017).

Menschen werden als unterschiedlich in Bezug auf ihre Ethnizität, Körper (tätowiert, gepierct), Alter, Haartypen und -muster (gelockt, glatt, wild, gezähmt) dargestellt (Abb. 2). Obwohl das Statement zu Beginn ernsthaft klingt und klar in Bezug zu Trumps Regierungszeit gesetzt werden kann, so schlägt der Ton später um und geht teilweise sogar in Humor über, wodurch die Botschaft (inklusiver bildlicher Untermauerung) abgeschwächt wird.

> »[*Voice over*]
> America, we are in for at least four years of awful hair. So it's up to you to do your part by making up for it with great hair. And we mean all hair. His hair. Their hair. That baby's hair. That chest hair. That mohair sweater. That dog hair. That back hair. That girl's hair. He hair. Your hair. All hair. Let's make sure these next four years are It's a 10 year's. Do your part.«

ABBILDUNG 2
It's a 10 Hair Care *Four Years* Superbowl-Spot

Quelle: https://youtu.be/BH2bCJ5xm9I [20.01.2020]

Abschließend ruft die Kampagne dazu auf, mithilfe des Produkts für ›tolles Haar‹ zu sorgen. Die Besonderheit des Werbespots liegt wohl auch darin, dass sich diese Indie-Haarmarke unter weiblicher Führung befindet, was die Aussage noch pointierter erscheinen lässt (BUSTLE 2017). Im Anschluss an die Premiere des Spots ging der darauffolgende Tag aufgrund der starken Produktnachfrage als verkaufsstärkster Tag in die Unternehmensgeschichte ein (ADWEEK 2018). Zudem läutete diese Werbung den erfolgreichen Start von It's a 10 Hair Care in den Bereich ›Haarprodukte für Männer‹ ein (ADWEEK 2017a). Auch wenn der Ton der Geschichte im Verlauf ›weicher‹ wird, versichert das Unternehmen den RezipientInnen, dass mit It's a 10 Hair Care alles machbar ist – egal, welcher Haartyp man/frau sei. Die Vielfältigkeit der abgebildeten Personen soll in den RezipientInnen Assoziationen zur eigenen Person hervorrufen und die Geschichte erlebbar machen – und somit deren Bereitschaft stärken, eine Beziehung zum Unternehmen respektive dessen Produkt aufzubauen.

Diesel: Make Love not Walls

Die von David LaChapelle konzipierte Diesel-Kampagne *Make Love not Walls* (VOGUE 2017), welche im Rahmen der Super Bowl LI einen 1 Minute 40 Sekunden langen Spot beisteuerte, griff das Thema ›the wall‹ (d. h. jene Grenzmauer, welche Donald Trump an der Grenze zwischen Mexiko und den USA aufziehen möchte) auf. Das Unternehmen betont in einer Presseaussendung: »Liebe und Zusammenhalt sind für eine lebenswerte Gesellschaft und eine Zukunft, wie wir sie uns alle wünschen, essentiell« (HORIZONT 2017). Im Fokus der farbenfrohen Kampagne, die an Flower-Power-Zeiten erinnert, steht der Aufruf zum »Einreißen geistiger und physischer Mauern« (VOGUE 2017).

Im Gegensatz zu dem zuvor genannten Beispiel ist bei dieser gesellschaftskritischen Kampagne, die zwar Donald Trump mit keinem Wort erwähnt, aber auf sein Projekt des Mauerbaus anspielt, die Musik essenziell und trägt die Geschichte (FORBES 2017a). Zudem werden expressive Tanzeinlagen verwendet, die Emotionen zum Ausdruck bringen. Die zu Beginn eingeblendete Mauer, welche aus Stein und Stacheldraht besteht, trennt zwei scheinbar düstere Gebiete voneinander. Es erscheint ein Mann, der eine einzelne weiße Blume am Boden entdeckt, die möglicherweise als Zeichen der Hoffnung zu deuten ist. Er wirft diese über die Mauer, wo sie von einer Frau gefunden und über die Mauer zurückgeschickt wird. Somit wird den beiden Hauptakteuren klar, dass es Leben jenseits der Mauer gibt. Dies veranlasst die einzelnen Parteien dazu, Wege zu finden, um die Mauer zu überwinden (z. B. zu überklettern oder zu durchbrechen). Es gelingt ihnen schlussendlich, eine herzförmige Öffnung zu kreieren und die beiden Parteien sind euphorisch über ihren Erfolg; sie umarmen sich und tanzen. Die vormalige Düsterheit wird durch Farbe ersetzt – die Musik wird lauter und die Botschaft klarer verständlich: »You're giving me higher love!« Dieser Ruf nach Liebe wird auch visuell in Form der herzförmigen Öffnung dargestellt (Abb. 3).

Die Liebe der Menschen untereinander, die Bereicherung durch bzw. gerade aufgrund deren Unterschiedlichkeit, wird zelebriert, besonders auch in Form von gleichgeschlechtlicher Liebe (Küsse und Hochzeit eines homosexuellen Pärchens; Panzer in Regenbogenfarben). Die visuelle Gestaltung erinnert stark an die Zeiten der Hippie-Kultur, und auch die Kernbotschaft der Kampagne, welche passenderweise das erste Mal am Valentinstag 2017 ausgestrahlt wurde, ruft Erinnerungen an jene Zeit wach, lautet sie doch: Mit Freude und wahren Gefühlen, die Menschen vereinen, können Mauern niedergerissen werden (THE ITALIAN REVE 2017; HARPER'S BAZAR 2017). Das Unternehmen scheint sich somit gegen Donald Trumps Vorhaben, eine Grenzmauer zu errichten, auszusprechen und bezieht Stellung, indem es Unterschiede/Differenzen – ›Anders-Sein‹ – als Stärke deklariert. Die Inszenierung wirkt authentisch und ist emotional

ABBILDUNG 3
Make Love Not Walls Superbowl-Spot von Diesel

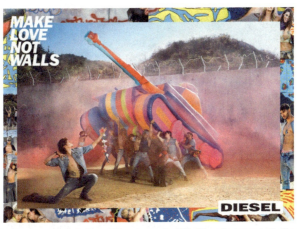

Quelle: *Grazia Magazin*, 2017. Diesel-Kampagne: David LaChapelle inszeniert offene Liebe. https://www.grazia-magazin.de/fashion/fashion-news/diesel-kampagne-david-lachapelle-inszeniert-offene-liebe-21844.html [16.01.2020]

aufgeladen, womit wichtige Storytelling-Komponenten aufgegriffen werden, die sicherlich zum Erfolg der Kampagne beitragen.

New York Times: The Truth

Der erste Werbespot der *New York Times* seit dem Jahr 2010 (DAILY MAIL 2017) wurde im Rahmen der Oscar-Verleihung 2017 ausgestrahlt und widmete sich über 30 Sekunden hinweg dem Thema *truth* – der Aufdeckung von Wahrheit, der Kernaufgabe von JournalistInnen (BUSINESS INSIDER 2017a). Die minimalistische Gestaltung des Spots ist angelehnt an das Design einer Zeitung – alles wird ›Schwarz auf Weiß‹ abgedruckt (Abb. 4).

Gepaart wird diese reduzierte visuelle Darstellung mit Ausschnitten aus einzelnen Radioberichten, die langsam beginnen, aber immer schneller und – aufgrund von Überschneidungen und Überlappungen – immer unverständlicher bzw. verzerrter werden. Diese Aufbereitung stellt nicht nur eine realistische Einbettung von Nachrichten dar, sondern weist auch auf ein Medienüberangebot, welches die gegenwärtige Zeit kennzeichnet, hin. Zugleich könnte damit auch angedeutet werden, dass die Vielzahl an verfügbaren Informationen zu einer verzerrten und äußerst selektiven

ABBILDUNG 4
›The Truth Billboard‹ der *New York Times*

Quelle: http://www.adweek.com/digital/the-new-york-times-is-using-the-truth-to-pitch-itself-against-facebook-and-google/ [20.01.2020]

Wahrnehmung führen kann. Der Werbespot schließt mit der Kernaussage, dass Journalismus nicht nur wahrheitsgetreu sein muss, sondern öffentliche Aufklärung durch JournalistInnen heutzutage wichtiger sei denn je.

»[*On-screen text*]
The truth is our nation is more divided than ever.
The truth is alternative facts are lies.
The truth is the media is dishonest.
The truth is a woman should dress like a woman.
The truth is women's rights are human rights.
The truth is we have to protect our borders.
The truth is his refugee policy is a backdoor Muslim ban.
The truth is we need a full investigation of Russian ties.
The truth is leaking classified information is the real scandal.
The truth is climate change is a hoax.
The truth is [...]
The truth is hard.
The truth is hard to find.
The truth is hard to know.
The truth is more important now than ever.«

Diese politisch motivierte Botschaft wurde in den Fokus der Academy-Awards-Kampagne gestellt, um ein besonderes Ereignis zu referenzieren:

den Ausschluss von NYT-Reportern bei einer von Donald Trump abgehaltenen Pressekonferenz (DAILY MAIL 2017). Die dahinter liegende Kritik: Nur wenn es JournalistInnen ermöglicht wird, an wichtigen Presseereignissen teilzunehmen, kann eine wahrheitsgetreue – d. h. auf Fakten beruhende – Berichterstattung gewährleistet werden. Und obwohl die Werbeanzeige keinen direkten Bezug zu Donald Trump herstellt und dieser möglicherweise vielen SeherInnen nicht bewusst war, so wurde die Botschaft doch mehr als 4,4 Mio. Mal in den ersten drei Monaten gesehen (DAILY MAIL 2017). Aufgrund des großen Erfolgs der Kampagne – die sogar Donald Trump zu einem Kommentar veranlasste (ebd.) –, entschloss sich die *New York Times* zu einer Erweiterung der Kampagne, welche sich der aktuellen *#metoo*-Debatte annahm und betont, dass es die Aufgabe der Medien sei, relevante Themen aufzugreifen und diese kritisch zu diskutieren. Die Tatsache, dass die NYT als erste Zeitung eine klare Position zum Thema ›Wahrheit‹ respektive zur Verurteilung sexueller Übergriffe in der Öffentlichkeit bezieht, trägt hierbei zur ›anderen‹ Positionierung des Unternehmens bei. Im Detail geht es darum, dass die NYT eine Position gegen die insbesondere von Präsident Trump ausgeübte Praxis der Infragestellung der gesellschaftlichen Funktion von Medien einnimmt.

»2018 Edition – [*on screen text*]:
He said. She said.
He said. She said.
He said. She said.
He said. She said. She said. She said. She said. She said. She said.
She said. She said. She said. She said. She said. She said. She said.
She said. She said. She said. She said. She said. She said. She said.
She said. She said. She said. She said. She said. She said. She said.
She said. She said.
She said.
The truth has power.
The truth will not be threatened.
The truth has a voice.«

Immigration

Ein weiterer Themenblock, der im Werbejahr 2017 verstärkt in den Fokus gerückt wurde, beinhaltete die Bekämpfung von Sexismus und Xenophobie (WASHINGTON POST 2017). Vorreiter in dieser Kategorie waren Budweiser und 84 Lumber, deren Werbespots das Thema ›Immigration‹ aufgriffen, während Audi für Geschlechtergleichheit plädierte und Airbnb sexuelle, kulturelle, ethnische und religiöse Gleichbehandlung einforderte (SB NATION 2017).

Budweiser: Born the hard way

Die erste Ankündigung der Budweiser-Superbowl-Kampagne fand zu einem brisanten Zeitpunkt statt – am Tag, nach dem Donald Trump eine Einreisesperre für Angehörige zahlreicher islamischer Nationen ausgesprochen hatte (WASHINGTON POST 2017). Der zeitgemäße 60-Sekunden-Werbespot spielt im 19. Jh. und erzählt die Einwanderergeschichte des deutschen Auswanderers Adolphus Busch, der auszieht, um seinen ›amerikanischen Traum‹ des Bierbrauens zu verwirklichen (SB NATION 2017).

ABBILDUNG 5
Budweisers *Born the Hard Way* Superbowl-Spot

Quelle: https://cdni.rt.com/files/2017.02/article/58972cc5c361883a748b4569.jpg [20.01.2020]

Die Geschichte ist in braun-sepia, d. h. nostalgisch anmutenden, Farbtönen gehalten, die Musik untermauert die Dramatik der Geschichte (Abb. 5). Immer wieder werden Flashbacks eingebaut, die Aufschluss über die Hürden, die Adolphus Busch auf seinem Weg überkommen musste, liefern (z. B. die Überquerung des Ozeans bei starkem Wellengang, die Flucht von einem brennenden Schiff, die Anfeindungen bei seiner Ankunft in den USA). St. Louis ist jene Stadt, in der sich sein Schicksal wendet. Er trifft in einer Bar auf Eberhard Anheuser, der ihn auf ein Bier einlädt. Im Zuge des Gesprächs zückt Busch seine Notizen und präsentiert seinem Gegenüber seine Idee eines innovativen Biers inkl. neuartigem Flaschendesign. Der Spot endet mit der folgenden, positiv aufgeladenen Einblendung:

> »[*On-screen text*]
> When nothing stops your dream.
> This is the beer we drink.«

Die Kernbotschaft des Clips spielt auf die Idee des amerikanischen Traums an, der abenteuerlustige Visionäre dazu bewegt, sich auf die Reise in ein unbekanntes Land zu begeben, um dort ihr Glück bzw. Reichtum zu finden: »The ad serves as a salute to all who have come here to fulfill their dreams in the face of adversity« (ADWEEK 2017b). Der Spot selbst kombiniert eine Vielzahl an Storytelling-Elementen: einen sympathischen Helden, eine klare Botschaft, eine authentische Storyline, Emotionen und Entwicklungen bis hin zum fulminanten Ende – dem Höhepunkt der Geschichte, welcher die Geburtsstunde Budweisers markiert. Budweiser verkauft ›Anders-Sein‹ als etwas Positives, als Stärke, als Mut zu Neuem. Der Brisanz des Themas folgend, wurde das Video der meistgeteilte Spot der Superbowl-Nacht; gleichzeitig konnte die Anzeige die meisten YouTube-Aufrufe verbuchen (UNRULY 2017). Die Resonanz der Botschaft war jedoch nicht nur positiv: Trump rief seine Anhänger mittels des Hashtags *#BoycottBudweiser* zu einem Boykott der Traditionsmarke auf (FORBES 2017b). Der Erfolg des Boykotts ist aber nur schwer abzuschätzen, da parallel zu dem offiziellen Hashtag auch noch ein zweiter, falsch geschriebener Hashtag – *#boycottbudwiser* – in Umlauf geraten war und somit das Vorhaben eher zu mokieren schien (CTV NEWS 2017).

84 Lumber: The Full Journey

Über beinahe sechs Minuten hinweg wird die Geschichte eines mexikanischen Einwanderermädchens und seiner Mutter erzählt, welche versuchen, auf legale Weise in die USA einzuwandern (*Washington Post* 2017). Die Werbung selbst ist melancholisch und hoch emotional, gleichzeitig aber auch provozierend (QZ 2017). Ein interessantes Detail am Rande: Pre-Tests rieten 84 Lumber sogar von der Ausstrahlung ab, da die ZuseherInnenwerte sehr gering waren (ebd.). Der erste Superbowl-Spot des Heimwerkerunternehmens verfolgt eigentlich das Ziel, junge und agile Mitarbeiter anzuwerben, und bezeichnete den Clip als patriotisch (ebd.; BUSINESS INSIDER 2017a). »The themes of hard work, dedication and sacrifice found throughout the film are the same ideals valued in 84 Lumber employees« (WASHINGTON POST 2017).

Die Geschichte selbst dreht sich um eine mexikanische Mutter und ihre Tochter. Erinnerungen an ihre eigene Kindheit lassen die Mutter den Entschluss fassen, ihrer Tochter ein besseres Leben zu bieten und sie starten ihre Reise am nächsten Tag. Ihr Weg führt sie durch stürmisches Wetter und das Mädchen sammelt Stofffetzen, die ihr vor die Füße fallen. Die Reise ist keine leichte und schlussendlich stehen Mutter und Tochter vor besagter ›Mauer‹ – Trumps Grenzmauer? Vor jener Mauer, deren Überwindung ihnen – dem amerikanischen Traum folgend – neue Möglichkeiten eröffnen soll?

Bisher ist kein Weg über die Mauer in Sicht. Am Fuße der Mauer überreicht die Tochter der Mutter ihr Werk – eine amerikanische Flagge, die aus den auf dem Weg gesammelten Stoffresten entstanden ist. Plötzlich kommt Wind auf und weist Mutter und Tochter den Weg zu einem Tor. Zudem ertönt ein Geräusch – ein Arbeiter, den man zuvor in kurzen Segmenten gesehen hat, verlässt eine Baustelle. War die Mauer jene Baustelle? Das Tor wurde – so lässt sich vermuten – aus dem Holz von 84 Lumber gefertigt (WASHINGTON POST 2017). Mutter und Tochter lächeln sich an, haben Tränen in den Augen, sind voller Hoffnung. Der Spot endet damit, dass sie gemeinsam das Tor zu ihrem neuen Leben aufstoßen. Als Abschluss wird die Kernbotschaft der Kampagne eingeblendet.

>»[On-screen text]
> The will to succeed is always welcome here.«

Diese Botschaft schien eine breite Masse anzusprechen und brachte die Website des Unternehmens sogar im Anschluss an die Ausstrahlung zum Zusammenbruch (WASHINGTON POST 2017). Die Resonanz schien zu bestätigten, dass das gewählte Thema dem Puls der Zeit entsprach.

>»It seems like everything has become a political conversation, whether we want it to be or not. [...] This election has divided the country in a hundred

different ways. If 84 Lumber has a platform like the Super Bowl, they felt they had a responsibility to do more than create a commercial. They wanted to create something meaningful that would get people talking about the housing industry in a positive way again« (ADWEEK 2017c).

Auch wenn die Werbung mit ›Pro-Immigration‹ verbunden wurde, so war dies angeblich nicht die eigentliche Intention des Unternehmens; nichtsdestotrotz wurde die zu lange Originalversion gekürzt und Zuseher-Innen waren dazu aufgerufen, das Ende des Spots online unter journey84.com nachzusehen (QZ 2017). Der Sender FOX lehnte den Clip ursprünglich sogar ab (ADWEEK 2017d). Die Begründung: Die Gesamtgeschichte sei »too controversial for TV« (BUSINESS INSIDER 2017a). Das Unternehmen konterte: »Our aim was to tell an authentic story and not to engage in a marketing stunt« (ebd.). In diesem Zusammenhang wird das Thema ›Immigration‹ – also die Migration von Menschen ›anderer‹ ethnischer Herkunft – stark emotional dargestellt, deren Reise durch Höhen und Tiefen gekennzeichnet ist. Die Originalversion wurde für die TV-Ausstrahlung stark gekürzt, um die emotionalen Aspekte stärker zu betonen und das Schicksal der Heldin – des mexikanischen Mädchens – noch vehementer in den Fokus zu rücken.

Gender und Diversität

Audi: Drive Progress: Daughter

Der Autohersteller Audi widmete seinen 1-minütigen Werbespot während der Superbowl LI einem fortschrittlichen Thema – gleicher Entlohnung für Männer und Frauen (ADWEEK 2017e) –, dem wohl wichtigsten sozialen Thema der Gegenwart (FORBES 2017c). »So at Audi of America, we are standing up alongside every other organization that supports this important cause« (BBC 2017). Anstelle von klassischen Produktpositionierungen, welche technische Innovationen oder Humor in den Mittelpunkt stellen, wurde eine emotionale Ansprache gewählt, die eine weite Klientel anspricht und bewegt (FORBES 2017c). Als Ausgangspunkt dient dafür die Gleichberechtigung von Männern und Frauen im Arbeitsalltag, besonders in Bezug auf gerechte Entlohnung (SB NATION 2017). Dieses feministische Thema sollte, so Audi in einer Presseaussendung, breit diskutiert werden, weswegen die Superbowl als Plattform genutzt wurde: »Pay equality is a big message for a big stage« (AD AGE 2017).

Jedoch ist der Werbeclip nicht ganz so fortschrittlich, wie es auf den ersten Blick erscheinen mag. Dominanten Strukturen folgend fungiert der Vater als Erzähler der Geschichte – ein Mann, ein typischer Audi-Fahrer. Er ist zuerst nicht zu sehen, jedoch nimmt er als ›Autor‹ der Geschichte eine dominante Position ein und sinnt im Voice-Over über die Zukunft seiner Tochter nach (WASHINGTON POST 2017). Hier bricht der Werbespot mit etablierten Clichés, denn die Tochter wird in einer aktiven Rolle gezeigt: Sie ist Teilnehmerin an einem Seifenkistenrennen und wird sogar als Fahrerin einer solchen Seifenkiste gezeigt – eine Rolle, die ursprünglich nur Jungen/Männern vorbehalten war. Während die Erlebnisse der Tochter auf der Fahrbahn visuell abgebildet werden, wünscht sich der Vater für seine Tochter eine Zukunft voll Gleichberechtigung.

> »[Father in voice over]
> What do I tell my daughter? Do I tell her that her grandpa is worth more than her grandma? That her dad is worth more than her mom? Do I tell her that despite her education, her drive, her skills, her intelligence, she will automatically be valued as less as every man she ever meets? Or maybe ... I'll be able to tell her something different.«
>
> »[On-screen text]
> Audi of America is committed to equal pay for equal work.
> Progress is for everyone.
> #DriveProgress«

Der Werbespot endet mit einem hoffnungsvollen Ausblick – der Aussicht auf gleiche Bezahlung (WASHINGTON POST 2017). Fortschritt ist eine Thematik, die sich bei Audi durchgehend wiederfinden lässt – angefangen bei dem deutschen Markenuntertitel ›Fortschritt durch Technik‹. Somit passt die gewählte Botschaft gut zum Image des Autoherstellers, der beteuert: »As a business built on bold innovation – from LED lighting to Audi quattro – progress is at the heart of what we do. We're a brand that's ahead of the curve and looking toward the future, just like our next generation of buyers« (ADWEEK 2017). Dies erscheint besonders wichtig, da Audi aufgrund der vor kurzem aufgedeckten Abgasskandale mit schwerwiegenden Glaubwürdigkeitsproblemen zu kämpfen hat und versucht, Maßnahmen zu setzen, um das beschädigte Image wiederherzustellen (BBC 2017). Dabei setzt das Unternehmen auf besondere Initiativen, um den weiblichen

Nachwuchs zu fördern, wie z. B. educational programs (BUSINESS INSIDER 2017b). Der Clip scheint somit in die richtige Richtung zu weisen.

Airbnb: We accept

ABBILDUNG 6
We Accept Superbowl-Spot von Airbnb

Quelle: https://pbs.twimg.com/media/DZSsICaWkAA_IYo.jpg:large [20.01.2020]

Airbnbs Superbowl-Werbung wird oft in Zusammenhang mit Donald Trumps Einreisesperre für Angehörige muslimischer Nationen gesehen (SB NATION 2017; NYT 2017). Der 30-Sekunden-Spot widmet sich dem Thema der fehlenden Akzeptanz von und Offenheit gegenüber Unterschieden. Die visuelle Darstellung ist einfach gehalten und fokussiert auf die Gesichter von Menschen unterschiedlicher Hautfarbe und Herkunft (Abb. 6). Auf diese Weise bekundet das Unternehmen seine Offenheit gegenüber Menschen mit diversen kulturellen Hintergründen, sexueller Orientierung und Religion. Diversität wird als Stärke angesehen: »[W]ir bei Airbnb teilen die Ansicht, dass jeder Mensch das Gefühl haben sollte, von anderen angenommen und akzeptiert zu werden« (AIRBNB 2017).

> »[On-screen text]
> We believe no matter who you are, where you're from, who you love or who you worship, we all belong. The world is more beautiful the more you accept.
> #weaccept«

Diese Initiative markierte den Anfang einer langfristig angelegten Kampagne, im Zuge welcher Airbnb einen Spendenaufruf für jene Menschen, die aufgrund von Kriegen und Konflikten heimatlos geworden waren, startete. Die Einfachheit der Darstellung gekoppelt mit emotional-aufgeladener Musik betont, dass Unterschiede als Stärke anzusehen sind – eine Botschaft, deren Relevanz in der heutigen Zeit nicht oft genug betont werden kann. Auch wenn sich diese Geschichte nicht um einen einzelnen Helden bzw. eine einzelne Heldin dreht, so wird jeder, der Unterschiede akzeptiert, als Held angesehen. Der Aufruf endet mit folgendem Satz: »Je mehr wir einander akzeptieren und gegenseitig annehmen, umso schöner und lebenswerter wird unsere Welt« (AIRBNB 2017).

5. Diskussion und Conclusio

Der vorliegende Beitrag verfolgte das Ziel, aufzuzeigen, dass Werbung keineswegs wertneutral ist, sondern vielmehr gesellschaftliche Themen und Diskurse aufgreift. Gerade in einer sich immer schneller verändernden Welt wird dem Gut der ›Aufmerksamkeit‹ vermehrt Bedeutung zugemessen. Um dies zu generieren und zu halten, bedarf es sorgfältig konzipierter Werbebotschaften. Storytelling – emotional aufgeladene Geschichten, bei denen eher Werte als Produkte verkauft werden – ist in den letzten Jahren zu einem wertvollen und effektiven Stilmittel geworden und – wie exemplarisch am Werbejahr 2017 skizziert – durchaus mit Bedeutung versehen. Was alle Geschichten gemein haben, ist, dass bestimmte Kriterien erfüllt sein müssen, um nicht nur im Gedächtnis der RezipientInnen verhaftet zu werden, sondern auch nachhaltig zu wirken.

Die Thematik ›des Anderen‹ hat das Werbejahr 2017 nachhaltig geprägt und auch Storytelling-Geschichte geschrieben. Die gewählten Themen waren allesamt aktuell und arbeiteten ›Anders-Sein‹ auf unterschiedlichste Art und Weise auf. Zum einen entschlossen sich Unternehmen, zu politischen Themen Stellung zu beziehen und sich gegen Trumps Präsidentschaft auszusprechen. Dies geschieht zum einen auf humorvolle Weise (z. B. It's a 10 Hair Cares *Four Years*-Kampagne), durch expressive Darstellungen (z. B. Diesels *Make Love not Walls*-Kampagne) oder auf relativ traditionelle Art und Weise (z. B. *The Truth*-Kampagne der *New York Times*). Im Falle der *Make Love not Walls*-Kampagne und der *Four Years*-Kampagne kommt ein sogenannter ›Challenge-Plot‹ zum Tragen, der dazu aufruft, Unterschiede zwischen den ProtagonistInnen zu überwinden und zur Einigung inspiriert (LEHMKUHL 2014). Aufmerksamkeit wurde auch dem Thema ›Immigration‹ zuteil, welches besonders zwei Unternehmen nutzten, um ihren KundInnen wahre Storytelling-Meisterstücke aufzutischen. Sowohl *Born the hard way* von Budweiser als auch die *The full journey*-Kampagne von 84 Lumber erzählen die Geschichten von Heldenfiguren, deren abenteuerliche Reisen detailliert und emotional beleuchtet werden. Auch hier kann ein klarer Challenge-Plot identifiziert werden, der aufzeigt, dass durch harte Arbeit selbst die größten Hürden überwunden werden können (LEHMKUHL 2014). Die Geschichten wirken authentisch und rufen somit Identifikation beim Zielpublikum hervor, das sich auch über die ursprüngliche Handlung hinaus mit den Schicksalen der Charaktere identifiziert; gleichzeitig kann Werbung auf diese Art und Weise nachhaltig im Gedächtnis der RezipientInnen verankert werden (DIM 2018). Auch für den Bereich von Gender und Diversität, im Zuge dessen für die Auflösung von ethnischen respektive Geschlechter-Unterschieden plädiert wird, wird im Falle der Drive Progress-Kampagne von Audi ein Creativity-Plot verwendet (LEHMKUHL 2014). Hier wird das ›uralte Vorurteil‹, welches Frauen eine schlechtere Entlohnung bzw. weniger Entwicklungspotenzial als Männern attestiert, auf eine kreative Art und Weise aufgegriffen, indem die ›Frau‹ in einer mit Stereotypen brechenden, aktiven Rolle dargestellt wird. Im Gegensatz dazu greift die *We accept*-Kampagne von Airbnb auf einen Connection-Plot zurück, da es gilt, ethnische und religiöse Differenzen zu überbrücken (LEHMKUHL 2014).

Die ausgewählten Beispiele des Werbejahres 2017 zeigen deutlich, dass Storytelling einen vielversprechenden Weg darstellt, Reaktionen unterschiedlichster Art auszulösen und zum Nachdenken anzuregen. Auch die Interaktion kommt in diesem Zusammenhang nicht zu kurz, wie die Reaktionen von Präsident Trump auf den NYT-Werbespot oder der Boykottaufruf gegen Budweiser deutlich machen (DIM 2018). Hierbei entschließen sich Unternehmen aktiv dazu, weniger ihre Produkte, als vielmehr jene Werte, für die ihr Unternehmen einsteht, zu bewerben. Sie zeigen zudem, dass Werbung weit mehr ist als Unterhaltung – vielmehr ist sie in der Lage, Aufmerksamkeit für gesellschaftlich relevante Themen zu generieren und diese einer breiten Öffentlichkeit zugänglich zu machen. Großereignisse wie die Superbowl oder die Academy Awards bieten sich somit als Plattformen der unternehmerischen Inszenierung an – ob im Rahmen des Mainstreams oder mit verschiedensten Modalitäten des Anders-Seins. Sie regen RezipientInnen dazu an, sich mit aktuellen Thematiken auseinanderzusetzen, und nutzen diese Großereignisse als Bühne der Selbstinszenierung. Da Aufmerksamkeit als neue Zielgröße eher durch Emotionen erzielt werden kann, werden Botschaften verstärkt als ›Märchen‹ verpackt (MESSE FRANKFURT 2015), um eine höhere Resonanz zu erzeugen. Denn Fakt bleibt: »Wer seine Werbebotschaft in eine Geschichte verpackt, macht sie lebensnäher und für die Konsumenten greifbarer« (LEHMKUHL 2014).

Literatur

AD AGE: *Audi – Daughter.* 2017. https://adage.com/videos/audi-daughter/1268 [29.09.2020]

ADWEEK: The Super Bowl will feature the first ad from an indie hair care brand. In: *AdWeek Online,* 2017a. http://www.adweek.com/brand-marketing/super-bowl-will-feature-first-ad-independently-owned-haircare-brand-175747/ [21.06.2018]

ADWEEK: How Budweiser created an epic immigrant story to reclaim the Super Bowl spotlight: A timely tale aimed at recrowning the King of Beers. In: *AdWeek Online,* 2017b. http://www.adweek.com/brand-marketing/how-budweiser-created-an-epic-immigrant-story-to-reclaim-the-super-bowl-spotlight/ [20.06.2018]

ADWEEK: 84 Lumber Unveiled Brunner's ›The Entire Journey‹ During the Super Bowl. In: *AdWeek Online,* 2017c. http://www.adweek.com/agencyspy/84-lumber-unveiled-brunners-the-entire-journey-during-the-super-bowl/125248 [20.06.2018]

ADWEEK: The ending of 84 Lumber's Super Bowl ad is a beautiful and provocative take on immigration. In: *Adweek Online,* 2017d. http://www.adweek.com/brand-marketing/the-ending-of-84-lumbers-super-bowl-ad-is-a-beautiful-and-provocative-take-on-immigration/ [21.06.2018]

ADWEEK: Audi's feminist Super Bowl ad is a father-daughter tale about equal pay. In: *AdWeek Online,* 2017e. http://www.adweek.com/brand-marketing/audis-feminist-super-bowl-ad-is-a-father-daughter-tale-about-equal-pay/ [25.08.2018]

ADWEEK: 4 brands on whether their past Super Bowl ads were worth the cost: Brands see social lift and a boost in traffic. In: *AdWeek Online,* 2018. http://www.adweek.com/digital/4-brands-on-whether-their-past-super-bowl-ads-were-worth-the-cost/ [19.06.2018]

AIRBNB: #weaccept. In: *Airbnb Online*, 2017. https://www.airbnb.at/weaccept [5.03.2018]

BATRA, RAJEEV; MICHAEL L. RAY: Affective responses mediating acceptance of advertising. In: *Journal of Consumer Research* 13 (2), 1986, S. 234-249

BBC: Super Bowl: Audi's daughter ad divides viewers. In: *BBC Online*, 2017. http://www.bbc.com/news/world-us-canada-38885451 [7.07.2018]

BROSIUS, HANS-BERND; ANDREAS FAHR: *Die Informationsleistung privater Regionalfenster: eine Analyse von ›RTL Hessen live‹ und ›SAT 1 Regionalreport Rheinland-Pfalz/Hessen‹*. München [Kopäd-Verlag] 1996

BUSINESS INSIDER: The 84 Lumber Super Bowl ad's creative director explains the thinking behind the Mexican immigration-themed spot. In: *Business Insider Online*, 2017a. http://www.businessinsider.de/84-lumber-super-bowl-ad-explained-2017-2?r=US&IR=T [21.06.2018]

BUSINESS INSIDER: Audi is making a big statement about gender pay equality in its Super Bowl ad. In: *Business Insider Online*, 2017b. http://www.businessinsider.de/audi-super-bowl-ad-looking-drive-gender-pay-equality-daughter-cart-race-dad-2017-2?r=US&IR=T [5.07.2018]

BUSTLE: It's a 10's Super Bowl commercial warns us to prepare for 4 years of bad hair. In: *Bustle Online*, 2017. https://www.bustle.com/p/its-a-10s-super-bowl-commercial-warns-us-to-prepare-for-4-years-of-bad-hair-35792 [19.06.2018]

CTV NEWS: ›Boycott Budwiser‹: Typo turns ad protest into mockery on Twitter. In: *CTV News Online*, 2017. https://www.ctvnews.ca/business/boycott-budwiser-typo-turns-ad-protest-into-mockery-on-twitter-1.3272688 [1.12.2018]

DAILY MAIL: First ever overtime Super Bowl draws in 113.7 Million viewers across America – making it the second most watched in history. In: *Daily Mail Online*, 2017. https://www.dailymail.co.uk/news/article-4197300/Record-overtime-Super-Bowl-drew-113-7-million-viewers.html [7.08.2018]

DIM: Storytelling: Die erfolgreichsten Storytelling-Kampagnen. In: *DIM Online*, 2018. https://www.marketinginstitut.biz/blog/storytelling-die-erfolgreichsten-storytelling-kampagnen/ [6.10.2018]

EDELL, JULIE A.; MARIAN CHAPMAN BURKE: 1987. The power of feelings in understanding advertising effects. In: *Journal of Consumer Research* 14(3), 1987, S. 421-433

ENTREPRENEUR: The Most Thought-Provoking Ads of 2017. In: *Entrepreneur Online*, 2017. https://www.entrepreneur.com/article/289833 [7.08.2018]

FICHTER, CHRISTIAN: *Wirtschaftspsychologie für Bachelor* (Springer Lehrbuch). Berlin, Heidelberg [Springer] 2018

FORBES: This fashion brand wants you to make love, not walls. In: *Forbes Online*, 2017a. https://www.forbes.com/sites/susannahbreslin/2017/02/28/diesel-make-love-not-walls/#2f6ffb4325de [21.06.2018]

FORBES: Budweiser's Super Bowl ad fits perfectly against the backdrop of Trump's anti-immigration policy. In: *Forbes Online*, 2017b. https://www.forbes.com/sites/maurybrown/2017/02/01/budweisers-super-bowl-ad-fits-perfectly-against-the-backdrop-of-trumps-anti-immigration-policy/#47e28ea26a49 [21.06.2018]

FORBES: ›Daughter‹ Super Bowl ad drives Audi directly into social values statement, away from humor. In: *Forbes Online*, 2017c. https://www.forbes.com/sites/dalebuss/2017/02/05/daughter-super-bowl-ad-drives-audi-directly-into-social-values-debate-away-from-humor/#64532f3e1a3c [6.07.2018]

FRANCK, GEORG: Aufmerksamkeit – Die neue Währung. In: *Telepolis Online*, 1996. https://web.archive.org/web/20110501074409/http://www.heise.de/tp/artikel/2/2003/1.html [6.10.2018]

FRANCK, GEORG: Jenseits von Geld und Information. In: *Telepolis Online*, 1998. https://web.archive.org/web/20110703071608/http://www.heise.de/tp/artikel/6/6313/1.html [5.10.2018]

FRANCK, GEORG: Jenseits von Geld und Information – Zur Ökonomie der Aufmerksamkeit. In: PIWINGER, MANFRED; ANSGAR ZERFASS (Hrsg.): *Handbuch Unternehmenskommunikation*. Wiesbaden [Gabler] 2007, S. 159-168

GÄCHTER, YVONNE; HEIKE ORTNER; CLAUDIA SCHWARZ; ANDREAS WIESINGER: *Erzählen – Reflexionen im Zeitalter der Digitalisierung*. Innsbruck [Innsbruck University Press] 2008

GIFFORD LECTURES: Norm and Action. In: *Gifford Lectures Online*, 2018. https://www.giffordlectures.org/books/norm-and-action [8.07.2018]

HALL, STUART: *Das Spektakel des Anderen*. In: KOIVISTO, JUHA; ANDREAS MERKENS (Hrsg.): *Stuart Hall. Ideologie, Identität, Repräsentation. Ausgewählte Schriften IV*. Hamburg [Argument Verlag] 2004, S. 108-166

HARPER'S BAZAR: Diesel feiert die Kampagne #makelovenotwalls. In: *Harpers's Bazar Online*, 2017. https://www.harpersbazaar.de/fashion/diesel-kampagne-fruehjahr-2017 [20.06.2018]

HÖLSCHER, BARBARA: *Lebensstile durch Werbung? Zur Soziologie der Life-Style Werbung*. Bielefeld, Opladen u. a. [Westdeutscher Verlag] 1998

HORIZONT: #makelovenotwalls: Diesel Werbung gegen Trump. In: *Horizont Online*, 2017. http://www.horizont.at/home/news/detail/makelovenotwalls-diesel-werbung-gegen-trump.html [20.06.2018]

KROEBER-RIEL, WERNER; ANDREA GRÖPPEL-KLEIN: *Konsumentenverhalten*. München [Vahlen] 2013

KROEBER-RIEL, WERNER; PETER WEINBERG: *Konsumentenverhalten*. München [Vahlen] 1996

LEHMKUHL, VANESSA: Die 6. Regel der Werbepsychologie: Storytelling. In: *Marketing im Pott Online*, 2014. https://www.marketingimpott.de/blog/dic-6-regel-der-werbepsychologie-storytelling/ [5.10.2018]

LINDNER, ROLF: *Das Gefühl von Freiheit und Abenteuer. Ideologie und Praxis der Werbung*. Frankfurt/M. [Campus] 1977

LÜPPENS, MARCUS: *Der Markendiamant: Marken richtig vermarkten*. Wiesbaden [Gabler] 2006

MATTENKLOTT, AXEL: Emotionale Werbung. In: MOSER, KLAUS (Hrsg.): *Wirtschaftspsychologie*. Berlin, Heidelberg [Springer] 2015, S. 83-100

MESSE FRANKFURT: Märchen sind die beste Werbung. In: *Messe Frankfurt Online*, 2015. https://connected.messefrankfurt.com/2015/09/08/maerchen-sind-die-beste-werbung/ [05.10.2018]

MORITZ, PETER: Der Schock des Unverständlichen. Medienethik und Medienkultur im Kreuzfeuer medial arrangierter Provokation. In: *Medien-Impulse* 6(22), 1997, S. 49-60

NERDINGER, FRIEDEMANN W.: *Die Welt der Werbung*. Frankfurt/M., New York [Campus Verlag] 1990

NYT: In Airbnb's Super Bowl Ad, Implied Criticism of Trump's Travel Ban. In: *New York Times Online*, 2017. https://www.nytimes.com/2017/02/05/technology/airbnb-super-bowl-ad-trump-travel-ban.html [6.07.2018]

O'BARR, WILLIAM M.: *Culture and the Ad: exploring otherness in the world of advertising*. Boulder, Colorado [Westview Press] 1994

POPSUGAR: It's a 10 Haircare Super Bowl commercial 2017. In: *Popsugar Online*, 2017. https://www.popsugar.com/beauty/10-Haircare-Super-Bowl-Commercial-2017-43114964 [20.06.2018]

QZ: Why did a lumber company make the most emotionally gripping ad to air during Super Bowl 51? In: *QZ Online*, 2017. https://qz.com/903902/84-lumbers-super-bowl-51-commercial-the-story-behind-the-most-emotionally-gripping-ad-of-the-night/ [19.06.2018]

RP ONLINE: TV Quoten: Weniger Fernsehzuschauer bei den Oscars. In: *RP Online*, 2017. http://www.rp-online.de/kultur/film/oscar/tv-quoten-weniger-fernsehzuschauer-bei-den-oscars-2017-aid-1.6643787 [19.06.2018]

SB NATION: Super Bowl commercials 2017: Audi's ›Daughter‹ ad is proudly feminist at the perfect time. In: *SB Nation Online*, 2017. https://www.sbnation.com/nfl/2017/2/5/14510158/2017-super-bowl-commercials-audi-daughter [5.07.2018]

SCHIERL, THOMAS: *Text und Bild in der Werbung: Bedingungen, Wirkungen und Anwendungen bei Anzeigen und Plakaten.* Köln [Herbert von Halem] 2001

SCHNIERER, THOMAS: *Soziologie der Werbung: ein Überblick zum Forschungsstand einschließlich zentraler Aspekte der Werbepsychologie.* Opladen [Leske+Budrich] 1999

SCHWEIGER, GÜNTER; GERTRAUD SCHRATTENECKER: *Werbung: eine Einführung.* Stuttgart [Fischer] 1995

SIEGERT, GABRIELE; DIETER BRECHEIS: *Werbung in der Medien- und Informationsgesellschaft: Eine kommunikationswissenschaftliche Einführung.* Wiesbaden [Springer] 2017

STATISTA: Umsatzanteile von Google nach Einnahmequellen in den Jahren 2001 bis 2017. In: *Statista Online*, 2018a. https://de.statista.com/statistik/daten/studie/76453/umfrage/umsatzanteile-von-google-seit-2001-nach-einnahmequelle/ [20.06.2018]

STATISTA: Anzahl der TV-Zuschauer bei den Super-Bowl-Finales in den USA in den Jahren 2001 bis 2018 (in Millionen). In: *Statista Online*, 2018b. https://de.statista.com/statistik/daten/studie/286519/umfrage/tv-zuschauer-beim-super-bowl-finale-in-den-usa/ [19.06.2018]

STATISTA: Durchschnittskosten für einen 30-Sekunden-Werbespot beim Super-Bowl-Finale im US-TV in den Jahren 2003 bis 2017 – Prognose für 2018 (in Millionen US-Dollar). In: *Statista Online*, 2018c. https://de.statista.com/statistik/daten/studie/251451/umfrage/kosten-fuer-einen-30-sekunden-spot-beim-super-bowl-finale-im-us-tv/#0 [18.06.2018.]

THE ITALIAN REVE: ›Make love not walls‹: the new campaign by Diesel. In: TIR *Online*, 2017. http://www.theitalianreve.com/make-love-not-walls-new-campaign-diesel/ [16.06.2018]

THE WRAP: *ABC to charge $2.1 million for 2017 Academy Award ads*. 2017. https://www.thewrap.com/oscars-academy-awards-ads-abc-charging-2-1-million/ [18.06.2018]

TWITCHELL, J.B.: *Adcult USA: The triumph of advertising in american culture*. New York [Columbia University Press] 1996

UNRULY: *Budweiser's ›#BornTheHardWay‹ tops list of most shared Super Bowl ads of 2017*. 2017. https://unruly.co/news/article/2017/02/06/budweisers-bornthehardway-tops-list-shared-super-bowl-ads-2017/ [18.06.2018]

VOGUE: *Make love not walls: David LaChapelle für Diesel*. 2017. http://www.vogue.de/mode/mode-news/diesel-kampagne-2017 [16.06.2018]

WASHINGTON POST: *84 Lumber and the big-budget Super Bowl ad to nowhere*. 2017. https://www.washingtonpost.com/news/business/wp/2017/02/06/84-lumber-and-the-big-budget-super-bowl-ad-to-nowhere/?noredirect=on&utm_term=.399502497556 [16.06.2018]

WILLIAMS, RAYMOND: Advertising, the Magic System. In: WILLIAMS, RAYMOND (Hrsg.): *Problems in Materialism and Culture: Selected Essays*. London [Verso] 1980, S. 170-195

WIRTSCHAFTSLEXIKON: *AIDA-Modell*. 2018. http://www.wirtschaftslexikon24.com/e/aida-modell-aida-formel-aida-regel-aida-schema/aida-modell-aida-formel-aida-regel-aida-schema.htm [19.06.2018]

MARTIN ERIAN

Zwischen Voyeurismus und Engagement. Zur Wiener Sozialreportage des frühen 20. Jahrhunderts

»Wir sind ja alle schon stumpf geworden, wir gehen an dem grenzenlosen Elend der Großstadt vorüber, als wäre es das Selbstverständliche. [...] Wir fragen nicht, wie die Armut lebt und fragen uns am wenigsten, was in der Seele dieser Menschen vorgeht, die Tag um Tag Reichtum und Glanz, Ueberfluß und Freude um sich sehen und ruhig dulden müssen. Dann kommt ein Buch und zwingt uns, zu sehen. [...] Wie ein Warnruf ist es: Wacht auf! Glaubt nicht, daß es so weiter geht!« (MAUTNER 1920: 3)

Dies notierte die Journalistin Klara Mautner (1879-1959) am 21. März 1920 in der *Wiener Morgenzeitung* in einer Rezension über Bruno Freis Buch *Jüdisches Elend in Wien* und machte dabei nicht nur auf die miserablen Wohn- und Lebensbedingungen ostjüdischer Flüchtlinge im Wien in der Spätphase des Ersten Weltkriegs aufmerksam. Mautners Kommentar verdeutlicht zugleich, wie sehr Elend in der öffentlichen Wahrnehmung als fester Bestandteil urbanen Lebens hingenommen wurde. Dass die nicht aktualisierten Arbeiten des jungen Bruno Frei – der Autor, der seit Herbst 1917 gegen die Massenquartiere anschrieb, übersiedelte im Jahr der Veröffentlichung nach Berlin – dennoch auch im vierten Jahr öffentliche Reaktionen in Wien erzielten, ist nicht nur mit der anhaltend schlechten humanitären Lage in der Hauptstadt der jungen Ersten Republik zu erklären, sondern vor allem mit der Eindringlichkeit der Reportagen und der Beigabe einzelner Fotografien aus den Elendsquartieren. Sie waren es, die den Sprung ins Bewusstsein der Leser schafften, den von Mautner attestierten Zwang zu sehen auslösten und damit den Gebrauchswert der Texte maßgeblich mitbestimmten.

Die Reportage, so die gültige Minimaldefinition, als »tatsachenbetonter, aber persönlich gefärbter Erlebnisbericht« (REUMANN 2009: 150), der geografische Distanzen und soziale Barrieren überwindet, spielt stets eine entscheidende Rolle, wenn es darum geht, soziale Lebenswirklichkeiten aufzuzeigen, häufig auch verbunden mit Kritik und dem Ziel (gesellschafts-)politischer Veränderung. Als literarisch-journalistisches Hybrid (KOSTENZER 2009: 132) weist sie eine Reihe verschlungener Entwicklungslinien auf, die in den Vereinigten Staaten wie auch in den europäischen Metropolen für das 19. und beginnende 20. Jahrhundert untrennbar mit der Industrialisierung und Urbanisierung und damit verbundenen neuen Medienwelten zu betrachten sind (dazu HAAS 1999; LINDNER 1990; SCHLÖR 1991). Sie trägt Wesentliches zum urbanen Selbstverständnis bei, indem mit der Inszenierung des Primitiven, die die Sozialreportage leistet, die Erzeugung eines Gegenüber von Zivilisation und Barbarei zur Festigung der eigenen individuellen wie kollektiven Identität einhergeht (KOPP/ MÜLLER-RICHTER 2004: 7-12).

Für den deutschsprachigen Raum sollte in dieser Phase Wien als Recherche- und Publikationsort der urbanen Sozialreportage und des sozialkritischen Feuilletons eine bedeutende Stellung einnehmen – Wolfgang R. Langenbucher weist für das späte 19. und beginnende 20. Jahrhundert auf eine »Wiener Schule« (LANGENBUCHER 1992: 11) hin. Derlei publizistische Formen tragen also maßgeblich dazu bei, das Bild vom Wien um 1900 um problematische soziale Realitäten zu erweitern, ohne die Dominanz des retrospektiv ausgehend von Carl Emil Schorske entwickelten Verständnisses der Donaumetropole im Fin de siècle zu brechen (dazu bereits EHALT/HEISS/STEKL 1986). Zwar hat die jüngere Forschung gezeigt, dass es nicht, wie Wolfgang Maderthaner und Lutz Musner konstatiert hatten, »der neuen Spezies der Großstadtreporter und Journalisten [...] und den schreibenden Polizeibeamten und Polizeiärzten überlassen [wurde], dieses andere Wien zu protokollieren« (MADERTHANER/MUSNER 2000: 70), sondern ebenso in der Literatur – auch als lange missachteter österreichischer Naturalismus (INNERHOFER/STRIGL 2016) – Niederschlag fand. Dennoch sollte die Reportage als unmittelbarer literarisch-journalistischer Resonanzraum alltäglicher Geschehnisse und Erfahrungen bei der medialen Auseinandersetzung mit dem sozial bzw. soziokulturell Anderen eine Schlüsselrolle einnehmen.

Mit der Frage der gesellschaftlichen und mitunter auch politischen Wirksamkeit verbunden ist dabei jedoch nicht nur jene der Publikationsstrategie, etwa die Wahl des Mediums. Geht es darum, ein Bild einer anderen gesellschaftlichen Schicht, ein ›Klassen-Bild‹ zu entwickeln, so sind auch die Konstitutionsbedingungen seiner Konstruktion zu reflektieren, wie Rudolf Stumberger mit Blick auf die sozialdokumentarische Fotografie betont. Es sind ökonomische, ideologische, organisatorische, inhaltliche, funktionale und mediale Faktoren, die den Gebrauchswert solcher Einblicke maßgeblich beeinflussen (STUMBERGER 2007: 35-39, 159-184). Wirksam werden diese Kategorien, wie im Folgenden anhand von drei maßgeblichen Reporterfiguren aus dem Wien des frühen 20. Jahrhundert gezeigt wird, bei der narrativen Realisierung und der Inszenierung von Autorschaft ebenso wie beim Einsatz der Sozialfotografie, die um 1900 als Erweiterung, Ergänzung, mitunter auch als neues Kernstück sozialdokumentarischen Wirkens hinzukommt. Die Analyse der Konstitutionsbedingungen nach Stumberger verdeutlicht dabei, dass sich Intention, Methode und Wirkung der Sozialreportage stets in einem Spannungsfeld von Parteinahme und Zurschaustellung, von Engagement und Spektakularisierung, von soziologischem Interesse und Voyeurismus bewegen.

1. »Überall eindringen«: Zu den Wiener Sozialreportagen Max Winters

Von Parteigründer Viktor Adler 1895 zur sozialdemokratischen *Arbeiter-Zeitung* geholt, wurde der 1870 im ungarischen Tárnok geborene Max Winter zur Jahrhundertwende zum vielbeachten Reporter des ›dunkelsten Wien‹, wie er jene Reportagesammlung betitelte, mit der er sich in den Worten Alfred Polgars »zum Schriftsteller summiert[e]« (POLGAR 1984: 196). Winter zeichnete für rund 1.500 Arbeiten verantwortlich und prägte den Begriff der sozialen Reportage. 1914 hielt er in der *Chemnitzer Volksstimme* programmatisch fest, die Redaktionsluft sei für den Berichterstatter die ungesündeste, und er antizipierte damit manches von dem, woran der ›rasende Reporter‹ Egon Erwin Kisch ab 1918 die lebhafte Reportagedebatte der Zwischenkriegszeit entzünden sollte.

> »Ueberall eindringen, selber neugierig sein, um die Neugierde anderer
> befriedigen zu können, alles mit eigenen Augen schauen und was man sich
> nicht zusammenreimen kann, durch Fragen bei Kundigen herausbekom-

men [...]. Nie etwas besser wissen wollen, erst sich belehren lassen durch das Geschaute und Erfragte, Beobachtete und Nachgelesene, dann aber ein eigenes Urteil bilden [...]. Die Redaktion ist nur Papier, das Leben ist draußen: Auf der Straße, in den Fabriken und Werkstätten, in den öffentlichen Gaststätten, in den Häusern und Wohnungen, auf den Sport- und Spielplätzen, in den Gerichtssälen, in den Polizeistuben, auf den Rettungswachen, in den Spitälern, Waisen- und Armenhäusern, in den Gefängnissen, in den Gemeindestuben [...] und mitten im Strom dieses Lebens soll der richtige Berichterstatter schwimmen« (WINTER 1914b: 1).

Der vorgeblichen Tendenzlosigkeit Kischs verschrieb sich Winter, wiewohl Polgar seine Reportagen »ohne ›rote‹ Drastik« (POLGAR 1984: 196) sah, nicht. Im Gegenteil, er verstand, wie Hannes Haas konstatiert, seine journalistische Tätigkeit in Diensten des Parteiblatts stets als politische und arbeitete nach »ideologischen Zielen« (HAAS 1999: 248), wofür er und seine Arbeit auch Kritik erfuhren.[1] Parallel dazu beschwor Winter in seinem journalistischen Credo den »Mut zur auffälligen Aufmachung der Vorkommnisse« (WINTER 1914a: 1), die auch aus seinen Recherchemethoden resultierte.

Wiederholt gelang es Winter, mit seinen Reportagen politische Debatten anzuregen, auch die Exekutive reagierte auf sie.[2] Er wirkte als Armenpfleger des ›Vereins gegen Verarmung und Bettelei in Wien‹, für die Sozialdemokratische Arbeiterpartei (SDAP) war Winter als Funktionär und Abgeordneter im Reichs-, später im Bundesrat tätig, in der Nachkriegszeit übernahm er das Amt des Wiener Vizebürgermeister. Auch nach 1918 blieb Winter ein Mann des engagierten Wortes, wovon die Gründung der Frauenzeitschrift *Die Unzufriedene* ebenso zeugt wie seine anhaltende Reportertätigkeit für die *Arbeiter-Zeitung*.[3] Im Vordergrund sollte mehr denn je die Vermittlung sozialer Erkenntnis liegen, auch in der Hoffnung, Not

---

1 Ein anonymer Rezensent des *Neuen Wiener Abendblatts* kritisierte anlässlich der Veröffentlichung von *Im dunkelsten Wien* Winters Versuch, die Schuldigen am sozialen Elend in den »Gegner[n] des sozialistischen Programms« zu finden: »Wenn der Autor in einer nächsten Auflage die Ausfälle, die sich in seiner Zeitung wahrscheinlich recht gut ausgenommen haben, wegläßt, so wird das die Verdienste seines Buches nur erhöhen, weil seine Glaubwürdigkeit dann um so unanfechtbarer hervortreten wird« (N.N.: 1904: 8).
2 Beispielsweise berichtete Winter am 8. November 1901 über eine aufgelassene Teppichklopferei in Wien-Brigittenau, die Obdachlose als Schlafplatz nutzten. Noch am selben Abend wurde diese polizeilich geräumt (dazu WINTER 1901: 5).
3 Zu Max Winter liegt als Grundlage weniger weiterer Aufsätze die Grazer Dissertationsschrift Stefan Riesenfellners aus dem Jahr 1985 vor. Sie betrachtet Winters Werk bis zum Jahr 1910.

aufzeigen und zu ihrer Linderung beitragen zu können. Winter fungierte in den Nachkriegsjahren – nach eigener Bezeichnung – wiederholt als ›Fremdenführer‹, mit dem Ziel, ausländische Unterstützung für die Wiener Bevölkerung einzuwerben.[4] Er starb, nach den Februarkämpfen 1934 ausgebürgert, 1937 verarmt im Exil in Hollywood.

Über ein Jahrzehnt vor seinem programmatischen Beitrag in der *Volksstimme* und damit noch lange vor Mautners Bemerkung zur Blindheit der Wiener gegenüber dem urbanen Elend stellte Winter im September 1903 einer vierteiligen Reportage aus den Nächten in Wien-Leopoldstadt eine Vorrede des Reporters voran, die als kennzeichnend für diese Phase seines Schaffens erachtet werden kann:

> »Oeffentliche Geheimnisse der Großstadt sollen ausgeplaudert werden. Tausende wissen darum, weil ihnen in diesem dunklen Getriebe irgend eine Rolle zugewiesen ist, andere ahnen die Geheimnisse, ohne den Willen und die Lust zu haben, in sie einzudringen, und die Million der Großstädter geht achtlos an den Existenzen vorüber, um die sich diese Geheimnisse weben. Wer sie erforschen will, muß den Bodensatz der Großstadt durchwaten« (WINTER 1903a: 8).

Wenn er im Folgenden »abgeschwächt im Ausdruck, aber wahr im Inhalt« Einblicke in den Alltag jener Gesellschaftsschicht gibt, für die Gewalt, Alkoholismus und Prostitution als charakterisierende Eigenschaften gelten, tut er dies unter dem Untertitel »Erlebtes«, um seine Augenzeugenschaft hervorzustreichen und damit die Authentizität des Berichts zu untermauern. In diesem Zusammenhang besitzt für Winters Werk zur Jahrhundertwende die Methode der Rollenreportage eine zentrale Funktion. Dabei handelt es sich um

> »eine besondere Form [...], bei der der Reporter [auch im Gegensatz zur Milieureportage, Anm.] die Nachricht nicht aufspürt, sondern sie ›macht‹, indem er in eine bestimmte Rolle hineinschlüpft und über seine Erlebnisse berichtet. Sie ist eine Vorform der sozialwissenschaftlichen Methode der [verdeckten] *teilnehmenden Beobachtung*« (HÄUSSERMANN/SIEBEL 2004: 46; Herv. i. Orig.).

---

[4] Auch die seit den Achtzigerjahren erschienenen Auswahlbände seiner Werke widmen sich bisher ausschließlich den Reportagen vor Beginn des Ersten Weltkrieges. Exemplarisch ist auf folgende Reportagen Winters zu verweisen: Es gibt keine Not mehr in Wien. Einige Bilder. *Arbeiter-Zeitung*, 5.9.1920, S. 6f., Fremdenführung. *Arbeiter-Zeitung*, 1.5.1921, S. 10, Die Stadt der hungernden Millionäre. Einige Wohnungsbesuche. *Arbeiter-Zeitung*, 13.8.1922, S. 7.

Sie verfolgt den Zweck zu täuschen, um nicht getäuscht zu werden, wie es Günther Wallraff, als dessen Vorläufer der wiederentdecke Winter nicht selten apostrophiert wird, später pointiert formulierte. Es handelt sich bei diesen Täuschaktionen um nichts weniger als den vorübergehenden Wechsel der sozialen Rolle, verstanden als »Summe der Erwartungen und Ansprüche [...] an das Verhalten und das äußere Erscheinungsbild des Inhabers einer sozialen Position« (HILLMANN 2007: 756), die von der sozialen Position und deren Funktion sowie vom gesellschaftlichen Werte- und Normensystem abhängt. Der Reporter gibt sich vorübergehend als ein Teil einer anderen sozialen Gruppe aus und geht in ihr – idealerweise – auf, er betreibt »vertikalen Journalismus«, wie Kurt Tucholsky ihn genannt hat (WROBEL 1925). Um den Seinswechsel als Chance zur Erkenntnis zu nutzen, benötigt es die Form der Travestie, wozu ihm das Klassen-Crossdressing (SCHOBER 2001: 81) ebenso dient wie die habituelle Annäherung. Beide Akte suggerieren dem Leser Entdeckergeist und Mut und leisten der Imagination einer exotischen Parallelwelt Vorschub. Ihren Anfang findet die Rollenreportage bei James Greenwood im Jahr 1866, der eine Nacht im Männerheim verbrachte (LINDNER 2004: 32-41).

Winter greift für den Rollentausch wiederholt zur Maskerade, die sich in Kleidung ebenso zeigt wie in der Sprache. Die vorübergehende Anpassung dient für den Leser als Beleg der Unmittelbarkeit und der Authentizität des Berichts, zudem soll sie im Falle Winters die Solidarität des Reporters mit der präsentierten Gesellschaftsschicht symbolisieren. In der bereits im ironisch gemeinten Titel als Gegenentwurf zu Wien-Klischees angelegten Reportagesammlung *Das goldene Wiener Herz*, die 1905 in Hans Ostwalds Berliner Reihe *Großstadt-Dokumente* erschienen ist, steigert er die Travestie zur »lustvolle[n] Überschreitung der Klassengrenzen« (LINDNER 2004: 23). Dabei dokumentiert Winter aber auch ihr Potenzial für vertieften Erkenntnisgewinn, ermöglicht sie doch eine veränderte Sensibilität gegenüber sozialen Notlagen im städtischen Alltag:

> »Einen Tag obdachlos, arbeitslos und hungrig sein, so wie die anderen ... das wollte ich mitmachen. Ich zog mir also wieder einmal meinen Elendsfrack an und pilgerte in den X. Bezirk hinaus. [...] Und jetzt lerne ich plötzlich ... nicht etwa nur begreifen, nein, fühlen, lerne ich es, wie begehrenswert Tausenden die Elendsexistenz eines Tramwaykondukteurs erscheinen muß« (WINTER 1905: 8f.).

2. Die populärere Kopie? Emil Klägers Wanderbuch aus dem Jenseits

Winter reiste in Diensten der *Arbeiter-Zeitung* durch die Welt und veröffentlichte Reportagen aus den verschiedensten Teilen der Habsburgermonarchie, aber auch aus London, Skandinavien und Südamerika. Berühmtheit erlangte er allerdings vorrangig durch seine verdeckten Recherchen, die ihn in die Wärmehallen, Obdachlosenheime oder zu diversen Gelegenheitsjobs führten und mit denen er lautstark Partei für die Geschlagenen der Gesellschaft ergriff. Als Wegbereiter der Sozialreportage im deutschsprachigen Raum scheint seine Bedeutung am Beginn des 20. Jahrhunderts unumstritten, den Titel der ›Entdecker‹ des Elends im Wien der Jahrhundertwende beanspruchen jedoch nachhaltig andere für sich. Der Journalist Emil Kläger (1880-1936) und der Amateurfotograf Hermann Drawe (1867-1925)[5] waren es, die im Sommer 1904 unter dem Vorwand sozialer Dokumentation die Lebensbedingungen der Obdachlosen in Wien zum Anlass nahmen, um mit den »Wilden der Zivilisation« (LINDNER 2004: 32) des eigenen urbanen Kosmos ein »schauriges Schauspiel [...] im grellsten Licht« (SCHWARZ/SZELESS/WÖGENSTEIN 2007: 9) zu inszenieren. Mit Erfolg: Ein Lichtbildvortrag mit dem Titel *Durch die Wiener Quartiere des Elends und Verbrechens* lockte zwischen 1905 und 1908 in über 300 Vorstellungen mehr als 60.000 Menschen in die Urania, die Buchpublikation mit dem reißerischen Untertitel *Wanderbuch aus dem Jenseits* und, so die Presseberichte, bisher beschlagnahmtem Material wurde bald ins Französische und Russische übersetzt.

Es sei ein »Zugstücke ersten Ranges«, das Kläger und Drawe aus Sicht des Urania-Mitbegründers Friedrich Umlauft gelungen war, das »psychologische Feinarbeit und plastische Charakteristik« (UMLAUFT 1908: 1f.) aufweise.[6] Dieses wohlwollende Urteil im Vorwort der Buchausgabe ist ein unmittelbarer Hinweis auf die geglückte theatralische Realisierung eines Rundgangs »bürgerliche[r] Abenteurer im Milieu des Lumpenpro-

---

5 Die Verbindung der beiden dürfte ihren Ursprung in einer von Drawe, im Zivilberuf seit 1903 Gerichtsvorsteher in Wien-Leopoldstadt, geleiteten Verhandlung über Kuppelei in einem Massenquartier in der Wiener Schiffsgasse haben, die eine politische wie publizistische Debatte ausgelöst hat (BRANDSTÄTTER 1982: 24).
6 Kläger und Drawe schienen damit einen wahren Boom der Elendsberichte ausgelöst zu haben. In den folgenden Jahren standen vergleichbare Lichtbildvorträge aus London und Berlin auf dem Programm der Urania (SZELESS 2007: 99).

letariats« (SEITER 2003: 152). Mehr als bei Winters einzelnen, später zwischen Buchdeckel gepressten und dafür nur punktuell bearbeiteten Reportagen sorgt insbesondere die Stilisierung des verdeckten Reporters zum Entdeckungsreisenden bei Kläger für einen inneren Zusammenhalt und vor allem für Spannungsmomente, hat der Reporter doch stets eine »gefährliche Klasse« (STUMBERGER 2007: 175) im Blick. Geweckt werden sein Gewissen und mit ihm der Forschergeist durch den Selbstmord eines früheren Mitschülers und in der Großstadt gestrandeten Studenten – ein spannend-bedrohliches Abstiegsszenario für die bürgerliche Zielgruppe. Durch die Unterwelt führen ihn wie auch Winter Insider, nicht frei von zynischen Nebenbemerkungen. »Ja, wenn Sie's riskieren wollen? Es ist aber kein Theaterbesuch, schon mehr ein großartiges Variété, in dem auch verschiedene Hungerkünstler auftreten« (KLÄGER 1908a: 42). Auf rund 180 Seiten präsentiert sich Kläger vorgeblich als neutraler Vermittler zwischen Publikum und Unterwelt (»leidenschaftslos nur Tatsachen auf die laufende Rechnung der Gesellschaft setzen«, ebd.: 145) und zugleich als Ankläger in Diensten der Gerechtigkeit. Zu intensiveren Untergrunderfahrungen verhelfen ein Glossar mit den wichtigsten Begriffen der ›Griaslersprache‹[7] sowie ein Verzeichnis gängiger Redensarten. Es sind dies die Beilagen zu einer Darstellung stereotyper Entmachteter und Enterbter der Gesellschaft, die auch an den kriminalanthropologischen Diskurs der Zeit anknüpfen (MATTL 2004, 2007: 114). ›Generalien und Typen‹ lautet konsequenterweise der Titel eines Abschnitts, in dem der Entdecker zum deus-ex-machinagleichen Spielleiter seines eigenen Marionettentheaters wird:

> »Nun will ich einige Menschen, die mir auf meinen Wanderungen begegneten, für einen Augenblick aus der Tiefe aufsteigen lassen.
> Sie sollen eine artige Verbeugung machen und ihre Generalien abgeben. Keine Angst bitte. Ich habe sie zu diesem Zwecke gesellschaftsfähig gemacht, alles Schreckliche und Grauenvolle von ihnen genommen und zeige sie nach dieser Zensur im Sonntagsanzug. Nicht will ich, daß Entsetzen, Angst und Ekel noch die Kluft vertiefe, die sie von uns trennt, trotzdem sie bei uns leben, so nahe, daß wir täglich wie im Nebel an ihnen vorübergehen« (KLÄGER 1908a: 115).

---

7 Der Begriff ›Griasler‹ für Penner, Obdachloser, aber auch kluger Mensch aus dem Verbrechermilieu (siehe Glossar bei WINTER 2018: 302) wurde bereits von Winter wiederholt verwendet. Gemäß der Reportage *Leopoldstädter Nächte* ist er auf Elise Gries, die Betreiberin eines Pratergasthauses, zurückzuführen (WINTER 1903b: 6).

Hatte die *Arbeiter-Zeitung* bei der Premiere des Lichtbildvortrags trotz »mehr unechte[r] Pathetik als lebendige[r] Anschauung« auf eine »verdienstliche Arbeit« (N.N. 1905: 6) auf den Spuren Winters hingewiesen, folgte auf die Buchveröffentlichung eine deutlich harschere Reaktion. Rezensent Hugo Schulz unterstellte Kläger nichts weniger als ein Plagiat, Kläger habe Winters *Im dunkelsten Wien* »geradezu als B ä d e k e r [Hervorh. i. O.] für die großstädtische Unterwelt benützt«. Allerdings zeugen, so Schulz, die Schilderungen von »schlechtere[m] Stil«, komme doch

> »nichts heraus als leere, mit modern-literarischen Floskeln aufgeputzte Leitartikelphraseologie, die sich in sozialem Mitleid nicht genug tun kann, aber von keinem Hauch sozialpolitischen Wissens berührt ist, und überdies noch eine tüchtige Portion von – Kolportageromantik. [...] Frau Aventiure lacht nicht im unterirdischen Wien, so sehr sich Herr Kläger auch bemüht, das glaubhaft zu macht« (SCHULZ 1908: 8f.).

Kläger wies die Vorwürfe entschieden zurück und äußerte die Vermutung, Winter selbst wäre für die empfindliche Kritik verantwortlich. Die *Arbeiter-Zeitung* druckte das Schreiben, in dem Kläger erklärte, Winters Arbeit überhaupt nicht zu kennen – um dies als »bewußte Unwahrheit, die nicht geeignet ist, den wankenden Glauben an die literarische Anständigkeit des Berichtigers zu befestigen«, zu deuten, worauf auch schon ein »vielgelesene[s] bürgerliche[s] Blatt« (N.N. 1908a: 8) aufmerksam gemacht habe. Gemeint sein dürfte damit die Rezension des Juristen Friedrich Elbogen, der im *Neuen Wiener Journal* allerdings betont hatte, die inhaltliche Nähe zu den Arbeiten Winters tue der Bedeutung des Werks keinen Abbruch.

> »Es ist eines der furchtbarsten Zeitdokumente, die je geschrieben wurden, eine wahre Schandsäule unserer Zivilisation, eine der erschütterndsten und beschämendsten Entdeckungen, deren grimmige Wahrhaftigkeit kein Optimismus wegtäuschen kann. Die Bedeutung des Klägerschen Buches wird durch die Bemerkung nicht geschmälert, daß Max Winter in seiner höchst lesenswerten Schrift ›Im dunkelsten Wien‹ als Erster den Wohnstätten nachspürte, die Kläger durchforschte und in weitestem Umfange kennen lernte« (ELBOGEN 1908: 7).

Elbogens ausführliche Besprechung ist nur ein Beispiel für die breite Rezeption vor allem durch den Boulevard, die sich an zahlreichen Abdrucken von Auszügen sowie weiteren Besprechungen zeigt – u. a. im *Neuen Wiener Tagblatt*, in der *Illustrierten Kronen-Zeitung* und dem *Neuigkeits-Welt-Blatt*, aber auch fern der Metropole Wien in der *Czernowitzer Allgemeinen Zeitung*, der *Bukowinaer Post* und dem *Grazer Tagblatt*, das eine Kaufempfehlung für alle formuliert, die sich für »Großstadt-Nachtstücke« (KLÄGER 1908b: 1) interessieren. *Die Neue Zeitung* rezensierte »ein spannendes Werk, ein Kulturdokument sondergleichen« (N.N. 1908b: 1), Emil Rechert sah in einer ausführlichen Reaktion im renommierten *Prager Tagblatt* in Kläger gar einen »moderne[n] Dante«, dessen Werk den erstmaligen (!) Versuch darstelle, »die stummen Pforten zu beseelen, Stimme zu verleihen der Schwelle des Schweigens« (RECHERT 1908: 1f.). Rezipiert wurde Klägers Arbeit zudem in juristischen Kreisen angesichts einer zunehmend verbreiteten »Auffassung des Verbrechens als sozialer Erscheinung« (LOHSING 1909: 150) im Vorfeld der Wiener Strafrechtsreform des Jahres 1912. Die nachhaltige Wirkung des Werks unterstreicht auch die heute verlorene Verfilmung durch Robert Land mit dem Ensemble des Wiener Burgtheaters im Jahr 1919, die von der Kritik positiv aufgenommen wurde (BÜTTNER/DEWALD 2002: 361f.). Sogar die *Arbeiter-Zeitung* sollte die künstlerische Dramatisierung des »großangelegten Filmwerk[s]« loben und prognostizierte »wegen seines packenden Inhalts« (N.N. 1920a: 7) nicht unwesentliches Publikumsinteresse.

3. Der Reporter und sein Gegenstand: Distanzen und Hinterhalte

Die Auseinandersetzung um Winter und Kläger lenkt den Blick auf divergierende Zugänge und Methoden. Auch wenn Kläger ab November 1904 im *Illustrirten Wiener Extrablatt* einzelne Reportagen publizierte, liegt der Erfolg seines Lichtbildvortrags wie auch seines Buches in der »literarischen Konstruktion des Milieus« (MATTL 2004: 145), die etwa durch den Kunstgriff vermeintlich zufälliger wie dramaturgisch folgenschwerer Begegnungen gelingt. Beispielhaft ist Josef Weber, der »Hausmeister des Wienkanals« (KLÄGER 1908a: 56), anzuführen, der nicht nur eine penible Dokumentation über das Leben in der Unterwelt präsentiert und dem Reporter damit die Fährten zu seinen Storys legt, sondern auch mit einer lyrischen Anklage aufwartet. Unter dem Titel *Mein Gefängnis* schildert er sein Dasein in der Kanalisation:

> »[...] Mein Gefängnis! Nie wird' ich entlassen,
> Weil dort oben auf der Straße
> Fromme Christen auf uns passen.
> Lebenslänglich. Kein zurück!
> Nie wird' ich den Jammer los.

Menschen, die ihr Herzen habt,
Ist denn meine Schuld so groß?« (ebd.: 60)

Während Kläger durch narrative Strategien und den gezielten Einsatz von Spannungsmomenten das Faszinosum der Andersartigkeit akzentuiert und damit die Differenz verfestigt, positioniert sich Winter durch seinen überwiegend sachlichen Ton, detaillierte Betrachtungen und auch durch sein Selbstverständnis als politisch motivierter Reporter als Brückenbauer und öffentlicher Fürsprecher der abgebildeten Klasse. Es sind dies die Angehörigen jener Unterschicht, die sich anders als bei Kläger von der Unterwelt unterscheiden, als »habituelle Nomaden« (MATTL 2004: 148f.) zwischen den sozialen Welten wandeln und sich so der klaren Zuordnung zu Verrohung und Kriminalität entziehen. Über ihr Schicksal scheint das letzte Wort noch nicht gesprochen, könnte ihnen doch der aufdeckende Journalist noch den rechten Weg leuchten.[8]

Blickt man dagegen auf den Weg des Reporters, offenbaren sich aber genauso Gemeinsamkeiten, nicht nur in Themen, Orten und der journalistischen Methode, der Verkleidung, sondern auch in der mehr oder weniger erfolgreichen Verwendung des Dialekts[9] und der Gaunersprache als Soziolekt, mit der das Verbrechen zur »urbane[n] Folklore« (ebd.: 138) wird. Geht es um das Verhältnis des Autors zu seinem Gegenstand und seine Bereitschaft zur Annäherung bzw. zum sozialen Positionswechsel, hebt sich Winter neuerlich durch die bereits exemplarisch präsentierte Anpassungsfähigkeit vom Abenteurer Kläger ab, wahrt dieser doch durchwegs die Distanz zu den potenziell stets gefährlichen Obdachlosen. Blickt man jedoch genauer auf das Momentum der Grenzüberschreitung, zeigen sich sehr wohl auch Parallelen, die Winters Selbststilisierung in einer Position des Dazwischen offenlegen. Zum wesentlichen Faktor für seine erfolgreiche Assimilation wird das Wissen, dass es sich nur um eine vorübergehende handelt und sie eine gefahrlose Rückkehr in die eigentliche Rolle zu nahezu jedem Zeitpunkt zulässt. Nach einer Nacht im Obdachlosenayl

---

8 Die Erhebung des Reporters zum Retter vollzog Winter in den Zwanzigerjahren in einem letztlich nicht realisierten Filmprojekt mit dem Titel *Spaziergänge in der Unterwelt oder die Rose von der Treustraße* (MATTL 2007: 116).

9 »Mit dem Anspruch, als Wiener Dialekt aufgefaßt zu werden, macht sich da ein Jargon breit, ob dem jedem Leser die Haare zu Berge stehen müssen«, kritisierte dazu Hugo Schulz Klägers Werk in der *Arbeiter-Zeitung* (SCHULZ 1908: 8).

entzieht er sich etwa rasch wieder der neuen Gesellschaft, um in die Welt des Wohlstands und der Sicherheit des Wiener Bürgers zurückzukehren:

>»Ueber Nacht ist es bitter kalt geworden, und ich eile, nachdem ich eine Einladung in die Wärmestube ausgeschlagen hatte, zu einem Bekannten in der Nähe, der mir meinen warmen Winterrock aufgehoben hatte. Die anderen aber zerstreuten sich in ihren dünnen Röcken und zerrissenen Schuhen nach allen Richtungen – tagsüber ein Wärmeplätzchen zu finden« (WINTER 1905: 51).

Dass der Übertritt in die andere Rolle einen ambivalenten Akt darstellt, verdeutlicht auch die Reflexion des Vorgangs des Maskierens. Wiewohl er ein Ablegen und Verfälschen der eigenen Identität darstellt, ist der Rollenwechsel kein vollständiger. Nicht nur Kläger streift den »Anzug eines Wiener Pülchers« über, um ein »polizeiwidriges Aussehen« (KLÄGER 1908a: 29 bzw. 73) zu erlangen, auch bei Winter bleibt bei seinen berühmten ›Strottgängen‹ in der Wiener Kanalisation die individuelle, beinahe an kindliche Neugier gemahnende Lust am Abenteuer deutlich erkennbar, die zugleich das Spektakel für das Lesepublikum gewährleisten soll. »Erst jetzt kommt es mir zum Bewußtsein, bis zu welch hohem Grade von Anpassung ich es schon gebracht habe, und lache vergnügt vor mich hin« (WINTER 1902: 6). Diese Bekundung erinnert, blickt man auf internationale Vorbilder, mehr an den »künstlerischen Stolz« von Alvan Francis Sanborn, der mit gerußtem Gesicht und durchlöchertem Jackett in die Unterwelt aufbrach, als an Jack Londons Übertritt in die Gesellschaft des Londoner East Ends im Heizerhemd in *The People of the Abyss* (1903) (LINDNER 2004: 38). Das Wagnis der doppelten Identität wird auch bei Winter zum Spiel für den verdeckten Reporter und dient dem Leser als ein wiederkehrendes Spannungselement. Mehrmals wird seine wahre Identität dabei aufgedeckt, hart an der Grenze zum Klamauk bewegt er sich, als er sich anonym für eine Nacht in den Polizeiarrest begibt. Erst am nächsten Morgen nennt er seinen Namen. »Also doch! Eigentlich haben wir Sie schon erwartet« (WINTER 1901: 6). Hinzu kommt, dass der hinter einer Maske versteckte Reporter in der urbanen Unterwelt am Beginn des 20. Jahrhunderts nahezu als kanonisiert gelten durfte. Wenn die *Arbeiter-Zeitung* bereits anlässlich der Premiere von Klägers und Drawes Vortrag in der Urania schrieb, beeindruckt von Max Winter habe »sich fast jede Wiener Zeitung ihre Strott-Dilettanten angeschafft, die von Redaktions wegen oft auch zu den unsinnigsten Entdeckungsfahrten angeregt werden« (N.N. 1905: 6), so wird diese Kritik bei Kläger aufgenommen und ironisch gewendet. Als er zu

Recherchezwecken wie zuvor Winter im Männerheim nächtigt, tischt er einem anderen Mann seinen fingierten Lebenslauf auf, eine »Spitzbubengeschichte im Wiener Dialekt«. Dieser reagiert naiv-begeistert und lüftet anschließend seine Maskerade eines geradezu »malerisch zerlumpten Vagabunden« mit »wunderbare[m], wirre[m] Haar« (KLÄGER 1908a: 80), ist er doch selbst gerade solchen Geschichten aus journalistischem Interesse auf der Spur. »Wunderbar! Mensch, ich werde Sie berühmt machen. Sie werden Geld verdienen. [...] Jetzt kann ich es Ihnen sagen. Ich bin ja kein Vagabund, sondern Journalist, Redakteur des ... Blattes in Krakau, und wollte in dieser Verkleidung nur Studien machen« (ebd.: 81).

Die Popularität Klägers und Drawes mit ihren Berichten über keineswegs mehr unbekannte Phänomene des Wiener Untergrunds ist jedoch nicht nur auf die wirksame Literarisierung der Entdeckungsreise zurückzuführen, sondern vor allem auch auf den erstmaligen Einsatz von Bildmaterial. Als eine »massenwirksame Konstruktion von Wahrnehmung der unteren Klassen« (STUMBERGER 2007: 48) verstärkten sie den Sensationsgehalt des Vortrags ebenso wie der Buchpublikation. Selbst die *Arbeiter-Zeitung* maß den Fotografien bei der Premiere eine »ungeheure Wirkung« (N.N. 1905: 6) bei. In der Urania und auch bei der Hygieneausstellung in der Wiener Rotunde 1906 der Öffentlichkeit präsentiert, fanden rund achtzig Bilder schließlich als Illustrationen Aufnahme in die im Verlag Karl Mitschke realisierte Publikation. Es handelt sich dabei überwiegend sowohl um Außen- als auch um Innenansichten von Orten des Elends wie dem Sammelkanal, dem Wienkanal, den Ziegelöfen, dem Prater, den Wärmestuben und den Massenquartieren. Gezeigt werden aber auch die Bewohner des Untergrunds in klaffender Armut, teils unmittelbar an den Schauplätzen der Reportagen. Dass dabei besonders Nachtlager in den Fokus geraten, deutet auch auf die Entstehungsbedingungen hin, die Rückschlüsse auf das Verhältnis des Fotografen zu seinem meist von oben herab und in engen Ausschnitten präsentierten Abbildungsgegenstand zulassen. Würdigte die *Arbeiter-Zeitung* auch die Bedeutung der bildlichen Einblicke, so kritisierte sie die Inszenierung des Entdeckers im Moment des Schnappschusses. »Alles hält beim Lesen den Atem an, während der kühne Elendsforscher den Apparat spielen läßt und zugleich mit Heldenmut den Revolver und den englischen Stahlboxer umfaßt« (SCHULZ 1908: 9). Die von Rezensent Schulz ironisch betonte Kühnheit des Reporters markiert jene Distanz, die er zum Beobachteten einnimmt. Das Fotografieren erfolgt voyeuristisch aus dem Hinterhalt und wird zum besonderen Abenteuer.

»Es war ein spannungsvoller Moment.
Was würde geschehen, wenn jetzt das Blitzlicht mit einem Knall entzündet wird?
Mußten nicht die Leute, aus der Ruhe emporgeschreckt, in uns feindliche Eindringlinge sehen, vielleicht gar Verbündete der Polizei, und würden sie sich nicht auf uns stürzen mit einem Wutschrei, ob des vermeintlich geübten Verrates?
Instinktiv griff ich nach dem Revolver, den ich in der Hosentasche bereithielt, und als ich das kalte kleine Eisen zwischen meinen Fingern fühlte, da wurde ich mir erst der ganzen Tragweite meiner Situation bewußt«
(KLÄGER 1908a: 47f.).

Kläger und Drawe verschreiben sich dem Publikum und versuchen es mit spektakulären Aufnahmen zu begeistern, hergestellt nach dem Prinzip ›Flash and run‹. Für die Abgebildeten ist die unvermittelte Begegnung mit dem Fremden eine doppelte: mit den Eindringlingen und mit der zur Jahrhundertwende neuartigen Technologie des mobil einsetzbaren Blitzlichts (STUMBERGER 2007: 41-43). Den dokumentarischen Anspruch konterkarierend wirken jedoch nicht nur die sensationsgierigen Schilderungen, sondern auch zwei Bilderserien, die Figuren des Untergrunds in typisierenden Posen zeigen oder Gewaltakte festzuhalten versuchen und damit die Kritik stützen, Kläger und Drawe zeichneten ein generalisierendes Bild fernab sozialpolitischen Engagements (SZELESS 2007: 102f.).

Der Einsatz des Bildmaterials, für die Vorträge in der Urania üppig koloriert, dient demnach nicht nur als Imaginationsstütze für die Vermittlung des Erlebten, sondern dürfte beim Publikum einen Gefühlsmix aus Neugier, Spannung und Furcht hervorgerufen haben. Hatte Walter Benjamin in seiner *Kleinen Geschichte der Photographie* festgehalten, die »Beschriftung« habe einzusetzen, um »flüchtige[n] und geheime[n] Bilder[n]« (BENJAMIN 1977: 385) ihre Eindeutigkeit zu geben, sind Kläger und Drawe um diese Entschiedenheit gar nicht erst bemüht. Stilisierte Wildheit und Gefahr werden zum durchgängigen gestalterischen Element in Bild und Text und verwischen die Grenzen zwischen Fakt und Fiktion.[10] Diesem Zugriff auf das Thema unterliegt schließlich auch die Covergestaltung, realisiert durch eine farbige Zeichnung, die mutmaßlich Obdachlose an

---

10 Zum Bedarf der kritischen Analyse sozialdokumentarischer Fotografie siehe exemplarisch Leicht 2006.

einer Hausecke zeigt. Während eine Person mit offenen Händen im Licht am Bürgersteig kniet und wohl flehend in Richtung ihres Betrachters, der die Rolle der Gesellschaft einnimmt, blickt, verschanzen sich andere im Dunkel, einer davon deutlich mit zu Fäusten geballten Händen. Soziale Not, Gewaltbereitschaft und moralische Verkommenheit stehen Seite an Seite. Wie als Kommentar dazu schildert dies Kläger im Buch aus der Wärmestube, stets das Gefahrenszenario im Blick:

> »Man muß sie gesehen haben, wie ich sie sah: bittend mit gierigen Augen, wutverzehrt in ihrer Ohnmacht drohend, tausende und abertausende von Feinden der Gesellschaft, die unsere Barmherzigkeit erzieht. Und das Ende? Haß und Verzweiflung treiben sie, und mit einemmal stürzen sie sich unter uns und vollbringen Ungeheuerliches, Entsetzliches« (KLÄGER 1908a: 100f.).

4. Bilder für die Revolution? Bruno Freis Reportagen aus den Wiener Elendsquartieren 1917/18

Winter stand mit seiner sozialpolitischen Agenda in deutlicher Opposition zur effekthaschenden Aufmachung von Kläger und Drawe und machte sich selbst, um vergleichbaren Vorwürfen der Zurschaustellung durchaus im Anschluss an die antivisuelle Rhetorik der Aufklärung (STAFFORD 1998: 239) zu entgehen, nur einmal im Wahlkampf Bildmaterial zunutze (SEITER 2003: 151). Nichtsdestotrotz erkannte allerdings auch er zusehends die Potenziale der modernen Bilderwelt, darauf deuten auch seine Bemühungen um die Verwertung seiner Arbeiten am Theater und später auch im Kino hin. Anfang 1919 berichtete die *Arbeiter-Zeitung* über eine Rede Winters, in der er die Wirkmächtigkeit bewegter Bilder im politischen Feld abseits von »sentimentale[m] Kitsch und falsche[m] Humor« (N.N. 1919b: 3) betonte. Als wenige Monate später der eingangs erwähnte Bruno Frei gemeinsam mit der jüdischen Philanthropin Anitta Müller 150 Bilder aus den Wiener Elendsquartieren in einem Lichtbildvortrag präsentierte, rief dies in der öffentlichen Wahrnehmung einen »Aufschrei nützlicher Erkenntnis« (N.N. 1919a: 3) hervor – und es war Winter, der als Vizebürgermeister und Stadtrat für das Fürsorgewesen Frei um die Herausgabe des Bildmaterials bat, um weltweit um humanitäre Hilfe zu werben (FREI 1972: 53).

Frei, 1897 in Pressburg geboren, wurde in Wien in den Tagen des Ersten Weltkriegs politisiert. Die nach ihrem Selbstverständnis linksradikale Tageszeitung *Der Abend* war dem Philosophiestudenten

> »geistige Nahrung und mir weniger entbehrlich als die Kriegsmarmelade auf dem Brot aus Mais. [...] Ich verschlang den ›Abend‹ förmlich. Seine weißen Flecken schienen mir Auszeichnungen zu sein. Die Titel der Rubriken ›Denen der Krieg gut anschlägt‹ oder ›Die ewig Blinden‹ klangen wie Fanfarenstöße. ›Der Abend‹ kam mir sozialistischer vor als das sozialistische Parteiorgan [...]« (ebd.: 43).

In Kriegstagen regelmäßig mit den Zensurbehörden in Konflikt und wiederholt behördlich eingestellt, schrieb *Der Abend* gegen den Kapitalismus und die Kriegsgewinner an. Als Motto führt es den Slogan »Wo es Stärkere gibt, immer auf der Seite der Schwächeren«, in der Montagszeitung *Der Morgen* wurde es als Blatt, das die »Stiefkinder der Wiener bürgerlichen Presse, die sozialen Angelegenheiten« (N.N. 1915: 8) in den Vordergrund stellen wolle, angekündigt. Frei wurde von Herausgeber Carl Colbert knapp 20-jährig zum Leiter der Rat- und Auskunftsstelle des Blattes bestellt und erhielt zugleich den Auftrag, die Wiener Massenquartiere zu erforschen, sah Colbert doch im Wohnungselend mehr noch als im Lebensmittelmangel einen gesellschaftlichen Brandherd (COLBERT 1917: 3). Frei rückte aus und war ob seiner Erlebnisse »erschüttert und zornerfüllt. Eine Flugschrift war das erste Ergebnis, dann eine anklagende, mehr mit Temperament als mit Wissen geschriebene Artikelserie, die, unterbrochen von zahlreichen weißen Flecken, im ›Abend‹ erschien« (FREI 1972: 47). Der Impetus des jungen Reporters, der auch aus Enttäuschung über die ausgebliebene Revolution Wien 1920 den Rücken kehren sollte, war durchwegs ein revolutionärer, wie auch die späte Reflexion in seiner Autobiografie zeigt: »Ich fing an zu begreifen, daß es da nichts zu flicken gibt, und ich bemühte mich um ein Verständnis der Zusammenhänge zwischen der Unordnung in den Hinterhöfen und der Unordnung in der Gesellschaft« (ebd.).

Freis Reportagen erschienen zwischen Dezember 1917 und Juli 1919 mit hoher Regelmäßigkeit wöchentlich im *Abend*. Fokussierte die ab der zweiten Folge als Reihentitel eingesetzte Schlagzeile *Ein Gang durch Wiener Elendswohnungen* auf die Tätigkeit des Reporters und damit auch auf die Erkenntnismöglichkeit des Lesers, erfolgte eine das Untersuchungs*subjekt* in den Mittelpunkt stellende Reakzentuierung im Juni 1918; fortan wurden Freis Arbeiten bis zu ihrem Abschluss rund ein Jahr später unter der Überschrift *Menschen im Elend* gedruckt. Eine inhaltliche Verschiebung sollte dies nicht bedeuten, wie überhaupt die Texte meist sehr eng individuelle Schicksale thematisierten. Dennoch bedient sich der Autor wiederkehrender Motive, etwa der Betonung sozialer Kontraste zwischen ›Oben‹ und ›Unten‹. Dieses Missverhältnis dominiert bereits den ersten Text, in dem Frei die geografische Nähe von moralisch fragwürdigem Reichtum und bitterster Armut aufzeigt. Die präsentierte Wohnung befindet sich in unmittelbarer Nähe zum Schottenring und damit zum finanziellen Herzen der Stadt. »Jedem der ›leicht bemakelten‹ Börsenbesucher mit den schwer gefüllten Brieftaschen steht es frei, sich von den Tatsachen zu überzeugen« (FREI 1917: 3), so der einleitende Kommentar. Ebenso schließt die Schilderung eines von einer dreiköpfigen vaterlosen Familie bewohnten, rund sieben Quadratmeter großen Raumes ohne Lichteinstrahlung mit einer zynischen Bemerkung.

> »Auf die Werte der Börsenpapiere allerdings ist die Anwesenheit von Menschen, die unter diesen Bedingungen ihr Dasein zu fristen gezwungen sind, glücklicherweise – Glück heißt hier wie immer ungestörter Genuß eigenen Besitzes – ohne Einfluß. Vorläufig noch nicht« (ebd.).

Freis Berichte aus den Elendsquartieren, die vor allem ostjüdische Flüchtlinge bevölkerten, erschienen nicht nur im *Abend*, sondern auch in Form mehrerer Flugschriften bzw. Buchpublikationen, die Rückschlüsse auf das Programm des Reporters zulassen. Bereits im Oktober 1918 erschien unter dem Titel *Wiener Wohnungselend* eine Flugschrift, die er als »Naturgeschichte von 70 Wohnungen im 2. und 20. Bezirke« (FREI 1918b: 4) ankündigte. Anders als Winter und Kläger hatte sich Frei nicht verdeckt unter die Flüchtlinge gemischt, sondern präsentierte wohl nach dem Vorbild der seit 1901 jährlich durchgeführten Berliner Wohnungsenquete (dazu ASMUS 1982) Daten und Fakten: 68 Kleinwohnungen, 404 Menschen, dazu Raumgrößen, Mietpreise und Angaben zu Beleuchtung und Luftqualität. Dem episodischen Erzählen des Reporters erteilte er hier eine deutliche Absage:

> »Nicht durch Aufwand von großem Glanzfeuerwerk, sondern durch die eiserne Kette von Ursache und Wirkung, durch unanfechtbare Tatsachendarstellungen, durch eindeutig sichere, lautes Zeugnis ablegende Zahlenschwarmlinien soll der hochmütige Gleichmut der verantwortlichen Klasse bekämpft und aufgerüttelt werden« (FREI 1918a: 7).

Das Plädoyer für »Zahlenschwarmlinien« stand in deutlichem Konflikt mit der Tradition der Wiener Sozialreportage wie auch mit Freis Arbeiten für den *Abend*. Wenig später wich er davon wieder ab und betonte, dass »[s]tatistische Angaben [...] wenig volkstümliche und daher zur Unwirksamkeit verurteilte Überzeugungsgründe« (FREI 1920: 37) seien. Wie hier nur angedeutet werden kann, verkörperte Frei einen deutlich anderen Typus des Reporters als Max Winter. Entgegen dessen Prinzip, »überall womöglich unerkannt und unvermutet nach dem Rechten [zu] sehen« (WINTER 1914b: 1), positionierte sich Frei gemeinsam mit Herausgeber Colbert als Ombudsmann für die Unterschicht und gab sich bei seinen Lokalaugenscheinen entsprechend auch als Journalist zu erkennen. In zwei weiteren Buchpublikationen, *Jüdisches Elend in Wien* (1920) und *Das Elend Wiens* (1921), führte er die statistischen Erhebungen mit ausgewählten Zeitungsreportagen zusammen und bot damit wieder der Schilderung von Einzelschicksalen eine Bühne. »Mögen sie einer zukünftigen Kulturgeschichte als Gegenstücke zu den denkwürdigen Modebildern der illustrierten Zeitschriften und zu den Plakaten der Wiener Animierlokale dienen« (FREI 1921: IX). Damit verlieh er auch sich als Reporter wieder eine Stimme, galt es ihm, soziale Kontraste sichtbar zu machen und »das Gewissen der nichtsahnenden bürgerlichen Gesellschaft aufzurütteln, die auf einem morschen Traggerüst über den Sumpf des Massenelends seine Faschingstänze aufführt« (FREI 1920: 94).

Dieses Wachrütteln schließt den Kreis zur Rezension Klara Mautners am Beginn dieses Beitrags. Den 1920 und 1921 publizierten Reportagebänden Freis wurden erst 32, dann 48 Fotografien aus den Wiener Elendsquartieren angehängt, wohl eine Auswahl aus jenen, die Frei beim erwähnten Lichtbildvortrag mit Anitta Müller präsentiert hatte. Wies Mautner nur implizit auf ihren Wert hin, hob sie etwa ein Rezensent der amtlichen *Wiener Zeitung* ausdrücklich hervor. »Mehr noch als der Text des Buches wirken die Bilder, die ihm in langer Reihe am Schluß angefügt sind. [...] Der Zweck des Buches ist die Aufrüttelung des Gewissens der Wohlhabenden und eine Mahnung an sie« (N.N. 1920b: 4). Und auch Frei, der sich zeitlebens dem Wort verschrieb und seine Autobiografie mit dem sprechenden Titel *Der Papiersäbel* versah, gestand, der menschliche Geist sei »viel mehr empfänglich für bildhafte Vorstellungen als für abstrahierte Gedankengebilde« (FREI 1920: 17).

Beim Bildmaterial handelt es sich um Aufnahmen, die vorrangig im Zusammenhang mit Freis Recherchen im Winter 1917/18 sowie dem darauffolgenden Frühjahr entstanden sein dürften. Sie werden überwiegend dem Brüderpaar Anton und Hans Bock zugeschrieben, die seit 1913 der k.k. Photographischen Gesellschaft angehörten und ihr Handwerk aus der Sicht des Reporters beherrschten. »Jeder, der mit der Technik der Photographie vertraut ist, male sich aus, welche Hindernisse materieller

Natur (Blitzlichtaufnahmen mit Weitwinkelobjektiven in fast durchwegs engen Räumen) hierbei zu überwinden waren« (FREI 1920: 94). Anders als bei Hermann Drawe handelt es sich hier allerdings nicht um Schnappschüsse aus dem Hinterhalt, sondern um erschütternde Porträtfotografien rachitischer Kinder, sie zeigen aber auch in Schutt nach Heizmaterial suchende Mütter sowie Familien in ihren häufig feuchten, verdreckten und fensterlosen Zinshauswohnungen. Zwar veröffentlichte Frei nicht, wie Josef Seiter irrigerweise festgestellt hat, schon im letzten Kriegsjahr eine »Bildbroschüre« (SEITER 2003: 144), doch zeigen insbesondere die zwei Buchpublikationen anders als bei Kläger die konsequente Verbindung von Reportage und Fotografie im Sinne eines politisch engagierten Journalisten mit dokumentarischem Anspruch. Dass Max Winter sie in politischer Mission zu nutzen versuchte, unterstreicht dabei noch einmal die erfolgreiche Ausrichtung von Freis Reportageprojekt. Dass die Bilder neuerlich gestellt wirken, dient hier nicht als Anlass zur Kritik, sondern ist die mutmaßliche Intention ihre Urheber. Nicht mehr galt es, dem Publikum ein Schauspiel aus der Unterwelt zu bieten, Frei war seine Reportertätigkeit ein »Ersatz für nicht getane Taten« (zit. n. SEITER 2007: 161) in einer Phase des politischen Umbruchs, seine Arbeiten sollten »Kriegs- und Revolutionsillustrationen« (FREI 1921: VIII) darstellen. Die auf Augenhöhe aufgenommenen Bilder stellten das Elend bewusst in die Auslage.

In seiner politischen Zielsetzung folgte Bruno Frei den Maßgaben Max Winters, auch wenn die Drastik eine andere ist als bei Winters Schilderungen aus Massenquartieren Anfang der Zwanzigerjahre.[11] Während der Einsatz von Bildmaterial in den Folgejahren vorrangig für Reiseberichte aus fernen Ländern genutzt wurde, blieb die urbane Sozialreportage nach 1918 allen voran in der Publizistik des ›Roten Wien‹ eine relevante Größe. Die von Langenbucher apostrophierte ›Wiener Schule‹ besaß zur Jahrhundertwende in Max Winter einen bedeutenden Lehrmeister, der nicht nur Emil Kläger und Bruno Frei, sondern nach 1918 gerade auch Reporterinnen wie Else Feldmann, Käthe Leichter, Marianne Pollak, Adelheid Popp oder der eingangs zitierten Klara Mautner ein neues Feld eröffnete (HAAS 1999: 244; ERIAN 2017). Die fließenden Grenzen »zwischen Fiktionalität

---

11 Neben den in Fußnote 4 angeführten Texten ist exemplarisch zu verweisen auf ›Sprechstunde im Rathaus. Einige Bilder‹. *Arbeiter-Zeitung*, 12.9.1920, S. 5f. und ›Millionäre in Lumpen‹. *Arbeiter-Zeitung*, 6.11.1921, S. 6f.

und Dokumentation, zwischen Empathie und Überwachungsstreben, sozialer Anklage und exotisierendem Spektakel« (MATTL 2007: 111) blieben dabei ein zentrales Merkmal des Genres und boten der Vermischung der Schilderungen spektakulärer Großstadtängste mit humanistischen Appellen eine Bühne. Ihre Bedeutung für die Sozialgeschichtsschreibung des Roten Wien, aber auch ihr Einfluss auf die literarische Produktion der Zwanzigerjahre sollte ein wesentlicher sein (POLT-HEINZL 2017).

Literatur

ASMUS, GESINE: *Hinterhof, Keller und Mansarde. Einblicke in Berliner Wohnungselend 1902-1920*. Reinbek b. Hamburg [Rowohlt] 1982

BENJAMIN, WALTER: Kleine Geschichte der Photographie. In: *Gesammelte Schriften*, Bd. II/1. Frankfurt/M. [Suhrkamp] 1977, S. 368-385

BRANDSTÄTTER, CHRISTIAN: Durch die Wiener Quartiere des Elends und Verbrechens. Anmerkungen zum Werk des Wiener Amateurfotografen Hermann Drawe. In: *Fotogeschichte* 2(6), 1982, S. 23-40

BÜTTNER, ELISABETH; CHRISTIAN DEWALD: *Das tägliche Brennen. Eine Geschichte des österreichischen Films von den Anfängen bis 1945*. Salzburg, Wien [Residenz] 2002

COLBERT, CARL: Sozialpolitische Wochenplauderei. Die Heimatlosen. In: *Der Abend*, 7. November 1917, S. 3

EHALT, HUBERT CHRISTIAN; GERNOT HEISS; HANNES STEKL: *Glücklich ist, wer vergißt ...? Das andere Wien um 1900*. Wien, Graz [Böhlau] 1986

ELBOGEN, FRIEDRICH: Wiens Unterwelt. In: *Neues Wiener Journal*, 1. Jänner 1908, S. 7

ERIAN, MARTIN: Reportage und Feuilleton – Antipoden im Gleichschritt? Zur operativen Publizistik Elisabeth Jansteins und Klara Mautners. In: KERNMAYER, HILDEGARD; SIMONE JUNG (Hrsg.): *Feuilleton. Schreiben an der Schnittstelle zwischen Journalismus und Literatur*. Bielefeld [transcript] 2017, S. 125-149

FREI, BRUNO: Wohnungen des Elends. Die Dunkelkammer. In: *Der Abend*, 20. Dezember 1917, S. 3

FREI, BRUNO: *Wiener Wohnungselend*. Wien, Leipzig [Anzengruber] 1918a

FREI, BRUNO: Wiener Wohnungselend. In: *Der Neue Abend*, 25. Oktober 1918b, S. 4

FREI, BRUNO: *Jüdisches Elend in Wien. Bilder und Daten.* Wien, Berlin [R. Löwit] 1920

FREI, BRUNO: *Das Elend Wiens.* Wien, Leipzig [Verlag der Wiener Graphischen Werkstätte] 1921

FREI, BRUNO: *Der Papiersäbel. Autobiographie.* Frankfurt/M. [S. Fischer] 1972

HAAS, HANNES: *Empirischer Journalismus. Verfahren zur Erkundung gesellschaftlicher Wirklichkeit.* Wien, Köln, Weimar [Böhlau] 1999

HAAS, HANNES: Der k. u. k.-Muckracker Max Winter oder Über den Gestank der Tatsachen. In: HAAS, HANNES (Hrsg.): *Max Winter: Expeditionen ins dunkelste Wien. Meisterwerke der Sozialreportage.* Wien [Picus] 2018, S. 14-27

HÄUSSERMANN, HARTMUT; WALTER SIEBEL: *Stadtsoziologie. Eine Einführung.* Frankfurt/M. [Campus] 2004

HILLMANN, KARL-HEINZ: *Wörterbuch der Soziologie.* Stuttgart [Kröner] 2007

INNERHOFER, ROLAND; DANIELA STRIGL (Hrsg.): *Sonderweg in Schwarzgelb? Auf der Suche nach einem österreichischen Naturalismus in der Literatur.* Innsbruck, Wien, Bozen [StudienVerlag] 2016

KLÄGER, EMIL: *Durch die Wiener Quartiere des Elends und Verbrechens. Ein Wanderbuch aus dem Jenseits.* Wien [Karl Mitschke] 1908a

KLÄGER, EMIL: Eine Nacht im Männerheim. In: *Grazer Tagblatt,* 29. März 1908b, S. 1f.

KOPP, CHRISTIN; KLAUS MÜLLER-RICHTER: Einleitung: Die ›Großstadt‹ und das ›Primitive‹. In: KOPP, CHRISTIN; KLAUS MÜLLER-RICHTER (Hrsg.): *Die ›Großstadt‹ und das ›Primitive‹. Text – Politik – Repräsentation.* Stuttgart [Metzler] 2004, S. 5-28

KOSTENZER, CATERINA: *Die literarische Reportage. Über eine hybride Form zwischen Journalismus und Literatur.* Innsbruck, Wien, Bozen [StudienVerlag] 2009

LANGENBUCHER, WOLFGANG R.: Vorwort. In: LANGENBUCHER, WOLFGANG R. (unter Mitarbeit von HANNES HAAS, FRITZ HAUSJELL und GIAN-LUCA WALLISCH) (Hrsg.): *Sensationen des Alltags. Meisterwerke des modernen Journalismus.* München [Ölschläger] 1992, S. 9-20

LEICHT, MICHAEL: *Wie Katie Tingle sich weigerte, ordentlich zu posieren und Walker Evans darüber nicht grollte. Eine kritische Bildbetrachtung sozialdokumentarischer Fotografie.* Bielefeld [transcript] 2006

LINDNER, ROLF: *Die Entdeckung der Stadtkultur. Soziologie aus der Erfahrung der Reportage.* Frankfurt/M. [Suhrkamp] 1990

LINDNER, ROLF: *Walks on the Wild Side. Eine Geschichte der Stadtforschung.* Frankfurt/M., New York [Campus] 2004

LOHSING, ERNST: Emil Klaeger. Durch die Wiener Quartiere des Elends und Verbrechens. In: *Juristische Blätter,* XXXVIII (13), 1909, S. 150

MADERTHANER, WOLFGANG; LUTZ MUSNER: *Die Anarchie der Vorstadt. Das andere Wien um 1900.* Frankfurt/M., New York [Campus] 2000

MATTL, SIEGFRIED: Urbane Gauner-Folklore und Ethno-Verbrecher. Hans Gross und die Wiener Kriminal-Literatur. In: KOPP, CHRISTIN; KLAUS MÜLLER-RICHTER (Hrsg.): *Die ›Großstadt‹ und das ›Primitive‹. Text - Politik – Repräsentation.* Stuttgart [Metzler] 2004, S. 135-155

MATTL, SIEGFRIED: Das wirkliche Leben. Elend als Stimulationskraft der Sicherheitsgesellschaft. Überlegungen zu den Werken Max Winters und Emil Klägers. In: SCHWARZ, WERNER MICHAEL; MARGARETHE SZELESS; LISA WÖGENSTEIN (Hrsg.): *Ganz unten. Die Entdeckung des Elends.* Wien [Brandstätter] 2007, S. 111-117

MAUTNER, KLARA: Ein Buch vom jüdischen Elend. In: *Wiener Morgenzeitung,* 21. März 1920, S. 3f.

N.N.: Im dunkelsten Wien. In: *Neues Wiener Abendblatt,* 13. Juni 1904, S. 8

N.N.: Eine Elendspremiere. In: *Arbeiter-Zeitung,* 24. Mai 1905, S. 6

N.N.: ›Durch die Quartiere des Elends und Verbrechens.‹ In: *Arbeiter-Zeitung,* 6. Februar 1908a, S. 7f.

N.N.: Durch die Wiener Quartiere des Elends und Verbrechens. In: *Die Neue Zeitung,* 21. Jänner 1908b, S. 8

N.N.: Einschaltung zum erstmaligen Erscheinen der Tageszeitung »Der Abend«. In: *Der Morgen,* 14. Juni 1915, S. 8

N.N.: Bilder vom Wiener Elend. In: *Der Abend,* 22. Juli 1919a, S. 3

N.N.: Das Lichtbild im Dienste der Politik. In: *Arbeiter-Zeitung,* 17. Jänner 1919b, S. 3

N.N.: Das unterirdische Wien. In: *Arbeiter-Zeitung,* 24. Juni 1920a, S. 7

N.N.: ›Jüdisches Elend in Wien.‹ In: *Wiener Zeitung,* 13. August 1920b, S. 4

POLGAR, ALFRED: Im dunkelsten Wien. In: WEINZIERL, ULRICH (Hrsg.): *Kleine Schriften.* Bd. 4. Reinbek b. Hamburg [Rowohlt] 1984, S. 196-198

POLT-HEINZL, EVELYNE: Von Hasen, Huren und Müttern. Überlegungen zum Großstadtroman der Zwischenkriegszeit. In: JACHIMOWICZ, ANETA (Hrsg.): *Gegen den Kanon – Literatur der Zwischenkriegszeit in Österreich.* Frankfurt/M. u. a. [Peter Lang] 2017, S. 347-365

RECHERT, EMIL: Unbekannte Welten. In: *Prager Tagblatt,* 24. Jänner 1908, S. 1f.

REUMANN, KURT: Journalistische Darstellungsformen. In: NOELLE-NEUMANN, ELISABETH; WINFRIED SCHULZ; JÜRGEN WILKE (Hrsg.): *Fischer Lexikon Publizistik Massenkommunikation*. Frankfurt/M. [Fischer] 2009, S. 129-167

SCHLÖR, JOACHIM: *Nachts in der großen Stadt. Paris, Berlin, London 1840-1930*. Zürich, München [Artemis & Winkler] 1991

SCHOBER, ANNA: *Blue Jeans. Vom Leben in Stoffen und Bildern*. Frankfurt/M. (u. a.) [Campus] 2001

SCHULZ, HUGO: Durch die Quartiere des Elends und Verbrechens. In: *Arbeiter-Zeitung*, 12. Jänner 1908, S. 8f.

SCHWARZ, WERNER MICHAEL; MARGARETHE SZELESS; LISA WÖGENSTEIN: Bilder des Elends in der Großstadt (1830-1930). In: SCHWARZ, WERNER MICHAEL; MARGARETHE SZELESS; LISA WÖGENSTEIN (Hrsg.): *Ganz unten. Die Entdeckung des Elends*. Wien [Brandstätter] 2007, S. 9-17

SEITER, JOSEF: »Elendsbefreiung kann nicht sein ohne Elendserkenntnis«. Sozialreportage und sozial engagierte Fotografie in Wien um 1900. In: *Spurensuche. Zeitschrift für Geschichte der Erwachsenenbildung und Wissenschaftspopularisierung* 14(1-4), 2003, S. 142-163

SEITER, JOSEF: Wiener Elendsbilder. Das Album der Fotografen Anton und Hans Bock, des Journalisten Bruno Frei und des Oberstleutnants Rudolf Frey. In: SCHWARZ, WERNER MICHAEL; MARGARETHE SZELESS; LISA WÖGENSTEIN (Hrsg.): *Ganz unten. Die Entdeckung des Elends*. Wien [Brandstätter] 2007, S. 157-161

STAFFORD, BARBARA MARIA: *Kunstvolle Wissenschaft. Aufklärung, Unterhaltung und Niedergang der visuellen Bildung*. Amsterdam [Verlag der Kunst] 1998

STUMBERGER, RUDOLF: *Klassen-Bilder. Sozialdokumentarische Fotografie 1900-1945*. Konstanz [UVK] 2007

SZELESS, MARGARETHE: Emil Kläger & Hermann Drawe. »Durch die Wiener Quartiere des Elends und Verbrechens«. In: SCHWARZ, WERNER MICHAEL; MARGARETHE SZELESS; LISA WÖGENSTEIN (Hrsg.): *Ganz unten. Die Entdeckung des Elends*. Wien [Brandstätter] 2007, S. 99-103

UMLAUFT, FRIEDRICH: Vorwort zu: *Durch die Wiener Quartiere des Elends und Verbrechens. Ein Wanderbuch aus dem Jenseits*, 1-3. Wien [Karl Mitschke] 1908

WINTER, MAX: Eine Hauptstreifung in der Brigittenau.
»Verschüttet.« – Eine Nacht Polizeihäftling. Ein Erlebnis.
In: *Arbeiter-Zeitung*, 16. November 1901, S. 5f.

WINTER, MAX: Vier Stunden im unterirdischen Wien. Ein »Strottgang«
durch Wiener Kanäle. In: *Arbeiter-Zeitung*, 4. Februar 1902, S. 6

WINTER, MAX: Leopoldstädter Nächte. Erlebtes. In: *Arbeiter-Zeitung*, 20.
September 1903a, S. 8f.

WINTER, MAX: Leopoldstädter Nächte. Erlebtes. In: *Arbeiter-Zeitung*, 23.
September 1903b, S. 6f.

WINTER, MAX: *Das goldene Wiener Herz*. Berlin, Leipzig [Seemann] 1905

WINTER, MAX: Die Lokalredaktion. I: Was ihr fehlt. In: *Chemnitzer
Volksstimme*, 1. Juli 1914a, S. 1

WINTER, MAX: Die Lokalredaktion. II: Das Amt des Berichterstatters.
In: *Chemnitzer Volksstimme*, 2. Juli 1914b, S. 1

WINTER, MAX: *Expeditionen ins dunkelste Wien. Meisterwerke der
Sozialreportage. Herausgegeben von Hannes Haas.* Wien [Picus] 2018

WROBEL, IGNAZ (d.i. Tucholsky, Kurt): Horizontaler und vertikaler
Journalismus. In: *Die Weltbühne* 21 (2), 1925, S. 49-52

VAIA DOUDAKI / NICO CARPENTIER

The Articulation of the Homeless Subject Position as a Subaltern Other: A Visual Analysis of the Greek Street Paper *shedia*

1. Introduction

Within contemporary Western societies, homeless people are subjected to intense forms of stigmatisation and othering. With a firm acknowledgement of the discursive-material nature (see CARPENTIER 2017) of these processes, there is still a need to focus on the discursive[1] and to look into the construction of the homeless identity. As this text will argue, there is a hegemonic discourse on homeless people, circulating throughout society, which constructs them as a subaltern other. For instance, if homeless people gain any visibility on mainstream media, they are portrayed through mainly negative stereotypical representations, as victims, parasites or sub-humans. As they are often talked about, they remain deprived of their own voice. Nevertheless, alternative discourses about homeless people do exist. They can, for instance, be found in street papers that have been produced in many countries since the late 1980s and 1990s. Greece's *shedia* is such an example, offering broad and respectful understandings of homelessness.

---

1 As will be explained below, the concept of discourse has a particular meaning in this chapter, moving away from the common definition of discourse-as-language. Spoken and written language as well as visuals are all signifying practices that are acknowledged as carriers of discourse, but that are not the same as discourse. As it is used here, the discursive is a theoretical concept to refer to the realm of discourses.

By deploying discourse theory (LACLAU/MOUFFE 1985) and the theoretical work on subalternity and othering (SPIVAK 2010; LANDRY/MACLEAN 1996; LOUAI 2012), together with the frameworks of discourse-theoretical analysis (CARPENTIER 2017) and visual and multimodal analysis (KRESS/VAN LEEUWEN 2006; KRESS 2009), this text analyses the discursive construction of the homeless subject position in *shedia's* visual representations. This combination of theories and tools allows for a theoretically embedded critical analysis – starting with a brief summary of discourse theory – of the discursive-political struggles around homelessness that appear in *shedia*. This analysis will focus on how *shedia* critiques the hegemonic discourse and on its three nodal points of the absent home, lack of agency and denizenship. It will also show how the street paper simultaneously taps into an alternative discourse that aims to re-humanise, re-subjectivise and re-politicise the homeless subject position. In the last part, the limits of *shedia's* de-othering strategy will be discussed, examining, for instance, how the homeless subject position remains characterised by a subaltern lack, as it continues to be constructed as the one ›lacking‹ a home.

2. Laclau and Mouffe's discourse theory[2]

In *Hegemony and Socialist Strategy*, Laclau and Mouffe (1985) provide an outline of their discourse theory, which is embedded in a post-structuralist and post-Marxist agenda. In contrast to many other approaches in discourse studies, Laclau and Mouffe's discourse theory uses a macro-textual and macro-contextual (see CARPENTIER 2017: 16-17) definition of discourse as frameworks of intelligibility. Discourses thus are seen as necessary instruments that give meaning to the social world, without denying their material dimensions. They consist of signifying elements – concepts, or as Laclau and Mouffe call them, moments – that are interconnected, or in other words, articulated. Through these articulatory practices, the meaning of these interconnected elements becomes particular, as it is influenced by the *ensemble* of elements.

---

2 The parts on discourse theory, the constructions of the home and the street press have already been published; see Carpentier/Doudaki 2019; Doudaki/Carpentier 2019a; Doudaki/Carpentier 2019b.

Discourses not only provide meanings to objects and processes. They also offer subjects ways of constructing their subjectivities. Discourses contain elements (such as the worker, the woman, the teacher, the queen etc.) called ›subject positions‹ (LACLAU/MOUFFE 1985: 115), that offer points of identification to subjects and provide the link between discourses and subjects. Similar to the process described by Althusser's notion of interpellation, these subject positions offer subjects the building blocks of their subjectivity as discursive structures for the construction of the self.

Moreover, Laclau and Mouffe (1985) emphasise the structural openness of discourses, which are always vulnerable to re-articulation, avoiding an ultimate and total closure of meaning. Discourses are often coherent entities, gaining their stability from privileged signifiers – or nodal points – but this stability is never to be taken for granted, as discourses can change, become insignificant or disintegrate. This contingency also impacts on subject positions, which can never totally saturate the subject as there are always a multiplicity of subject positions at work and subjects always construct unique identificatory relationships with them. But at the same time subject positions exercise considerable power, by providing frameworks of meaning that structure people's subjectivities, how they see, feel, experience and think about others and themselves, and which subjects and groups they like or dislike, consider friends or enemies, or even consider human or not. Of course, subjects do not identify with all discourses and subject positions. In some cases, they will, but in other cases they might distance themselves, remain insensitive or become hostile towards other discourses, which, as Van Brussel (2018) has argued, implies discursive recognition without identification.

Finally, Laclau and Mouffe (1985) strongly thematise the political dimensions of the discursive, as discourses engage in struggles with each other over the establishment of hegemony. Not all discursive struggles result in hegemony, as some struggles simply continue without any discourse achieving victory, but in some cases a discourse manages to gain a dominant position and transform (itself) into a social imaginary that is taken for granted, normalised and eventually sedimented. But in this scenario, as our analysis of homelessness will illustrate, even counter-hegemonic discourses are able to contest the hegemonic discourse and offer points of resistance, creating the threat that the once victorious discourse could lose its privileged position.

3. Constructions of the homeless and the home

One area where we can see this discursive struggle at work is in relation to the subject position of the homeless person. The homeless is a subject position, contested, fluid, contradictory, as well as an object of identification and dis-identification, acceptance and rejection, but still very real in its existence. As a subject position, it is particular, because it is articulated through a series of disempowering signifiers that together form a stigma. The vortex of this stigma generates strong absorptive forces that tend to reduce the individual to this one subject position, ignoring the multiplicity of subject positions that make up a person's subjectivity.

The homeless stigma is simultaneously discursive and material, affective and cognitive, temporal and spatial, dealing with absences and presences, working with selves and others. It is an assemblage of material routines, sleeping places, »tattered and soiled clothes« (SNOW/ANDERSON 1987: 1339-1340), interactions with companions, social workers, police officers, kind or aggressive passers-by, policies aimed at objectivation, disciplining, invisibility, removal and criminalisation, all structured through the absence of one crucial discursive-material component: the home.

This absence of the home – and in particular of its material component, what McCarthy (2013: 54 – referring to SWAIN 2011) calls »rooflessness« – plays a crucial role, both in articulating the subject position and in organising the logics of stigmatisation and othering. Here we should keep the centrality of the home in Western imaginaries in mind (FELSKI 1999/2000). In this imaginary, the home is the house, a material shelter that generates a private sphere for the (bourgeois) nuclear family.[3] The (possession of the) home itself functions as a normative ideal, which is actively imposed as one of the requirements of modern life. Societal groups that are outside this hegemonic discourse (and its materialisation into a home) are, to different degrees, subject to interventions that aim to align their behaviour with this hegemonic discourse. Powell (2008: 88), for instance, describes how the nomadic life of Roma and Travellers exposes them to societal pressures to »conform to a sedentary way of life«. However, the sedentarist hegemony – with sedentarism defined as »the system of ideas and

---

3 The home also features prominently in many different cultural configurations, such as, e.g., the socialist (collective) home.

practices which serve to normalise and reproduce sedentary modes of existence and pathologise and repress nomadic modes of existence« (MCVEIGH 1997: 9) – not only affects Roma and Travellers. The subject position of the homeless is also articulated through this anti-nomadist discourse, where the lack of a home is a sign of failure and »representations of homelessness can often work to reaffirm idealized notions of domestic life in which the home is equated with ›safety and security‹ and the streets with ›fear and danger‹« (HOLLOWS 2008: 121, with reference to WARDHAUGH 1999: 96).

The central position of the home in Western imaginaries is not uncontested. Two key contestations are important here, as they also have the potential to impact on the stigma articulated with the subject position of the homeless. Morley's (2000: 47) emphasis on the mobile home as a symbolic space (and not so much a place) represents one type of contestation, exemplified by this citation: »home may not be so much a singular physical entity fixed in a particular place, but rather a mobile, symbolic habitat, a performative way of life and of doing things in which one makes one's home while in movement.« The second contestation focuses more on the problematisation of the home as the site of disciplining interventions, unequal power relations and violence, which allows the questioning of the safety and tranquillity of the (bourgeois) home (see, e.g., HARAWAY 1991: 171-172).

Arguably, the key discursive mechanism that produces the homeless stigma and that structures the homeless subject position is the process of othering, a concept that captures the idea of »being other or different from established norms and social groups« (WOLFREYS 2004: 169). This process, where the self constructs one or more others, can be structured in a variety of ways. There are, in other words, many different others (CARPENTIER 2018). Some of them are not antagonistic, but more synergistic, such as the other-friend, the other-ally and the other-neighbour. Mouffe's (2005) approach to agonism builds on the construction of the other-adversary, which remains within the realm of democratic conflict. But there are other constructions that are antagonistic, with the other-enemy, which is a dehumanised other that needs to be destroyed, as a prime example. Arguably, the other-enemy is not the only antagonistic construction. There is another antagonistic articulation of the other that still dehumanises and marginalises the other, but simultaneously wishes to discipline and/or reform that other. This is the subaltern other.

The notion of subalternity – developed in post-colonial theory (SPIVAK 2010; LANDRY/MACLEAN 1996; LOUAI 2012) – captures the antagonistic hegemonic construction of the homeless subject position well. It is an antagonistic discursive construction with three main nodal points, where homeless people are dehumanised through the absence of the home, where their access to the signifier of agency is denied, and where they are reduced to passive denizens.[4] At the same time, homeless people are not constructed as other-enemies that need to be destroyed, but they are subjected to punitive and/or rehabilitative strategies, which are »reliant on reformative and corrective institutions to address homelessness through a regime of individual therapy and social exclusion« (REMILLARD 2012: 6). Punitive strategies are grounded in the homeless-as-threat construction and motivated by a »commitment to a responsibility of security, which is about protecting ›ourselves‹ from ›them‹« (CHOULIARAKI/STOLIC 2017: 1172). In addition, rehabilitative strategies are motivated by a responsibility for reform, »which recognises the political and moral obligation« (ibid.) to help ›them‹ return to society (where ›we‹ belong). Moreover, we should keep in mind that – as is the case with all processes of othering – this antagonistic hegemonic construction of the homeless subject position can also be resisted, by attempting to (re-)humanise, (re-)subjectivise and (re-)politicise them(selves).

4. Mainstream media and the representation of the homeless as subaltern other

Post-colonial theory (especially SPIVAK 2010) has particularly emphasised that in conditions of subalternity the subject loses her/his voice. The subaltern's subject position, practices, experiences, and affects are invisible, or – in the best case – mediated by well-intentioned authoritative voices who speak on its behalf. Contemplating the repercussions of such practices, hooks (1990: 343) states: »No need to hear your voice when I can talk about you better than you can speak about yourself. [...] Re-writing you I write myself anew. I am still author, authority. I am still colonizer, the speaking subject.« Of course, as we shall see later in this chapter, there are cases in which the subaltern subject manages to speak, however, they then often lack the power to be heard (LANDRY/MACLEAN 1996).

---

4   Denizenship originally (see HAMMAR 1989) referred to the (reduced) rights of permanent residents in a foreign country. Here we use it in the expanded meaning, as the reduced political, civil and social citizenship rights (see MARSHALL 1992) within a populace. Turner (2016) calls the latter ›denizenship type 2‹.

One key location where the homeless subject position is sometimes represented and where the subjects' voices are simultaneously suppressed is the field of mainstream media. The media representations of the homeless subject position support the processes and practices of subaltern othering in a variety of ways. The absence of the home produces mainly negative stereotypes, that dehumanise homeless people, ignoring the structural dimensions of homelessness (SHIELDS 2001). These stereotypical representations use articulations that »largely [exempt] from culpability the social, economic, and political forces that create and perpetuate an unequal distribution of wealth and resources within [...] society and instead [conceptualise] homelessness in terms of personal pathology and failure« (REMILLARD 2012: 6).

This also implies that mainstream media tend to represent homeless people within the binaries of either ›victim‹ (WHANG/MIN 1999; SCHNEIDER/CHAMBERLAIN/HODGETTS 2010) or ›threat‹ (WHANG/MIN 1999; SHIELDS 2001; DE MELO RESENDE 2016), and thus ›deserving‹ or ›undeserving‹ of help and support (REMILLARD 2012; ZUFFEREY 2014). In the latter case, homeless people are articulated not as enemies but as an indirect threat to our health or civilisation (not civilised enough, not clean enough, etc.), and – less frequently – as a threat to our individual safety (as agents of violent behaviour and criminality). But subaltern othering also works when they are represented as victims. Even in more supportive approaches to homelessness, when the need for action is acknowledged, the homeless-as-victims representations tend to frame them as »helpless, dependent for their salvation on society's benevolence, while the rest of society is assumed to be healthy and powerful« (DOUDAKI/CARPENTIER 2019a: 10), removing their agency and maintaining homeless people's subalternity. This also brings in the nodal point of citizenship, as mentioned by several authors: Schneider and her colleagues (2010: 166) argue that such representations »work to keep people who are homeless on the margins of society, controlling them, disenfranchising them, and denying them full participation as citizens«. As Chouliaraki and Stolic (2017: 1164) argue in their study about the visual representations of refugees, which is also pertinent to the status of homeless people, their representation as (suffering) victims defines them »in terms of their corporeal vulnerability«, degrading them to the status of »sub-citizens«, as »their physical destitution lacks the legitimacy to articulate political will or rational argument«, subjected to the humanitarian benevolence of privileged society.

»Even though these bodies are deeply political, in that they emerge at the intersection of corporeal and geopolitical relations of power between the West and the global South, they lack civic status; their dehumanisation is, in this sense, an effect of these very power relations that claim to sustain them as human bodies, in the first place« (ibid.).

5. Visual strategies of subaltern othering

Visuality can be an efficient vehicle for othering subaltern groups, as mainstream audiences that are exposed to visual representations of condensed stereotypes are simultaneously offered a sense of proximity at the cultural or ideological level, which facilitates the naturalisation of these stereotypes. One strategy of othering is representing the members of a social group as a special category with similar in-group characteristics, homogenising them, and simultaneously juxtaposing them to our (superior) traits (MALKKI 1995; SZÖRÉNYI 2006). For example, images of large numbers of immigrants or refugees queuing at the borders suppress their individuality and homogenise them as all belonging in the same ›species‹, thus constructing a special social (subaltern) category (MALKKI 1995) that is explicitly different from us. In relation to this, images of large groups of people with not clearly identifiable faces tend to create an emotional distance from viewers (ŠARIĆ 2019: 995). Van Leeuwen's (2008: 37) concepts of individualisation and assimilation are relevant here: »Visuals showing individuals and small groups individualize social actors, whereas those showing large groups assimilate them, often by aggregating them« (ŠARIĆ 2019: 995).

The camera focus also contributes to the creation of a sense of distance from or proximity to the people shown, used to distinguish ›us‹ from ›others‹ (VAN LEEUWEN 2008; FISKE 1987). Close-ups of people create the impression that they are part of the self and help establish a sense of proximity and intimacy (KRESS/VAN LEEUWEN 2006). Such shots also allow the individual shown to become visible as a subject, with its unique characteristics. Conversely, long shots create distance between the viewer and the people in the shot, presenting them as alien, different from us, or as weak and disempowered (KRESS/VAN LEEUWEN 2006; BATZIOU 2011). Close-ups allow for the expression of emotions, which can contribute to the humanisation of the individuals in the shot, allowing the viewer to relate to their condition and feelings, and to empathise with them (BATZIOU 2011: 48).

Another (traditional) strategy of othering through visual representation is the angle from which we see a person. Looking at someone from above can »exert imaginary symbolic power over that person«, while looking at someone from below may signal »that the someone has symbolic power over the viewer« (VAN LEEUWEN 2008: 139). Furthermore, to look at someone at eye level can signify equality.

The very act of looking also matters, not only by the viewer looking at the representations, but also by the individual being looked at. People seen as belonging to subaltern groups are often portrayed as shying away from the camera, »offered« to the viewers' gaze (VAN LEEUWEN 2008: 140). Since they are not looking at the viewer – at us – we are at ease to look at them undisturbed, from a safe distance (BATZIOU 2011: 49). The practices that allow the hegemonic gaze to examine the subject help in the transformation of »the ocular act of looking into the ideological act of knowing« (REMILLARD 2012: 30): »Through the gaze, be it gendered, racist, or classist, the viewer is ascribed agency to possess and know; the viewed is relegated to passive objectified ›other‹« (ibid.).

Finally, absence in images is equally important as presence and is highly pertinent to the construction of the subaltern. As Asen (2002: 255) comments, »this tension between absence and presence in representation critically influences collective imagining by interacting with dynamics of inclusion and exclusion in public spheres to operate on participants and excluded others«.

6. Counter-voices: street papers

The mainstream media coverage of homeless people, and its alignment with the hegemonic discourse of stigmatisation and sedentarism, is not the only media environment that allows for the circulation of the homeless subject position. Some publications resist the hegemonic discourse of homelessness and engage in a discursive struggle over the construction of this subject position. The most poignant example is what is known as the street press. Street papers, most often magazines or newspapers, demonstrate considerable diversity in format, design, content and operational models, but also consistency with regard to their approach and philosophy. They share a common main purpose, which is supported by their distribution model, and which is to support homeless and other socially excluded people to find their way back into society through employment (HARTER et al. 2004; BOUKHARI 1999; HOWLEY 2003). Homeless and poor people are the sole vendors of these publications, which give them the opportunity to gain some income and potentially reconnect with society. At the same time, street papers have a strong focus on the coverage of homelessness, poverty and social exclusion, broadening the scope of the latter by providing more inclusive perspectives of their constituents and dimensions, and raising awareness of social inequality and injustice (HARTER et al. 2004).

However, there is a need to be careful with univocally celebrating street papers, especially when considering the actual range of opportunities offered to vendors to express themselves. Torck (2001) argues that the space given to the vendors' voices in street papers – including the production of images – is generally limited and restricted to specific writing genres such as personal narratives, a restriction that tends to perpetuate their stereotypical representations. Nor, in many cases, are street papers' vendors part of the management and editorial teams, which raises questions about how participatory and grassroots-based these publications are.

These issues reflect the different and, to a certain degree, competing visions of the street papers' mission and relate to their efforts to balance the provision of employment opportunities to the homeless and the coverage of issues related to social and economic injustice by hosting the voice of the communities affected. The former sometimes favours a business-oriented model, while the latter tends to support an alternative media organisation model, promoting participation in management and content production, and non-hierarchical organisation. Nevertheless, even when considering this diversity and limitations, street papers have the capacity to move away from the hegemonic discourse on homeless people and offer different, more respectful articulations of this subject position.

7. The case of *shedia*

In order to exemplify how these counter-hegemonic articulations work, how an alternative articulation of homeless people is constructed, but also how we can still see (traces of) the hegemonic discourse on the homeless, we will focus in this case study on *shedia* (σχεδία, meaning raft), the only street paper currently published in Greece. It circulates as a monthly magazine and its first issue was published in February 2013. Following the model of street papers around the world, *shedia* is sold by its network of vendors (homeless, long-term unemployed, people living in poverty, refugees, asylum-seekers and people struggling with addiction) in public places, in the cities of Athens and Thessaloniki. *shedia* is a member of the International Network of Street Papers (INSP), aligning with the network's remit to use a wide range of activities to support the efforts of homeless and socially excluded people to (re-)integrate into the social tissue. Its main priority is »to support our fellow citizens experiencing poverty and social exclusion in their most extreme forms to support themselves« (SHEDIA 2017).

For the purposes of our study, we examined the *shedia* publications over a period of one year (July 2017 - June 2018); 160 photographs were identified and analysed as relevant to homelessness from *shedia*'s 11 print issues and 726 pages that fell within the research period. The analysis followed the principles and techniques of discourse-theoretical analysis (CARPENTIER 2017), strengthened by visual and multimodal analysis (VAN LEEUWEN 2008; KRESS/VAN LEEUWEN 2006; KRESS 2009). In practice, an abductive approach was used to identify the elements and nodal points of the articulation of the homeless subject position, using the discourse-theoretical notions as sensitising concepts (BLUMER 1969).

8. Othering and de-othering in *shedia*'s photographs

As a street paper, *shedia* resists the hegemonic articulation of the homeless and offers three alternative nodal points of the homeless subject position. Simultaneously, the street paper also explicitly critiques the hegemonic articulation of this subject position, which implies that the hegemonic nodal points are still present in *shedia*'s articles and photographs (and can be analysed as such). In this part, we will thus be able to discuss the (critiques of the) three nodal points of the hegemonic homeless subject position and show what alternative nodal points *shedia* produces.

8.1 The rigid and the affective home

The first nodal point that articulates the homeless subject position is that of the material absence of the home. The *shedia* photographs (and texts) critique the hegemonic discourse that uses the absence of the home to construct homeless people as a subaltern other, while proposing an alternative construction of the home, defined in a broader and affective fashion.

ABBILDUNG 1
Homeless man in front of the hotel Le Louvre

Source: *shedia* 55: 50. Credit: Reuters/Jacky Naegelen

In the hegemonic discourse, the non-possession of a permanent – preferably owned – residence pushes the homeless into the position of the subaltern, as devalued subjects with limited social status. In the hegemonic nodal point, the home is articulated as property, focusing on its economic value. The home is thus seen as an integral part of the capitalist logic of the housing market, which defines housing as an investment and source of profit. For *shedia*, this is shown as being incompatible with policies of affordable housing for people on low incomes, who thus become increasingly othered, being even unworthy of a home. The photos published in *shedia* frequently point to the contradictions in the logic of the home as an economic value, and to the inherent inequalities of the capitalist system. The photo of a homeless man lying in front of the door of a luxurious hotel in Paris is such an example. The picture illustrates poverty and wealth, the structural contradictions of capitalism, side by side. We read in the caption: »Homeless man in front of the entrance of the hotel Le Louvre. Every year, 500 people living in the streets die in the French capital« (SHEDIA 55: 50). Portraying comparisons or contradictions, as this example shows – wealth and poverty in the same picture – is a way of dealing with the inherent limitation of pictures illustrating structural dimensions or complex issues.

Another strategy of highlighting the processes and practices of othering is the visual representation of inverting what is discussed in the text. For example, a story about homeless pupils in New York critiques the logic of home as an economic value, highlighting the structural causes of homelessness. A photo in the story shows a woman walking with a group of young children on the pavement and is captioned: »The snowflakes do not stop a teacher from visiting a New York library with her pupils. However, for 25,000 children who live on the streets of the American metropolis, even having a basic education is almost impossible« (SHEDIA 52: 42). With the aid of the caption, the picture, bringing the living conditions of some of the more ›privileged‹ parts of the population into the story, points to how the increase of inequality creates a vicious cycle of marginalisation for the subaltern, who are pushed into poverty from a very young age.

shedia regularly hosts stories and photos related to the environment, and the conditions in which people live. In that sense, it fosters a very broad approach to the home. The message that is communicated is that the earth is our home and, as with one's private home, our collective home, the earth, is also fragile. In these stories, *shedia* includes photos that often focus on people either as powerless or as having agency, illustrating how their economic activity affects the environment and – vice versa – how the ecosystem in which people live not only directly affects their quality of life but also their survival. These stories also argue that environmental destruction primarily affects the weak and underprivileged, leading to a further increase in inequality, to the enhancement of poverty, homelessness and marginalisation. There is also a harsh critique of the dominant model of economic growth that is based on overexploitation of human and natural resources. Photos illustrate natural resources (e.g. water, sand, forests) being depleted or the environment becoming severely polluted, which forces people to abandon their homes and relocate or become refugees, as their immediate environment has become unliveable. The people who experience the outcomes of environmental destruction are frequently portrayed as weak victims through long shots, or being seen from above, as being swallowed or crushed by the desertified or polluted landscape. For example, a story about the phenomenon of the production of goods with short lifecycles, aiming to increase consumption, includes the picture of a man standing with his back to the camera in what looks like a huge area of trash (SHEDIA 59: 45). The man is lost in the forest of trash and in the fogginess of smoke coming from burning trash and heavy air pollution.

The *shedia* articles and photos thus propose an alternative articulation of the home nodal point, not restricting the home to the house. The home is defined as a symbolic space, opening up opportunities for articulating it as mobile and multiple, and prioritising its affective over its economic value. Home becomes articulated as the place that offers dignified living conditions, which are not limited to the material, but also and primarily include the affective dimension that turns a house into a home.

ABBILDUNG 2
Homeless people in wooden houses

Source: *shedia* 50: 57. Credit: *Draussenseiter*/INSP.ngo

shedia's alternative discourse includes the potential of the mobile or flexible home, which allows for a more empowered subject position of the homeless, as it is not restricted to the rigidity of the static, fixed house, but – by taking different forms and shapes, and inhabiting different spaces – it may be the home that accommodates people's changing needs. The *shedia* photos firstly visualise the possibility of alternative and accessible housing. For example, a story about affordable options to housing for the homeless concerns the construction of small wooden houses in a public square in Germany (to which the local authorities then objected, as the constructions were not licensed). The photo features a group of smiling people either inside or next to the wooden constructions (SHEDIA 50: 57). In this picture, and in many other examples studied, homeless people are rehumanised and regain their dignity, not only by being visible in their new homes, but also by addressing their gaze to the camera/viewer confidently.

Secondly, the articulation of the home as symbolic space shifts the focus away from its economic value to the home's affective and immaterial value. In this regard, the home is primarily a space that provides love and safety and safeguards people's dignity. Life in the streets or in a shelter can therefore be chosen over a violent or toxic domestic environment. For example, a story about a transgender homeless vendor who had to leave the family home after revealing her gender identity features a photo of her looking at the camera and smiling contentedly (SHEDIA 60: 56). She regains her dignity and identity by being accepted for who she is, at the shelter for the homeless where she is staying, while having been rejected and expelled from the family home. She is rehumanised as a female individual, while neither the homeless subject position nor that of the transgender person is projected in the picture.

Thirdly, as already indicated, the broad and affective approach to home articulated in shedia relates to the environment. Together with the harsh critique of the overexploitation of natural resources and environmental pollution, there are articles illustrating stories of hope, e.g., cases of sustainable agriculture that have succeeded in avoiding desertification and in keeping communities in their homes and villages. One such story has a photo of a woman in Zimbabwe taking care of her plants in her field (SHEDIA 51: 49). These stories feature populations and communities at risk of homelessness and showcase real-life examples of how to avoid it. The stories and photos related to the environment also focus on the awareness of the fragility or precariousness of home (in contrast to the hegemonic ideal of the permanent, static house-home) and the need for a constant affective (and not only economic) investment for our home.

8.2   Disempowerment and (lack of) agency

The articulation of the second nodal point that constructs the homeless subject position is that of agency or the lack of it. The photos in *shedia* that illustrate this articulation – which *shedia* then attempts to counter – present the homeless as individually responsible for their situation, powerless and inactive subalterns. In contrast, *shedia*'s alternative articulation in this respect focuses on homeless people's involvement in a number of activities, in employment or, in interaction with other people, performing their agency.

Disempowerment as it is presented and critiqued in *shedia* is connected to the structural causes of homelessness, forcing homeless people out of jobs and education. In these representations, *shedia* attempts to focus on the collective responsibility that renders homeless people disempowered, in order to counter the idea of individual responsibility that characterises the hegemonic discourse. Not surprisingly, photos of large groups that would homogenise homeless people and segregate them from the self, as subaltern others (which often appear in mainstream representations, of e.g. refugees), are not present. Also photos that attribute ›negative‹ agency to the homeless, which sometimes appear in the mainstream media (articulating them as perpetrators or threats), are not present, even if once in a while such topics appear in *shedia*, again in order to be critiqued. Similarly, while the hegemonic discourse that promotes the idea of the homeless people as weak victims – dependent on society's benevolence – or as parasites – feeding off society's generosity – may be referred to in order to be countered, the stories that relate to this discourse are not accompanied by visual material.

Furthermore, the articulation of the homeless as lazy, inactive and unproductive individuals (thus responsible for their own situation) is countered by stories and photos critiquing the logics of the housing market, which profits by making housing unaffordable for increasingly larger groups of people, including those in employment. For example, a story about the increasing number of families with children who become homeless in New York includes a picture showing young children exiting a shelter for the homeless (SHEDIA 52: 44). We read in the accompanying caption: »The municipal programme of establishing 225 new shelters is progressing at extremely slow pace, partly due to the reactions of people living in the area.«

shedia's alternative articulation of the agency nodal point uses the (visual/discursive) strategies of personalisation, giving visibility to and presenting the face of homeless individuals, rehumanising them, frequently through close-up shots (not too close, though, so as not to evoke the feeling of threat). In these representations, homeless people often appear to be engaging in activities, sports, seminars, arts and employment, portraying them as skilful, caring and active individuals. For example, a number of photos show the *shedia* vendors selling the magazine in public places in Athens and Thessaloniki, wearing the *shedia* red vest, regaining agency as employed individuals. There are frequently also stories and photos of vendors and marginalised people engaging in *shedia*-related activities and workshops that aim to activate them and help them to socialise (e.g. *shedia* 56: 20-2, 46-49). Another example comes from a story about homeless people living with pets, presenting them as affectionate, caring and responsible. One of the photos shows a young woman standing in the street, looking at the camera, smiling, with a cat on her head (SHEDIA 54: 46). This is a photo conveying warmth, care and joy, constructing a particularly affective representation of the young woman.

ABBILDUNG 3
Young woman with cat on her head

Source: *shedia* 54: 46. Credit: Mikael Theimer/L'Itinéraire

shedia also attributes particular importance to the activities of the Greek homeless football team, created through *shedia*'s founding NGO, Diogenes, as a means to activate and socialise individuals living on the streets. A story of the Greek men and women teams' participation in the Homeless World Cup (SHEDIA 52: 48-53) features a number of photos of the Greek and other teams' members practising, playing and celebrating their achievements. The participants appear active, showing emotions, looking lively and happy; they also often interact physically, holding each other's hands or hugging. The photos show the effort the team members make, illustrating the achievements of hard work, collaboration and solidarity. Physical activity through the homeless people's engagement in sports or the arts assists their empowerment, not only through socialisation, but also through the bodily expression, which reactivates their sense of bodily agency, as is also shown in a story about a dance group of homeless men of varying ages, featuring two men dancing in the street (SHEDIA 53: 56).

Photos that can be related to the nodal point of agency generally refrain from ›emitting‹ homelessness, as they portray individuals engaging in various activities, performing their agency. If seen without taking their context into consideration, it would be difficult to comprehend that these pictures feature homeless individuals. In that sense, homeless people regain their ›ordinariness‹. For example, in a story about a project of therapeutic gardening for refugees in a camp in Austria, bringing together refugees and locals, there is a photo of nine people in a garden (SHEDIA 53: 57) holding and proudly showing the camera the fruit of their efforts – vegetables from the garden. It is not clear in the photo who is a refugee and who is not; their identification with the subject position of the gardener is what unites and equalises them. At the same time, some additional subject positions become visible; for example, there is only one woman in the picture, wearing a headscarf, timidly looking at the camera (visually performing the subject position of a Muslim woman). Such examples are a reminder of *shedia*'s multimodality: ›reading‹ pictures without any context can be difficult or, on the other hand, the chosen context guides their interpretation in specific directions. At the same time, the carefully selected photos, which try to avoid negative representations of the homeless, still do not escape polysemy and can evoke multiple sometimes contradictory interpretations. For example, the photo of a female street artist is featured in a story (SHEDIA 53: 54), showing her smiling and biting on a sword. She looks content and powerful, and the potential of an alternative lifestyle is presented. Nevertheless, the photo can also be seen as that of a ›freak‹ due to the street artist's unconventional physical appearance, which includes many tattoos and piercings.

8.3   *Denizen and citizen*

The hegemonic discourse on homeless people also dismantles their citizen's status. They become subaltern others who are not entitled to a number of rights that ›we‹ have. In the representations connected to this nodal point of the hegemonic discourse, which *shedia* critiques and attempts to dislocate, the homeless individuals are pushed to the invisible margins of the polis, deprived of full citizenship, which renders them denizens. The alternative discourse that *shedia* promotes instead articulates pluralist and affective forms of citizenship[5] recognising the plurality of people's subject positions and fostering inclusive approaches to citizenship.

The hegemonic discourse articulates the homeless subject position as deprived of political and civic rights – disconnecting them from the state and all its levels, which are often reluctant to help – but also of social citizenship rights (MARSHALL 1992), which relate to social insurance, healthcare, education, and employment. Through the hegemonic discourse, homeless people are othered as a threat to the prosperity and well-being of civilised society. Their representation as a threat and miasma relates not so much to them being considered as a threat to other people's safety (as thieves and/ or being violent), but rather as not possessing the economic and cultural capital required to obtain the status of the civilised urban citizen (seen as not sufficiently civilised, as dirty or as carriers of diseases) and thus as threatening to undermine the hegemony of this status of those who have it.

These concerns about the subaltern other legitimise the ostracism of homeless people not only from private space but also from public space, violating their spatial (human) rights. According to the critique addressed in *shedia*, the homeless' lives are policed in relation to the spaces they (temporarily) inhabit, as they are chased away from public spaces (e.g. parks and squares), especially in wealthy neighbourhoods. Since they cannot afford to inhabit private spaces, they are turned into subalterns for whom both private and public space becomes inaccessible. *shedia*'s core strategy, to render homeless people visible, can be seen as a critique and response to this hegemonic symbolic annihilation. But there are also more specific examples in *shedia*'s issues. For instance, a story about tent cities in the forests of Canada explains how the authorities try to chase homeless people out of the forests (SHEDIA 58: 49). The photo that accompanies the story illustrates a series of tents in the forest with no people present; absence, in this case, signals (and critiques) disempowerment and marginalisation.

---

5   See the academic literature on affective citizenship, for instance Mookherjee (2005) and Di Gregorio/Merolli (2016).

ABBILDUNG 4
Portrait of Lefteris and Vasilis Fotiou

Source: *shedia* 56: 15. Credit: Yiannis Zindrilis

Apart from the critique of the curtailing of homeless people's political, civic, social, and spatial rights, *shedia* also critiques the political reasons for homelessness and denizenship, and their interrelations. For example, a story about illegal deportations in the US has a photo of a man carrying a bag containing his belongings (SHEDIA 60: 56), after arriving back in his home country, El Salvador. As we are informed in the article, he has been illegally deported from the US after living there for 15 years. Back home, he is homeless again, with no job or social insurance, subjected to denizenship for a second time. *shedia* also illustrates stories of displaced people or refugees who have been subject to a double denizenship, both in their home and the receiving country. In an article on the magazine's two oldest vendors, the brothers Vasilis and Lefteris, 81 and 69 years old respectively, tell their life stories. They had to leave home in northern Epirus (in southern Albania), where minority villages with Greek populations were (and still are) based, due to imprisonment, persecution and discrimination. Nevertheless, as they have not enjoyed full citizenship either in Albania or in Greece, they have been denizens in both countries. In the picture that accompanies the two brothers' tragic and moving life stories (SHEDIA 56: 15), the older brother is sitting in a couch and the younger is standing by him with his hand on his older brother's shoulder. Both Vasilis and Lefteris are looking at the camera with sad but still dignified faces. The photo neither victimises them nor beautifies their situation. There is a realistic, humane portrayal of the two brothers in this picture, in which both the hardships of life and their dignity, are illustrated.

shedia's alternative articulation of the citizenship nodal point is built around the re-politicising of the homeless subject identity by constructing them as citizens. Even though there is hardly a reconfiguration of the homeless subject position in relation to the state (and its different levels), in *shedia* we not only find examples of the politics of making do (DE CERTEAU 1984) – which mostly consists of avoiding, bypassing or using the state apparatus – but also of political activism. For example, a story about a Roma feminist theatre group shows two Roma women on stage (SHEDIA 57: 54). It features the empowerment through theatre, but also points to the multiple ways of marginalising and othering minorities and to the intersectional dimension of subalternity (in this case Roma women in feminist art), which *shedia* attempts to counter. Such configurations invite more inclusive and diverse approaches to citizenship, embracing difference and countering punitive or disciplining approaches that favour an exclusionary type of citizenship.

ABBILDUNG 5
Portrait of Roma actresses Elena and Michaela

Source: *shedia* 57: 54. Credit: Reuters/INSP.ngo

shedia thus articulates a pluralist logic of citizenship, de-othering homeless people, not only by representing them »as one of the many different groups of citizens, but also by showing the internal diversity of the homeless, rejecting their homogenisation, and instead emphasising the cross-cutting connections with many other identities« (DOUDAKI/CARPENTIER 2019a: 21). Homeless people may be well-educated or experts in some field, active members of civil society or employed people with families.

Secondly, *shedia* defines citizenship as affective citizenship, which is related to understanding for and affinity with people with weaknesses and problems (e.g., addiction, mental illness), by providing the space in which more inclusive models of citizenship are embraced and in which citizens facing problems do not lose their civic identity but are supported. For example, there is a story with pictures featuring the actor and activist Russel Brand meeting homeless vendors of the British street paper *The Big Issue*, discussing addiction (SHEDIA 56: 32-36). In this discussion everyone is equal, as the actor had been an addict himself, and the meeting functions as a space of understanding and support. Nevertheless, Brand is in a different power position as a celebrity, not living in the streets, having managed to control his addiction. Affective citizenship activates processes of de-othering, as in practice is a reciprocal type of citizenship, not only reinstating the status of citizen for the homeless people, but also inviting ›us‹ to reflect on what it is to be a good citizen and reminding ›us‹ that it is a shared responsibility. This caring citizenship requires solidarity from all as a collective endeavour. Not surprisingly, *shedia* frequently features stories and photos of solidarity action, helping to build a community of care and a culture of active citizenship among its vendors, readers, volunteers, and members of civil society.

9. Limitations on shedia's counter-hegemonic discourse

shedia's counter-hegemonic strategies encounter a series of limits, however, and the street paper does not completely escape from the hegemonic discourse that constructs the homeless subject position. *shedia* sometimes finds itself locked within a reformative approach towards homelessness and subalternity. Its main aim – to ›help people support themselves‹ – acknowledges that homeless people have the agency to manage their lives, but still argues that they need society's help to do so.

In relation to this, their vision of a world in which »each individual has access to a safe home and enjoys the right to live with dignity, as an equal member of our society« (SHEDIA 2017) points to the importance of equality but simultaneously defines equality through the norms of ›our society‹, which tend to maintain (some of the) relations of inequality and exclusion. This becomes particularly apparent in relation to the sedentarist hegemony. Even when *shedia* articulates a broader definition of the house-home, life remains centred around the home. Dignity needs to be reinstated, but it is mostly done through (a broad approach to) the home, positioning it as the standard by which the quality of life is evaluated. *shedia* does foster the possibility of alternative homing practices that move away from sedentarism (e.g., of Roma people), but they still tend to be underrepresented in the magazine.

A considerable number of activities in which homeless people are engaged, and are offered by *shedia* or supporting organisations, aim to help homeless people to socialise, to empower themselves and to (re-)connect with society. However, since homeless people are in most cases the recipients or beneficiaries of such actions (and not, e.g., the organisers themselves), their agency and de-otherness is regulated by the organisers of these activities. The same applies, to a large extent, to the vendors' lack of co-decision-making in the media organisation that *shedia* still is. One example of how the homeless people's agency is activated but also regulated by *shedia* can be seen in the contents of its back page, which is always dedicated to one of its vendors. The vendors talk to one of the magazine's journalists about their life. The story, which is in the first person, follows a regular structure: the vendors describe where they grew up, talk about their childhood, explain how they ended up in the streets, how they started working as *shedia* vendors and how their life changed after working for the magazine, as they have managed, or have a chance, to ›escape from the street‹. The photo of the vendor is always included, giving a face to the story, usually taken in the same places, as is shown by the background, in a rather static pose. All vendors look at the camera, some smiling, some not, all wearing the *shedia* red vest and holding a copy of the magazine, illustrating the vendor's subject position. The vendors are clearly rehumanised in these stories, are given a voice, regain agency and dignity. However, this is done with the *shedia* ›stamp‹. Their agency is assisted by the magazine and their subject position as *shedia* vendors is the one that stands out.

shedia's alternative construction of the homeless subject position through affective citizenship (which includes solidarity actions and helps in the activation of civil society), also has its limitations, as agency and citizenship are both enabled and limited by solidarity, especially when it takes the form of charity. A number of stories in *shedia* report these actions of support and solidarity. One of them is the project ›Becoming a *shedia* vendor for an hour‹, which involves volunteers and ›famous‹ people. On the one hand, celebrities help, by creating awareness, by mobilising civil society and by advocating a more humane approach to homelessness. On the other, the identity and agency of the regular vendors may be overshadowed by that of the ›famous‹, as they gain visibility through celebrity benevolence, »but they are not the ones in control of it« (CHOULIARAKI/STOLIC 2017: 1171). At the same time, it should not be underestimated that dignity, respect, and care are (re-)established (even temporarily) and performed. In one of these pictures, there is one of *shedia*'s vendors, Dimitra Piagou, together with a well-known Greek writer, Auguste Corteau (SHEDIA 56: 50). The writer is known to be sensitive to diversity and supportive of people in difficulty through an activist approach of care and respect. In the picture we see the two, both wearing the *shedia* red vest, standing side by side in a warm embrace, smiling. The vendor is looking at the writer with satisfaction and admiration, in a picture that evokes feelings of affection.

ABBILDUNG 6
Portrait of Dimitra Piagou and Auguste Corteau

Source: *shedia* 56: 50. Credit: Yiannis Zindrilis

Finally, the absence of an alternative model of the state in *shedia's* counter-hegemonic model is striking. *shedia* regularly critiques the state apparatus for its disciplining, punitive, and sometimes straightforwardly repressive activities. In a number of cases we also find references to the reformist and supportive role that the state and in particular some of the municipalities can play sometimes going against the negative responses of their constituencies (e.g., when there is protest against a newly constructed shelter). But *shedia's* creativity seems to stop when it concerns re-imagining the state to include homeless people more in its representational and participatory logics so that the construction of a subaltern other is countered and reversed.

10. Conclusion

Focusing on the visual representations of the homeless subject position as they appear in *shedia*, this study showed how the Greek street paper functions as a space of contestation vis à vis the hegemonic discourse on the homeless subject position, which constructs homeless people as subaltern others. The analysis showed *shedia*'s efforts to counter homeless people's subalternity and reverse the processes of othering and some of its limitations. Interestingly, *shedia* combines critiques of the hegemonic homeless discourse with the development of a counter-hegemonic discourse, which – at the deep-structural level – is the mirror image of the hegemonic discourse. Unavoidably, this also produces visibility to this hegemonic discourse (and thus continues to be circulated), which generates a fascinating paradox.

Within this hegemonic discourse we also see two components being articulated. There is a disciplining and punitive approach towards this subaltern other, which legitimates homeless people being curfewed, chased away and harassed, as they are seen as a threat to our civilisation and bourgeois lifestyles. And there is a more sympathetic approach, which articulates homeless people as victims and produces a reformative reaction which is still situated within ›our‹ logics of normality. *shedia*'s alternative discourse has no problem with rejecting the disciplining and punitive approach, but struggles with the seductive nature of the reformative logic. Occasionally, *shedia* manages to break free, and in these cases homeless people appear as speaking and acting subjects with their own agency, as capable and creative social agents and not as deficient subjects. In these instances, *shedia* offers a discursive reconfiguration of civic identities, not only for homeless people but for all, inviting us to embrace affective and pluralist citizenship as a collective responsibility and praxis.

References

ASEN, ROBERT: Imagining in the public sphere. In: *Philosophy and Rhetoric* 35(4), 2002, S. 345-359

BATZIOU, ATHANASIA: Framing ›otherness‹ in press photographs: The case of immigrants in Greece and Spain. In: *Journal of Media Practice* 12(1), S. 2011, S. 41-60

BOUKHARI, SOPHIE: The press takes to the street. In: *Unesco Courier* 52, 1999, S. 43-44

BLUMER, HERBERT: *Symbolic interactionism. Perspective and method.* Englewood Cliffs, New Jersey [Prentice Hall] 1969

CARPENTIER, NICO: *The Discursive-Material Knot: Cyprus in Conflict and Community Media Participation.* New York [Peter Lang] 2017

CARPENTIER, NICO: Diversifying the other: Antagonism, agonism and the multiplicity of articulations of self and other. In: PEJA, LAURA et al. (Hrsg.): *Current Perspectives on Communication and Media Research.* Bremen [edition lumière] 2018, S. 145-162

CARPENTIER, NICO; VAIA DOUDAKI: The construction of the homeless as a discursive-political struggle: A discursive-theoretical re-reading of the homeless subject position. In: *Filosofija. Sociologija* 30(1), 2019, S. 71-79

CHOULIARAKI, LILIE; TIJANA STOLIC: Rethinking media responsibility in the refugee ›crisis‹: A visual typology of European news. In: *Media, Culture & Society* 39(8), 2017, S. 1162-1177

DE CERTEAU, MICHEL: *The Practice of Everyday Life* (trans. Steven Rendall). Berkeley [University of California Press] 1984

DE MELO RESENDE, VIVIANE: Discursive representation and violation of homeless people's rights: Symbolic violence in Brazilian online journalism. In: *Discourse & Communication* 10(6), 2016, S. 596-613

DI GREGORIO, MICHEL; JESSICA L. MEROLLI: Introduction: Affective citizenship and the politics of identity, control, resistance. In: *Citizenship Studies* 20(8), 2016, S. 933-942

DOUDAKI, VAIA; NICO CARPENTIER: Critiquing hegemony and fostering alternative ways of thinking homelessness: The articulation of the homeless subject position in the Greek street paper *shedia*. In: *Communications. Media. Design* 4(1), 2019a, S. 5-31

DOUDAKI, VAIA; NICO CARPENTIER: The construction of the homeless in the Greek street paper shedia. In: MURRU, MARIA FRANCESCA (Hrsg.): *Communication as the intersection of the old and the new*. Bremen [edition lumière] 2019b, S. 85-103

FELSKI, RITA: The invention of everyday life. In: *New Formations* 39, 1999/2000, S. 15-31

FISKE, JOHN: *Television Culture*. New York [Routledge] 1987

HAMMAR, TOMAS: State, nation, and dual citizenship. In: BRUBAKER, WILLIAM ROGERS (Hrsg.): *Immigration and the politics of citizenship in Europe and North America*. Lanham & London [German Marshall Fund of the US] 1989, S. 81-95

HARAWAY, DONNA: *Simians, cyborgs, and women: The reinvention of nature*. London [Free Association Press] 1991

HARTER, LYNN M.; AUTUMN EDWARDS; ANDREA MCCLANAHAN; MARK C. HOPSON; EVELYN CARSON-STERN: Organizing for survival and social change: The case of street wise. In: *Communication Studies* 55(2), 2004, S. 407-424

HOLLOWS, JOANNE: *Domestic Cultures*. Maidenhead [Open University Press] 2008

HOOKS, BELL: Marginality as a site of resistance. In: FERGUSON, RUSSELL; MARTHA GEVER; TRINH T. MINH-HA; CORNEL WEST (Hrsg.): *Out there: Marginalization and Contemporary Cultures*. Cambridge/MA [MIT Press] 1990, S. 341-343

HOWLEY, KEVIN: A poverty of voices: Street papers as communicative democracy. In: *Journalism* 4(3), 2003, S. 273-292

KRESS, GUNTHER: *Multimodality: A Social Semiotic Approach to Contemporary Communication*. London [Routledge] 2009

KRESS, GUNTER; THEO VAN LEEUWEN: *Reading Images: The Grammar of Graphic Design*. London [Routledge] 2006

LACLAU, ERNESTO; CHANTAL MOUFFE: *Hegemony and Socialist Strategy: Towards a Radical Democratic Politics*. London [Verso] 1985

LANDRY, DONNA; GERALD MACLEAN (Hrsg.): *The Spivak Reader: Selected Works of Gayatri Chakravorty Spivak*. New York [Routledge] 1996

LOUAI, EL HABIB: Retracing the concept of the subaltern from Gramsci to Spivak: Historical developments and new applications. In: *African Journal of History and Culture* 4(1), S. 2012, S. 4-8

MALKKI, LIISA H.: *Purity and Exile: Violence, Memory and National Cosmology Among Hutu Refugees in Tanzania.* Chicago [Chicago University Press] 1995

MARSHALL, THOMAS HUMPHREY: Citizenship and social class. In: MARSHALL, THOMAS HUMPHREY; TOM BOTTOMORE (Hrsg.): *Citizenship and Social Class.* London [Pluto Press] 1992, S. 1-51

MCCARTHY, LINDSEY: Homelessness and identity: A critical review of the literature and theory. In: *People, Place & Policy Online* 7(1), 2013, S. 46-58

MCVEIGH, ROBBIE: Theorising sedentarism: The roots of anti-nomadism. In: ACTON, THOMAS (Hrsg.): *Gypsy Politics and Traveller Identity.* Hertfordshire [Univ. of Hertfordshire Press] 1997, S. 7-25

MOOKHERJEE, MONICA: Affective citizenship: Feminism, postcolonialism and the politics of recognition. In: *Critical Review of International Social and Political Philosophy* 8(1), 2005, S. 31-50

MORLEY, DAVID: *Home Territories: Media, Mobility and Identity.* New York/NY [Routledge] 2000

MOUFFE, CHANTAL: *On the Political.* London [Routledge] 2005

POWELL, RYAN: Understanding the stigmatization of gypsies: Power and the dialectics of (dis)identification. In: *Housing, Theory and Society* 25(2), 2008, S. 87-109

REMILLARD, CHASETEN: *Visual representations of homelessness in the Canadian public sphere: an analysis of newspaper and photo voice images.* PhD diss., University of Calgary, 2012

ŠARIĆ, LJILJANA: Visual Presentation of Refugees during the ›Refugee Crisis‹ of 2015-2016 on the Online Portal of the Croatian Public Broadcaster. In: *International Journal of Communication* 13, 2019, S. 991-1015

SCHNEIDER, BARBARA; KERRY CHAMBERLAIN; DARRIN HODGETTS: Representations of homelessness in four Canadian newspapers: Regulation, control, and social order. In: *The Journal of Sociology & Social Welfare* 37(4), 2010, S. 147-172

SHEDIA: *Ετήσια Έκθεση 2017 Μ.Κ.Ο (Annual Report 2017 NGO)* 2017. http://www.shedia.gr/media/uploads/apologismos_2017_c.pdf [09.04.2018]

SHIELDS, TODD G.: Network news construction of homelessness: 1980-1993. In: *The Communication Review* 4(2), 2001, S. 193-218

SNOW, DAVID A.; LEON ANDERSON: Identity work among the homeless: The verbal construction and avowal of personal identities. In: *American Journal of Sociology* 92, 1987, S. 1336-1371

SPIVAK, GAYATRI CHAKRAVORTY: Can the subaltern speak? In: C. MORRIS, ROSALIND (Hrsg.): *Can the Subaltern Speak? Reflections on the History of an Idea*. New York [Columbia University Press] 2010, S. 21-78

SWAIN, JEREMY: Busting the myth. In: *Inside Housing*, 2011. https://www.insidehousing.co.uk/comment/comment/busting-the-myth-29621 [15.05.2018]

SZÖRÉNYI, ANNA: The images speak for themselves? Reading refugee coffeetable books. In: *Visual Studies* 21(1), 2006, S. 24-41

TORCK, DANIÈLE: Voices of homeless people in street newspapers: A cross-cultural exploration. In: *Discourse & Society* 12(3), 2001, S. 371-392

TURNER, BRYAN S.: We are all denizens now: On the erosion of citizenship. In: *Citizenship Studies* 20(6-7), 2016, S. 679-692

VAN BRUSSEL, LEEN: The right to die: A Belgian case study combining reception studies and discourse theory. In: *Media, Culture & Society* 40(3), 2018, S. 381-396

VAN LEEUWEN, THEO: *Discourse and Practice*. New York [Oxford University Press] 2008

WARDHAUGH, JULIA: The unaccommodated woman: Home, homelessness and identity. In: *Sociological Review* 47(1), 1999, S. 91-108

WHANG, INSUNG; EUNGJUN MIN: Discourse analysis of television news on public antagonism against the homeless. In: MIN, EUNGJUN (Hrsg.): *Reading the Homeless: The Media's Image of Homeless Culture*. Westport [Greenwood Publishing Group] 1999, S. 95-107

WOLFREYS, JULIAN: *Critical Keywords in Literary and Cultural Theory*. New York [Macmillan] 2004

WRIGHT, TERENCE: Moving images: The media representation of refugees. In: *Visual Studies* 17(1), 2002, S. 53-66

ZUFFEREY, CAROLE: Questioning representations of homelessness in the Australian print media. In: *Australian Social Work* 67(4), 2014, S. 525-536

INA PAUL-HORN / GABRIELE C. PFEIFFER

»Die eigene Wut und die Wut der Anderen«. Jelineks *Wut* intermedial in Szene gesetzt, interdisziplinär diskutiert

1. Einleitung

Unser Beitrag beschäftigt sich mit dem Thema der Wut, insbesondere in der Aufarbeitung und Aufbereitung bei Elfriede Jelineks Theatertext *Wut* und einschließlich einer ausgesuchten Bühnenumsetzung dieses Textes. Das Phänomen ›Wut‹, sowohl die eigene als auch die der Anderen, kommt uns in diesem Stück auf mehreren Ebenen entgegen, die wir analysieren und benennen, um die Medialität des Phänomens zu verdeutlichen. Diese Ebenen sind im Grunde nicht zu trennen, weil uns als nicht vor Ort Anwesende das theatrale wie reale Ereignis von ›Wut‹ immer schon medial überliefert wird. Wir verstehen das Ereignis sowohl als Ausdruck von Wut als auch als ein Ereignis, das Wut auslöst und das uns in seiner Medialität interessiert.

Die erste Ebene ist das tatsächliche Ereignis, ein terroristischer Anschlag auf die Redaktion des Satiremagazins *Charlie Hebdo* in Paris im Jänner 2015. Die zweite Ebene ist die mediale Darstellung: Der Terrorakt wird uns durch die mediale Berichterstattung und Bilder übermittelt. Die dritte Ebene ist Jelineks kreativ künstlerische Reaktion in Form ihrer sehr schnellen, textlichen Verarbeitung dieses Terrorakts. Binnen sechs Wochen formuliert sie den Text *Wut*, den sie später weiter überarbeitet. Die vierte Ebene ist eine Inszenierung des Texts *Wut* von Jelinek. Es ist jene der vergangenen Spielzeit, Jänner 2017, am Stadttheater Klagenfurt. Es handelt sich dabei um die österreichische Erstaufführung unter der Regie von Marco

Štorman. Zuletzt wäre die fünfte Ebene unsere Auseinandersetzung mit dieser Inszenierung des Textes in Form eines Dialoges anzuführen: ein Dialog zwischen der Theaterwissenschafterin Gabriele C. Pfeiffer und der Philosophin Ina Paul-Horn, die die Klagenfurter Inszenierung auch als Zuschauerin erlebt hat.

2. Dialog

GCP: Im Jahr 2017 hatte Elfriede Jelinek ihren Theatertext *Wut* auf ihrer Website online zu Verfügung gestellt. Mittlerweile ist der Text über ihre Verlagsvertretung zu erwerben. Die Online-Version war von Jelinek mit zwei Abbildungen gerahmt: einerseits mit einem Detail eines attischen rötlich eingefärbten Stamnos (ca. 480-470 a.C.n.), auf dem Herakles mit einer Schlange, die er würgt, zu sehen war; und andererseits einer Aufnahme des Massakers im Bataclan-Theater vom 13. November 2015.

IPH: Diese zwei Bilder beschäftigen mich, weil zwischen ihnen kein direkter Zusammenhang erkennbar ist. Zwischen diesen Bildern tut sich ein Abgrund auf. Das erste Bild ist ein Rückgriff auf eine vergangene Zeit, die Antike, auf die sich Jelinek in ihrem Stück, das sie anlässlich des Terroranschlags auf die Redaktion von *Charlie Hebdo* sehr schnell zu schreiben begann, auch bezieht. Der Terroranschlag fand am 7. Januar 2015 statt. Das zweite Bild ist ein Bild vom Massaker im Bataclan-Theater am 13. November in Paris. Damit werden diese beiden Terroranschläge zusammengebunden. Die zwei Bilder markieren eine Zeitachse, die in zwei Richtungen geht. Eine geht zurück in die Vergangenheit. Jelinek setzt sich in dem Text mit der Figur des Herakles und seinem ›Verrücktwerden‹ auseinander; und eine weist nach vor, in eine Zukunft, die mit dem Phänomen der Terroranschläge und der Reaktion darauf weiter befasst bleibt. Arjun Appadurai ortet in seinem Essay *Geographie des Zorns* eine »neue, zellular organisierte Politik aus der Ferne« (APPADURAI 2009: 149), die das nationalstaatliche System in seiner inneren Logik herausfordert und bedroht. Diese neue Form von Politik verwendet ›Terrorismus als Taktik‹.

GCP: In der Tat steht zwischen diesen beiden Bildern ›Schrift‹, ein zusammenhängender Text: Elfriede Jelineks (Theater-)Text *Wut*, ein auf A4-Papier ausgedruckter etwa 90 Seiten langer Text, veröffentlicht auf der persönlichen Website der Autorin. Jelineks Schreibwut, ihre Unmengen und ihre Unlängen an Textproduktionen lassen sich leicht auf ihrer Website verfolgen. »Jelineks Sprache ist maschinell«, schreibt etwa die Theaterwissenschafterin Monika Meister, »ist eine Art Maschinensprache. [...] Schreiben selbst wird als Technik gehandhabt, eine Technik, die Jelinek perfekt beherrscht; ihre Texte sind als mediatisierte Literatur zu bezeichnen« (MEISTER 2009: 276). Einerseits bietet Jelinek eine zeitgemäße digitale wie online zugängliche Selbstdarstellung als Autorin und andererseits ist dies ein freundlich offener und transparenter Weg, Lesenden die Möglichkeit zu geben, Jelineks Texten sowie ihren (Schreib-)Prozessen rasch und zeitnah zu folgen. Ihre Texte werden dabei nicht nur von Abbildungen (d. h. von historischen Gemälden ebenso wie von aktuellen Bildern aus den verschiedenen Medien wie TV, Social Media, Printmedien) begleitet, sondern auch von anderen inspirierenden Quellen. Deren Angabe ist für Schriftsteller_innen nicht unbedingt selbstverständlich, bei Elfriede Jelinek aber ist leicht nachzulesen, dass sie beispielsweise einen Text ›für‹, oder wie sie sagt ›zum‹, Theater mit dem Titel *Wut* 2015 und 2016 geschrieben und die vorerst letzte Fassung am 17. Juli 2016 online gestellt hat. Sie holte sich für diesen Text Anleihen bei, wie sie schreibt:

> »*So. Also:*
>
> *Euripides: Der rasende Herakles (auch: Der Wahnsinn des Herakles)*
>
> *Andreas Marneros: Irrsal! Wirrsal! Wahnsinn!*
>
> *Hans-Joachim Behrendt: ›iustitia prohibitoria‹. Das väterliche Gesetz und die ödipale Szene. [...]*
>
> *Florian Freistetter: Wir wissen, wo du wohnst! (zitiert aus dem ›profil‹)*
>
> *Sigmund Freud: Zur Gewinnung des Feuers*
>
> *Klar, auch Heidegger, ein paar Fetzen aus den Schwarzen Heften 1931-1938*
>
> *Die Psalme König Davids*
>
> *Klaus Theweleit: Das Lachen der Täter*
>
> *Dank an Maria A. Stassinopoulou*« (JELINEK 2015-2017)

In diesem für Schriftsteller_innen eher ungewöhnlichen Umgang mit Quellenangaben verweist Jelinek auch auf die zwei erwähnten Bilder, und weist sie aus: einerseits »Heracles strangling snakes (detail from an Attic red-figured stamnos, c. 480-470 BCE)« und andererseits »Foto: Konzertsaal Bataclan, 13. November 2015«.

Ein Charakteristikum von Jelinek besteht darin, dass sie immer wieder an bereits bestehenden Texten (weiter-)arbeitet. Diese verändern sich also laufend. So zeigt sich beispielsweise auch am Ende von *Wut* wieder ein neuer Eintrag – ein Epilog sozusagen – vom 7. Juli 2017 mit dem Titel ›Ich, ja, echt! Ich‹. Doch bevor sie diesen geschrieben hat, kam ihr ›Theaterstück‹ (das als solches nicht kenntlich ist, keine Dialoge, oft keine Satzzeichen, Didaskalien sowieso nicht) gehalten in Prosa zur Uraufführung. Jelinek steht dem Theater, d. h. den Aufführungen kritisch gegenüber. So schreibt sie beispielsweise bei einer ihrer Nachbemerkungen: »Diese Texte sind für das Theater gedacht, aber nicht für eine Theateraufführung« (JELINEK 2002: 85). Warum Jelinek dennoch am Theater interessiert ist, was ihre Intention ist, *für* das Theater zu schreiben, sieht Monika Meister in der Kategorie ›Macht‹ »Das Theater wird als Schauplatz behauptet, auf dem die widersprüchlichsten Machtstrukturen ihre Auftritte haben. Nur im Theater sind sie als diese erkennbar, im Theaterrahmen, in den festgelegten Grenzen von Raum und Zeit« (MEISTER 2009: 280). Jelinek aber gibt Theaterleuten nicht vor, *wie* ihre Texte *umzusetzen wären*. Die Regie kann daher letztendlich frech und frei an Jelineks Texte herangehen und diese nach eigenem Willen und eigenen Vorstellungen auf eine Bühne bringen. Mitunter ergab dies geniale Kombinationen von Jelinek-Texten und Bühnenumsetzungen wie von Regisseur Einar Schleef (1944-2001) und Christoph Schlingensief (1960-2010), später auch mit Nicolas Stemann. Dieser meint, die Texte Jelineks »wollen mehr, als nur gelesen und analysiert werden. Sie wollen benutzt, beschmutzt, bekämpft und umworben werden. Das ist im Rahmen einer Theaterinszenierung möglich – und nur da« (STEMANN 2006: 68). So auch bei der Uraufführung von *Wut* am 16. April 2016 in den Münchner Kammerspielen, unter der Regie von Stemann. Im *Standard* ist dazu zu lesen:

> »Die Uraufführung von Elfriede Jelineks Drama ›Wut‹ am Samstagabend beginnt an den Kammerspielen München mit einer launigen Ansprache von Regisseur Nicolas Stemann (über die wachsenden Textkonvolute der Autorin) und einem Zitat von André Breton: ›Der einfachste surrealistische Akt ist es, blindlings in die Menge zu schießen‹. Von der Unfassbarkeit und Widersinnigkeit terroristischer Akte handelt auch das Stück« (AFFENZELLER 2016).

In Österreich wurde Elfriede Jelineks Theatertext in der Zwischenzeit ebenfalls auf die Bühne gebracht; so gab es etwa eine Aufführung in Salzburg, am 21. Jänner 2017 unter der Regie von Anne Simon, und zuvor auch eine in Klagenfurt am 5. Jänner 2017.

IPH: Bevor das Stück in Klagenfurt in der letzten Spielsaison (2016/17) gezeigt wurde, bekamen alle Abonnent_innen einen Brief. In diesem wurde angekündigt, dass sie nicht mit ihren gewohnten Sitzplätzen rechnen dürften. Es könne auch sein, dass man auf der Bühne sitzen müsse. Diese Ankündigung erweckte bei mir eine Erwartung des Einbezogenwerdens in das Spiel der Schauspieler_innen oder auch des Ausgesetztseins auf der Bühne. Beide Erwartungen waren mit gemischten Gefühlen verbunden. Zum Einbezogenwerden fielen mir die engagierten Aufführungen im Dramatischen Zentrum in Wien ein, eines der bedeutenden Alternativzentren der 1970er- und 1980er-Jahre für junge Theaterautor_innen, Schriftsteller_innen wie Schauspieler_innen mit Angeboten wie Workshops, Fortbildungen, Schauspielausbildung und internationalen Gästen (vgl. HEINRICH 2017). Die Vorstellung, unmittelbar auf der Bühne zu sitzen, erweckte bei dem Thema ›Wut‹ die Befürchtung, attackiert zu werden.

Die Bühne von *Wut*, Stadttheater Klagenfurt 2016/17 (Foto: © karlheinzfessl.com)

Man spürte zu Beginn der Vorstellung Aufregung im Raum. Es ist immer wieder erstaunlich wie stark eine Intervention in Bezug auf den Aufenthalt im Raum wirkt. Ich war erleichtert: Wir saßen zwar auf der Bühne, aber nicht mit dem Gesicht zum Publikum, sondern auf der Bühne, aber seitlich. So konnte ich das Dunkel hinter dem Vorhang erleben, ebenso den besonderen Geruch, den es im Stadttheater hinter der Bühne hat, war aber auch durch den Seitenplatz geschützt. Ich hatte ein Stück der Bühne zu meiner linken Seite und konnte in den Bühnenraum sehen, auf der ein Holzgestell aufgebaut war, das mich an ein Schafott, aber auch an einen Arbeitstisch, erinnerte. Über den Orchestergraben hinweg ragte ein Steg in den Publikumsraum, der die Bühne und den Raum des Publikums wie eine Brücke verband. Und, ich konnte in den Raum des Publikums sehen. Durch die Versetzung der Zuschauenden waren die Sichtlinien für manche problematisch. Eine Kollegin von mir, die auf der Bühne weiter hinten saß, konnte nur einen sehr eingeschränkten Teil der Bühne sehen und nicht gut hören, wenn die Schauspieler_innen in die andere Richtung, nämlich in Richtung Zuschauer_innen im Publikumsraum gesprochen haben. Man muss dazusagen, dass sich die Bühne mit dem Gestell (dem Schafott etc.) in meiner Erinnerung gedreht hat; man hat vermutlich dadurch erreichen wollen, dass die Schauspieler_innen in ›alle Richtungen hörbar sind‹.

GCP: In Klagenfurt kam es also am 5. Jänner 2017 zur Erstaufführung in Österreich, unter der Regie von Marco Štorman, der in Klagenfurt bereits Jelineks *Winterreise* inszeniert hatte. Er und die Dramaturgin Karoline Hoefer stellten eine Passage, die in Jelineks Text gegen Mitte hin steht, an den Beginn. Es ist die ›Erzählung einer Frau über ihren untreuen Hans‹, über die der Kritiker des Kurier meint, sie »weist aber – als Ouvertüre – in eine falsche Richtung. Sie dient zumindest dazu, die beiden Jelinek-Figuren im (wie in München) siebenköpfigen Ensemble einzuführen. Warum es deren zwei gibt, hat mit der Bühnensituation zu tun: Die Ausstatterinnen Frauke Löffel und Anna Rudolph ließen über dem Orchestergraben eine treffliche, hölzerne Konstruktion aus Guillotine, Betbänken und Zeichenpult mit Arbeitslampe zimmern« (TRENKLER 2017).

Das Textkonvolut von Elfriede Jelinek präsentiert vor allem Menschen, die in Gottesnamen morden und deren Wut. Jelinek bezieht sich dabei aber nicht nur auf das Massaker von *Charlie Hebdo* (und andere), sondern sie artikuliert dabei (wie Homer, auf den sie sich ebenfalls bezieht) ihre eigene Wut. Die blutigen Anschläge auf *Charlie Hebdo* und die Geiselnahme in einem jüdischen Supermarkt sind Ausgangspunkt und Folie für eine Reise von der Antike bis zur Gegenwart und der ureigenen Kraft von Wut, Zorn und Hass von Menschen. Der Text ist – wie so oft bei ihr – eine Aneinanderreihung von Gedanken und Assoziationen des uns Umgebenden, in diesem Fall der uns umgebenden Wut.

IPH: Meine erste Überraschung: Alles wurde wiederholt. Die Schauspieler_innen vor uns sagten etwas, eine andere Schauspielerin – etwas weiter in der in den Publikumsraum verschobenen Bühne und zum Publikum im Theaterraum gewendet – wiederholte den Text noch einmal. Zuerst fand ich das irritierend, weil sich das Hintereinander leicht verschnitt und ein wenig störte. Zunehmend erschien mir die Wiederholung wie eine Erläuterung. Was man das erste Mal nicht ganz gehört hatte, konnte man noch einmal hören. Ein wenig erweckte dies den Eindruck einer Übersetzung, obwohl es jedes Mal derselbe Text war. Die Verdoppelung des Textes, der in zwei Richtungen gesprochen wurde, erweckte bei mir – vielleicht zusammen mit der Raumfigur der Bühne als Brücke zwischen Schauspieler_innen und Publikum – das Bild des doppelköpfigen römischen Gottes Janus. Janus, der Gott der Schwelle, sieht in zwei Richtungen: in die Zukunft und in die Vergangenheit. Er ist der Hüter der Schwelle. »Janus ist Schirmherr der öffentlichen Tore und Durchgänge, die ebenfalls *janus* hießen (nicht der privaten Türen.) Ianus ist aber auch der Gott allen Anfangs« (EISENHUT 1979: 1311f.). »Dargestellt wird Janus doppelgesichtig« (ebd.: 1313).

Die zweite Überraschung war für mich, dass das Stück mit einem gesprochenen Text über eine Trennung begann. Eigentlich einer Nicht-Trennung, denn eine Frau beklagt sich, dass der Mann, der sich von ihr getrennt hatte, nicht als Gegenüber für die Besprechung der Trennung zur Verfügung stand, sondern sich entzog. Es war dieser Ent-Zug, den der Text formuliert. Das Sich-nicht-zur-Verfügung-Stellen für eine Trennung. Was auch etwas Paradoxes enthält. Ein Mann will weg und geht einfach, eine Frau bleibt zurück und beklagt, dass der Mann nicht mehr da ist, nicht einmal um darüber – ja was eigentlich? – zu reden. Die Frau beklagt dies so vehement wie monoton und gleichzeitig aussichtslos, denn der andere ist ja weg. Sie beklagt sich vor uns. Ich habe gemerkt, dass bei mir leichte Wut aufkam über diesen Entzug, dieses Sich-Entziehen und auch über die wiederholte und aussichtslose Klage. Diesmal war die Frau im linken Teil der Bühne. Es ist ein erster Moment, in dem ein Gefühl von Wut bei mir als Zuschauerin aufsteigt: Wut über die Art des Verlassenwerdens, aber zunehmend auch Wut über diese hilflose und ohnmächtige Klage, die sich immer wiederholt.

GCP: Elfriede Jelineks Texte, die – wie bereits kurz angesprochen – keine Dialoge, keine Didaskalien, keine Auf- und Abtritte, keine Akte, keine Figurenführung etc. beinhalten und keinen herkömmlichen Dramentexten gleichen, werden dem postdramatischen Theater zugerechnet. ›Postdramatisches Theater‹ ist ein Terminus technicus, der vom Theaterwissenschafter Hans Thies-Lehmann aus Frankfurt in seinem gleichnamigen Buch (LEHMANN 1999) zu Beginn der Jahrtausendwende für bestimmte, seit den 1960er-Jahren, insbesondere den 1990er-Jahren aufkommende Theaterformen eingeführt worden ist und seitdem inflationär gebraucht wird. Wie der Begriff bereits andeutet, ist es ein Bezug zu Theater, das ›nach‹ dem Drama folgt. Diese Theorie eines neuen Theaters bezieht sich aber nicht nur auf ›Text‹, sondern vielmehr auch auf Aufführungs- und Inszenierungspraktiken. In Theatertexten, die also »nicht mehr dramatischen Theatertexten« zugeordnet werden können, »schwinden die ›Prinzipien von Narration und Figuration‹ und die Ordnung einer ›Fabel‹«, schreibt Lehmann (1999: 14) in seinem mittlerweile zum Standard erhobenen Buch *Postdramatisches Theater*. Bei der Charakterisierung von Jelineks Texten, meint er: »Es kommt zu einer ›Verselbständigung der Sprache‹. Schwab, Jelinek oder Goetz stellen – bei unterschiedlich starker Beibehaltung der dramatischen Dimension [–], Texte her, in denen Sprache nicht als Figurenrede – soweit es definierbare Figuren noch gibt –, sondern als autonome Theatralik in Erscheinung tritt« (ebd.). Mehr als die Sprache erscheint nun – im postdramatischen Theater – das Sprechen selbst auf der Bühne. Daraus ergeben sich dann inszenierungstechnisch die Mittel der Wiederholung, des Stotterns, des monotonen Sprechens oder etwa auch der (Auf-)Lösung, indem mehrere Schauspielende ein und dieselbe Textstelle übernehmen.

Schauspielerin und Ensemblemitglied des Thalia Theaters in Hamburg, Karin Neuhäuser, die für ihre Darstellung in *Wut/Rage* (Regie Sebastian Nügling 2016) den Faust-Preis erhielt, erzählt in einem Interview, wie es ihr mit dem Erlernen des Textes, der sich durch »semantische Verschiebungen, Mehrdeutigkeiten und Verdichtungen« (MEISTER 2009: 276) auszeichnet, ergangen ist: »Schon in meiner ersten Jelinek-Begegnung, ›Winterreise‹, hätte ich sie schlagen können, weil ich mich wahnsinnig schwertat, den Text zu lernen«, sagt sie. »Bei ›Wut/Rage‹ gibt es keine szenische Einbindung. Das ist ja ›nur‹ präzises Denken, mehr nicht. Da stecken Assoziationssprünge drin, die ich nicht verstehe, die sie vielleicht selbst nicht versteht, sodass man sich die absurdesten Eselsbrücken bauen muss« (STIEKELE 2017). Die Erzählung fehlt, das Sprechen wird Protagonist. Der Sprechakt selbst wird damit zum Ereignis.

IPH: Neben dem Sprechen als solchem fand ich v.a. auch die Verwendung der Videokamera durch die Schauspieler_innengruppe sehr eindrucksvoll. Das Spiel auf der Bühne wurde während der Aufführung seitens der Schauspielenden kontinuierlich gefilmt und für die Zuschauenden sichtbar auf die Decke projiziert. Dabei ging die Videokamera von Hand zu Hand der Schauspielenden. Die Videokamera war, seit ihrer technischen Erfindung in den 1970er-Jahren, zum Beispiel ein wichtiges künstlerisches Ausdrucksmittel feministischer Künstlerinnen, weil sie leichter zugänglich und handlicher als eine Filmkamera war. Die Präsenz der Videokamera auf der Bühne erinnert mich an die Geschichte des Mediums, aber auch an die aktuelle Verwendung als mediale Waffe. Terroristen ist das Erscheinen in den Medien wichtig, und sie filmen, was sie tun, so wie die Schauspieler_innen im Jelinek-Stück, wie die Philosophin Carolin Emcke in ihrer ›Dankrede‹ für den Johann-Heinrich-Merck-Preis für literarische Kritik und Essay, der seit 1964 von der Deutschen Akademie für Sprache und Dichtung verliehen wird, darlegt. In ihrer Rede analysiert Emcke das sogenannte Enthauptungsvideo, das zu einem Signet des ›IS‹ geworden ist, der dieses Video auf YouTube kursieren ließ. Emcke plädiert dafür, hinzusehen und – wie sie in Anlehnung an Herta Müller sagt – »hin zu denken«, »um sich aus dem Griff des einen Bildes, aus der Ohnmacht des verdinglichten Betrachters zu befreien« (EMCKE 2014: 2f.), ein Anliegen, das sie mit Elfriede Jelinek verbindet. Dieses Video, das die Ermordung des amerikanischen Journalisten James Foley am 19. August 2014 via Internet öffentlich machte, spielt mit der Einbildungskraft der Zuschauenden insofern, als es bei genauer Betrachtung im ganzen Video (auch in der ungekürzten Fassung) gar keine Enthauptung zeigt. In der inszenierten Aufnahme wird dieser Moment leer gelassen. Die Zuschauenden vervollständigen diese Leerstelle mit einem imaginären Bild. »Dann blendet die Kamera aus. Schwarz. Eine Enthauptung ist auf dem ›Enthauptungsvideo‹ nicht zu sehen. Die Enthauptung ist die Lücke, in die hinein wir die Enthauptung imaginieren« (ebd.: 5). Die Terroristen machen die Zuschauenden so zu unfreiwilligen Kompliz_innen ihrer Tat, indem diese in ihrer Fantasie die Lücke vervollständigen und so die Enthauptung vervollständigen und als »eingefrorenes Bild« (ebd.) festhalten.

GCP: Obwohl bereits in den 1960er-Jahren erste Experimente zu videokünstlerischen Arbeiten, allerdings eher von Bildenden Künstler_innen, durchgeführt worden sind, erfährt der Einsatz von Video auf der Bühne erst seit den 1990er-Jahren verstärktes Interesse, wiederum im Rahmen des postdramatischen Theaters. Lehmann fasst diese Erscheinungsformen unter dem Begriff »Verschaltungen« zusammen und sieht im »Theater mit Medien« oder auch »Medientheater« (und hier sei ausgeklammert, dass

Theater *als* Medium selbst verstanden werden kann, weshalb es vielleicht besser lauten sollte), d. h. im Theater mit elektronischen Medien einen »Ort des Trainings« (LEHMANN 1999: 431). Aber Training wozu? Lehmann meint, dass Individuen üben könnten, »wie sie angesichts ihres Zusammenwirkens mit und ihrer Abhängigkeit von technologischen Strukturen eine Sicherheit, persönliche Resistenz und Selbstbewußtsein behaupten« (ebd.) könnten. Das wäre einer der wichtigen Aspekte. Ein weiterer, den er als ›Nebeneffekt‹ kennzeichnet, der jedoch eine der Hauptattraktionen der letzten zwei Jahrzehnte auf der Bühne wurde, ist die Tatsache, dass bei einem Einsatz von Medien und Apparaten (Herumtragen von Kamera, Mikrophone auf der Bühne, neben Projektionsflächen auch Projektoren sowie Kabel usw.) nicht nur die Handhabe von Technik offengelegt wird, sondern dabei auch die Aufmerksamkeit der Zuschauenden auf die Akteur_innen selbst fällt. Teilweise mehr als auf die Figuren, Personen, Rollen, die sie darstellen (wenn sie welche darstellen). Dies erfordert selbstverständlich ein Hand-in-Hand-Gehen mit den Sehgewohnheiten des Publikums. Die Aufmerksamkeit, die das Publikum nun durch den Einsatz von Medien und Apparaten auf die Akteur_innen der Bühne legt, ermöglicht – so Lehmann – ein Sich-Verbünden der beiden (von Zuschauenden und Agierenden) gegen ›die Macht der Medienbilder‹, es ginge also um die Faszinationsmacht der Bilder. Und was fasziniert wiederum daran? Lehmanns Antwort: »Was fasziniert, ist die *Ästhetik der Verschaltung*.« D. h., die Abläufe auf der Bühne, die Töne, die Bewegungen, die Bilder, ... alles ist elektronisch verkoppelt – durch An- und Zuschaltungen, Übertragung, es käme zu einer »Verschaltung heterogener Elemente (Körperglieder – Sound – Videobild – Sprechen – Lichtnetze – Kamera – Mikrophone – Monitore – Maschine ...)« (LEHMANN 1999: 431). So geschehen auch bei der Klagenfurter Inszenierung von Jelineks *Wut*.

IPH: Neben der technischen Aufbereitung wie der Sichtbarkeit der Videokamera und der Mikrophone auf der Bühne, hat mich *inhaltlich* zunehmend die Frage beschäftigt, was eigentlich der Unterschied zwischen Wut und Zorn sei. Ich glaube, in Jelineks Stück wird gezeigt, dass Wut etwas aus der Tiefe Aufkeimendes und auch etwas Anhaltendes ist. Etwas das mit Hilflosigkeit verbunden ist, wie in der Anfangsszene des Stücks, wo ein Mann eine Frau verlässt und nicht einmal als Gegenüber anwesend ist, um darüber zu sprechen und dazu zu stehen, sondern einfach weggeht und sich der Auseinandersetzung entzieht. Zorn ist dagegen stärker zielgerichtet und transformiert sich in eine gewalttätige Handlung, die dann auch als solche verherrlicht werden kann oder jedenfalls eine Erleichterung darstellt. Im Bild der gezeigten Szenen ist die Frau zu Beginn wütend, aber es folgt daraus keine auf ein Gegenüber bezogene Handlung. Sie belässt es bei der wiederholenden Klage. In der philosophischen Tradition wird zwischen Wut und Zorn nicht immer ein Unterschied gemacht. Viele verwenden Wut und Zorn synonym wie z. B. Montaigne (2016). Zorn ist für Aristoteles »ein mit Schmerz verbundenes Trachten nach dem, was uns als Rache für das erscheint, worin wir eine Kränkung unserer selbst oder eines der unsrigen erblicken von jemandem, dem das Kränken nicht zukommt« (ARISTOTELES 1995). Aristoteles beschreibt den Affekt des Zorns aus der Sicht des Zornigen, nicht aus der Sicht derer, die Zorn erleiden, und zerlegt ihn in mehrere Komponenten. Es geht um den Schmerz infolge einer erlebten Kränkung. Eine Kränkung durch jemanden, dem dies nicht zusteht. In Aussicht wird von dem Gekränkten eine Handlung genommen, die gerechtfertigt erscheint, weil ihr ein Unrecht zugrunde liegt. Zorn ist wesentlich, also von seinem Begriffsverständnis, mit einer Handlung verbunden, als Reaktion auf eine erlittene Kränkung. Der Philosoph Ben-Ze'ev unterscheidet Zorn von Hass. Für ihn wendet sich Zorn »im wesentlichen gegen eine Person, die eine bestimmte tadelnswerte Tat begangen hat, während beim Hass die grundlegende Eigenschaft der Person im Vordergrund steht« (BEN-ZE'EV 2009: 198). Um mit Zorn umzugehen, kann dem Zornigen Distanzierung und das Einnehmen einer Metaebene helfen, was beim Hass, so Ben-Ze'ev, nicht zutrifft, weil Hass auf die Beseitigung der Person zielt. Die Wut ist für Ben-Ze'ev nur »eine weniger spezifische Form von Zorn. Bei der Wut ist die Gefühlsdimension intensiver als beim Zorn, und dementsprechend ist die intentionale Dimension weniger komplex« (ebd.: 202). Man bekommt den Eindruck, dass Jelinek in ihrem Stück *Wut* Wut, Zorn und Hass bündelt.

GCP: Das Thema ›Wut und Zorn‹, einerseits bezogen auf die aktuellen Geschehnisse auf der (globalen) Welt – insbesondere den konkreten Ausgangspunkt von Jelinek, *Charlie Hebdo* – und andererseits die eigene Wut, die der Autorin angesichts dieser Geschehnisse hochsteigt, ist der leitende Faden durch den Inhalt, den Text und schließlich durch die Aufführung(en), immer vor dem ›Sprach- und Sprechhintergrund‹. Im Text (und der Inszenierung) differenziert vorgestellt sind folgende Varianten: die Wut von Terroristen, bereit zu töten, die Wut und der Zorn von Pegida-Anhängern, von sogenannten ›Wutbürger_innen‹, von Internet-Postern und auch die Entrüstung einer Frau, die von Hans verlassen wird. Es ist eine Vielstimmigkeit von Menschen zu hören (und auf der Bühne zu sehen), »die sich eindeutigen Zuschreibungen konsequent entziehen. Zu sprechen scheint hier«, schreibt die Jelinek-Spezialistin Silke Felber, »alleinig die blinde Wut« (FELBER 2017: 45). Es gibt keine Figur oder Personage, kein ›Ich‹ oder ›Wir‹, kein ›Er‹ oder eine ›Sie‹, die hier im Jelinek'schen Text ›ihre Wut‹ zum Ausdruck bringt. Ganz dem postdramatischen Theater gemäß, kommt hier »nicht so sehr die eine Stimme des einen Subjekts zum Klingen«, als vielmehr »eine *Dissemination* der Stimmen« (LEHMANN 1999: 276) erklingt. Es ist die Wut selbst, die hier zu sprechen beginnt. Diese Wut vor Augen und schließlich auf der Bühne zu sehen (und wie aus dem Alltag gewohnt bei Fernsehnachrichten eines Weltjournals oder einer Chronik) – was macht sie mit uns? Das ist hier die Frage. Wie sieht es denn aus mit der janusköpfigen Wahrnehmung und der Wut oder dem Zorn der anwesenden Zuschauer_innen im Theater, während einer Aufführung?

IPH: Ich finde, Jelinek durchkreuzt diese Konstruktion von ›Wir und die Anderen‹, indem die Perspektiven wechseln und die Zuschauenden mit ihren eigenen Emotionen konfrontiert werden. Die Schattenseite davon ist, dass man auch sagen könnte, es werden mehrere sehr verschiedene Ereignisse und die verschiedenen Perspektiven der Beteiligten zusammengebunden und dadurch nicht differenziert, sondern nur spärlich, oder nur für gut Informierte, kenntlich (wie z. B. der Völkermord in Ruanda). Nach ca. einer Stunde fühlt sich das an wie eine Tortur. Der Körper schmerzt. Ich hätte gern eine Pause und finde, die wäre nach einer Stunde intensiven Theaters auch angebracht. Nach der Aufführung mutmaßen einige Zuschauer_innen, es hätte deshalb keine Pause gegeben, weil nach einer Pause viele Zuschauer_innen nicht mehr zurückgekommen wären. Eine Pause hätte aus Sicht des Theaters ein zu hohes Risiko dargestellt. Der Regisseur hat einen Text von acht Stunden Länge bereits auf zwei Stunden gekürzt. Das wäre zumutbar. Nach einer Stunde konzentrierten Zuhörens würde ich für eine Pause plädieren. In einer Pause könnte man hinausgehen, ein wenig durchatmen, sich mit anderen unterhalten und erfrischt wieder zurückkommen. Tatsächlich gehen nur wenige vor dem Ende aus der Vorstellung hinaus. Die Anspannung spiegelt ganz realistisch die Situation der Ohnmacht und Bedrohung angesichts von Terroranschlägen wider.

Ein anderer Zuschauer wirft darauf ein: Wozu soll ich mir das im Theater noch einmal ansehen, ist die Wirklichkeit nicht schon schrecklich genug?

GCP: Inhaltlich wie auch emotional scheint die Verschränkung von Wut und Zorn in Jelineks Theatertext und damit in den Inszenierungen auf. Die Autorin beschäftigt sich auch immer wieder mit den Strategien visueller Politik und den Zeiten des Terrors sowie dem Fundamentalismus, d.h. mit dem Verhältnis ›Bild, Technik/Medien und Macht‹. Besonders auffällig ist dies in ihren jüngeren Texten. Darin bestimmend ist die Auseinandersetzung, was bewirken und wie wirken Bilder, die in den Medien, allen voran den neuen Medien, verbreitet werden, welche Machtpositionen werden vermittelt. Wie Petja Dimitrova schreibt, finden soziale Bewegung, kollektive Widerstandskämpfe und Proteste generell sowohl im privaten wie im öffentlichen Bereich statt. »Wie aber werden sie dargestellt, welche Bilder bilden diese Bewegungen ab?«, fragt sie, und »wie sehen wir diese Bilder?« (DIMITROVA 2017: 297). Zusätzlich zur Frage des *Wie* ist ebenfalls die Frage entscheidend, *wer produziert* diese Bilder? Welche Bilder sind emanzipatorisch und/oder welche selbstrepräsentativ? Tom Holert etwa konstatiert in seinem Artikel *Politik des Sehens*, dass »auf die Veränderung und Redefinition dessen, was gesehen und gesagt werden kann« zu achten sei, »wobei die ästhetischen Formen, mit denen diese Veränderungen angestrebt [werden], von Fall zu Fall neu zur Disposition stehen und ihre Beziehungen zur Kunst aushandeln müssen« (HOLERT 2015: 8). Während bei Pressekonferenzen oder Demonstrationen wie etwa der Refugee-Protestbewegungen der letzten Jahre (z. B. Refugee Protest Camp Vienna) (vgl. DIMITROVA 2017: 297ff.) die Akteur_innen selbst als bildproduzierende Personen ›auftreten‹, sind es bei Inszenierungen von Jelineks Theatertexten Theaterleute, selbst dann, wenn die Akteur_innen des Alltags (beispielsweise Geflüchtete bei Jelineks *Die Schutzbefohlenen*) auf die Bühne geholt werden. Es bleibt eine (theatrale) Inszenierung. Bei genanntem Beispiel in Klagenfurt gibt es gleich gar keine Verwechslungsmöglichkeiten, es sind der Regisseur und die Schauspielenden, die hier den Text inszenieren. Jelineks *Wut* behandelt auch die Problematik, politische Anliegen visuell zu markieren, ein Vorgang, den Tom Holert als »Methode und Technologie« konstatiert, bei der es um Sicht- und Sagbarkeit ginge (HOLERT 2015: 9). Darüber hinaus bezieht sich der Text auf den Hintergrund eines Bilderverbots des Islam, auf das sich die Karikaturist_innen von *Charlie Hebdo* bezogen hatten. Gerade dadurch zeige Jelinek, so Felber, »die Paradoxien

auf, die dem vermeintlich religiös motivierten Fundamentalismus innewohnen« (FELBER 2017: 43). In *Wut* heißt es:
>»Wecken die Bilder, die süß schlummernden, dauernd aus ihrer Ruhe, die sowieso nie lang dauert, weil dauernd eine Hand mit ihnen herumspielen muß, um eine Art Lust zu erzeugen, und da erscheint es, was?, keine Ahnung, etwas erscheint, denn es existiert nur das, was angeschaut werden kann. Da ist es wieder praktisch, daß das keiner mit dem Propheten machen kann, der kann nicht angeschaut werden, es gibt kein Bild, und wer sich eins macht, der fliegt und aus. Direkt verboten ist es angeblich aber nicht« (JELINEK 2015-2017).

Welche Bilder hat die Aufführung in Klagenfurt nun ›produziert‹? Welches Bild – beispielsweise – bleibt schließlich über längere Zeit auch in der Erinnerung haften?

IPH: Wenn Du mich so fragst, möchte ich die Antwort zweiteilen. Einerseits bleiben für mich Fragmente von Bildern in Erinnerung, wie Zitate: z.B. der Blick von Maria Hofstätter mit ihrem seltsamen Lächeln, das Gestell auf der Bühne, überhaupt die Zweiteilung der Bühne, das Raumgefühl, die goldenen Kalaschnikows, die Kostümbilder, die sowohl an die französische Revolution als auch an klassisches Ballett erinnern (eine der Schauspielerinnen hatte ein weißes Röckchen an), die Videokamera und das ständige Fuchteln damit und das Filmen, wodurch man die so aufgenommenen Bilder simultan auf der Decke sehen konnte.

Andererseits erinnere ich mich sehr eindrücklich, wie sich weniger ein Bild als eine Vorstellung von Wut in mir bildete im Unterschied zu Zorn. Wut – in diesem Stück – sehe ich als etwas, das langsam aufbrodelt, hochkommt, sich ausbildet, so wie ein Gerücht, erst ein bisschen und dann immer mehr, quasi ohne Grenze, und etwas, das bleibt. Es gibt ein Zitat bei Montaigne über die Wut, dass die Wut sich aus sich selbst speist, weil sie sich gefällt. Wut ist etwas, das langsam oder manchmal auch blitzartig hochkommt, aber auch etwas, das sich weiter fortsetzt, kein Ende findet. Bei Montaigne heißt es wörtlich: »Die Wut ist eine Leidenschaft, die an sich selbst Gefallen findet und sich immer weiter anspornt« (MONTAIGNE 2016: 355).

Eindrücklich in Erinnerung ist mir die Chorführerin geblieben (allerdings ohne Chor wie im antiken Theater), die zum Publikum in zwei Richtungen spricht. In Erinnerung ist mir die Anfangsszene mit der Frau. Dann erinnere ich mich an Maria Hofstätter, die als älteste der Gruppe von

Schauspieler_innen einen eigentümlich abwesend-lächelnden Ausdruck hat, irgendwie mittendrin und abwesend zugleich erscheint, als Begleitende, aber auch in gewisser Weise unbeteiligt am Geschehen. Sie drückt eine zwiespältige Haltung aus, die vielleicht in dem ›Stück‹ und angesichts des Themas ganz gut passt.

Meiner Ansicht nach ist eine Qualität des Stücks, dass eben nicht Bilder produziert werden, sondern Bilder zwar verwendet, aber auch wieder aufgelöst werden.

Maria Hofstätter in *Wut* am Stadttheater Klagenfurt (Foto: © karlheinzfessl.com)

GCP: Da im postdramatischen Theater nicht das Narrative im Vordergrund steht, sondern das Ereignis, könnte ich mir vorstellen, dass das Erinnerbare vorwiegend die eigenen Gefühle oder Bilder von der Bühne (ähnlich den tableaux vivants) während der Aufführung sind, die dann – im Laufe der Zeit – zu eigenen inneren (Bühnen-)Bildern werden. Es geht sicher weniger um das Verstehen, als vielmehr um das Erleben seiner/ihrer selbst. Verwirrung und Überforderung scheinen hier immer sehr tragbare, über den Theaterabend hinaus (t)ragende Eindrücke zu bewirken. Zudem ist das Publikum bei dieser Form von Theater stets auf sehr unmittelbare Weise auf sich selbst zurückgeworfen. Das käme der Intention Jelineks mit ihrem Text nahe, denn sie strebe – so ihr eigener Wortlaut – eine Verbindung zwischen realistischer und experimenteller Literatur an (vgl. JELINEK 1982: 87). Sie bezeichnet ihre Umsetzungen als »eine Art Überrealismus [...] ein Realismus aus sehr großem Abstand, in dem man sich verschlüsselt mithineinbringt. Das ist es«, sagt sie, »was ich anstrebe, eine reale Erfahrung auf einer abstrakten Ebene« (ebd.: 87f.). Durch die Vielstimmigkeit in Jelineks Texten, viele sprechen, manchmal ist es auf der Bühne auch chorisch angelegt, bleibt es auch bei *Wut* nicht bei dem ›eindimensionalen Wutausbruch‹ des Ausgangspunkts der Terroristen. Die Wut des Jelinek-Textes ist vielschichtiger und nimmt auch die Wut der Bürger_innen auf sowie gegebenenfalls auch die eigene. Jelinek selbst sagt über sich und ihre Wut: »Ich funktioniere nur im Beschreiben von Wut [...] in dem Moment, in dem ich etwas Positives beschreibe, werde ich literarisch uninteressant und flach« (ebd.: 84). Der rezeptive Part im Theater – das Publikum – beschreibt seine Wut nicht. Vielmehr ist er ihr von der Bühne her ausgesetzt. Könnte es sein, dass die Aufmerksamkeit des Publikums – gerade durch die dem Mensch innewohnende und während der Aufführung langsam aufsteigende Wut – mehr und mehr auf die eigene Wut und den eigenen Zorn gelenkt wird als auf jene dargestellte Wut von Terrorist_innen?

IPH: Was mich beunruhigt, ist: Auch an die vielen medialen Bilder der Berichterstattung in den verschiedenen Medien wie Zeitung und Fernsehen erinnert man sich im Nachhinein nicht mehr genau; mit Ausnahme jener ›eingefrorenen‹ Bilder, wie sie Emcke am Beispiel des IS-Videos bezeichnet hat (vgl. EMCKE 2014). Eingefrorene Bilder verdanken sich einer bewussten Inszenierung, die die Zuschauenden dazu bringt, den Akt der Gewalt in der Imagination auszuführen. Theater würde uns dann auch das Vergessen und Untergehen der Bilder vorführen. Aber hätte Theater nicht auch noch eine andere Funktion, als dies zu wiederholen? Was die Aufführung schmerzhaft deutlich macht, ist die Verbindung von Wut und Zorn mit Hilflosigkeit und fehlender Kontrolle (vgl. NUSSBAUM 2017: 70f.). Wir sind nicht zornig über ein Erdbeben, sondern »nur wo der begründete Verdacht besteht, daß Bedingungen geändert werden könnten und dennoch nichts geschieht, stellt Wut sich ein« (ARENDT 1985: 64). Den Zuschauenden wird in dem Stück auch widergespiegelt, dass sie beim Zuschauen eine Rolle spielen. In einer Analyse des Videos von Clausnitz hebt Carolin Emcke neben der Gruppe der Männer, die den Bus der Geflüchteten blockierten, noch vor den Polizeibeamten die Gruppe der Zuschauer_innen hervor (EMCKE 2016: 54f.).

Wichtig war auch die Musik bei dieser Inszenierung. Es spielte eine kleine Gruppe von Musikern, das Trio ›Wut-An-Klang‹ bestehend aus Roman Britschgi (Bass), Lubomir Gospodinov (Saxophon) und Jörg Treissner (Gitarre). Einerseits bildeten die musikalischen Sequenzen eine vorübergehende Erholung zur Intensität der gesprochenen Sprache auf der Bühne. Andererseits macht die Musik aber auch auf erschreckende Weise aufmerksam, wie sie einen durch ihren bewegenden Rhythmus mit hinein begleitet in diese Atmosphäre der Gewalt.

GCP: Marco Štorman gelingt es im Klagenfurter Stadttheater bei der österreichischen Erstaufführung von Jelineks *Wut,* Raum und Schauspielende auf eigenwillige Weise zu inszenieren, um in nicht ganz zwei Stunden den sprach- und inhaltlich gewaltigen Text von Elfriede Jelinek auf die Bühne zu bringen. Ob die unterschiedlichsten Reaktionen des Publikums dem Text der Nobelpreisträgerin oder der Bild- wie Wortvehemenz auf der Bühne zuzuschreiben sind, bleibt offen. Der geteilte Bühnenraum spiegelt die Verfasstheit der Zuschauer_innen wider, sie sind teilweise involviert, auf jeden Fall polarisiert.

3. Schluss

Wie sich in unserem Dialog einer Theaterwissenschafterin und einer Philosophin (der eingangs als fünfte Ebene einer Beschäftigung mit dem Thema ›Wut‹ benannt worden war) zeigt, ist das Thema ›Wut‹ ein weit anregendes Diskussionsfeld, das über die Paarbildung von Wut versus Zorn hinausreicht. Schon die Differenz zwischen der Inszenierung in Klagenfurt (unsere vierte Ebene) des Theatertextes *Wut* von Elfriede Jelinek und dem Text selbst (dritte Ebene), die wir diskutierten, präsentiert sich in der Bühnenversion anschaulich: Der Bühnenraum wird adaptiert, der Publikums- und Szeneraum miteinander verschmolzen. Die intermediale Inszenierung (zweite Ebene) spielt eine bedeutsame wie doppelte Rolle: Mittels Videokamera werden Bilder reproduziert, produziert und projiziert. Durch dieses Spiel mit mehreren medialen Ebenen werden die Bilder aber aus ihrer ›Einfrierung‹ gelöst und damit als inszenierte Bilder sichtbar gemacht. Jelinek thematisiert schließlich nicht nur die Wut der Terroristen (erste Ebene), sondern die eigene Wut und Wut als ein kulturelles Phänomen. Auf eine subtile grausame Art und Weise fließen hier fremde und eigene Wut (und Zorn) jenseits des Pittoresken und Exotischen ins Wort und mit voller Wucht auf die Bühne.

Die Kamera auf der Bühne, im Einsatz (Foto: © karlheinzfessl.com)

Literatur

AFFENZELLER, MARGARETE: Die ›Wut‹-Stimmen der Elfriede Jelinek. In: *Der Standard*, 17. April 2016. derstandard.at/2000034947191/Wut-Stimmen-der-Elfriede-Jelinek [11.09.2017]

APPADURAI, ARJUN: *Die Geographie des Zorns*. Frankfurt/M. [Suhrkamp] 2009

ARENDT, HANNAH: 1985 und 1969/70. In: *Macht und Gewalt*. München [Piper]

ARISTOTELES: *Rhetorik*. Übersetzt, mit einer Bibliographie, Erläuterung und einem Nachwort von Franz G. Sievek. II, 2, 1378 a 30-32. München [Wilhelm Fink Verlag] 1995

BEN-ZE'EV, AARON: *Die Logik der Gefühle. Kritik der emotionalen Intelligenz.* Aus dem Englischen von Friedrich Griese, 2. Auflage 2013 (2009). Frankfurt/M. [Suhrkamp] 2013

DIMITROVA, PETJA: Refugee Protest Camp Vienna. Kämpfe – Politiken – Bildproduktionen. Überlegungen zur Politik des Sehens. In: PETER, BIRGIT; GABRIELE C. PFEIFFER (Hrsg.): *Flucht-Migration-Theater. Dokumente und Positionen*. Göttingen [Vienna University Press, Mainz University Press, V&R unipress] 2017, S. 297-307

EMCKE, CAROLIN: *Dankrede*. Deutsche Akademie für Sprache und Dichtung. 2014. https://www.deutscheakademie.de/de/auszeichnungen/johann-heinrich-merck-preis/caroline-emcke/dankrede [25.10.2017]

EMCKE, CAROLIN: *Gegen den Hass*. 6. Auflage. Frankfurt/M. [S. Fischer] 2016

EISENHUT, WERNER: Ianus. In: *Der kleine Pauly. Lexikon der Antike in fünf Bänden*, Band 2. München [dtv] 1979, S. 1311-1314

FELBER, SILKE: Im Namen des Vaters. Herakles' Erbe und Elfriede Jelineks Wut. In: *Jelinek[Jahr]Buch 2016-2017*. Wien [Praesens Verlag] 2017, S. 43-58

HEINRICH, CAMILLA: *Erneuerungsbestrebungen in der Theaterarbeit des Dramatischen Zentrums Wien 1971-1989. Dokumentation und Rekonstruktion der Intention, Gründung, Betätigungsfelder und Entwicklung*. Wien [Dissertation] 2017

HOLERT, TOM: Politik des Sehens. In: *Bildpunkt. Zeitschrift der IG Bildende Kunst* 37, 2015, S. 8-9

JELINEK, ELFRIEDE: Ich funktioniere nur im Beschreiben von Wut. Portrait und Bericht. In: SCHMÖLZER, HILDE (Hrsg.): *Frau sein & schreiben. Österreichische Schriftstellerinnen definieren sich selbst*. Wien [Österreichischer Bundesverlag] 1982, S. 83-90

JELINEK, ELFRIEDE: Nachbemerkung. In: JELINEK, ELFRIEDE (Hrsg.): *Macht nichts. Eine kleine Trilogie des Todes*. Reinbek b. Hamburg [Rowohlt] 2002, S. 85-90

JELINEK, ELFRIEDE: Wut. In: *Zum Theater / Theatertexte (2015-2017)*. www.elfriedejelinek.com [12.09.2017]

LEHMANN, HANS-THIES: *Postdramatisches Theater*. Frankfurt/M. [Verlag der Autoren] 1999

MEISTER, MONIKA: Theater müßte eine Art Verweigerung sein. Zur Dramaturgie Elfriede Jelineks. In: MEISTER, MONIKA (Hrsg.): *Theater denken. Ästhetische Strategien in den szenischen Künsten*. Wien [Sonderzahl] 2009, S. 275-290

MONTAIGNE, MICHEL: Über den Zorn. In: *Essais*. Erste moderne Gesamtübersetzung von Hans Stilett. Frankfurt/M. [Eichborn] 2016

NUSSBAUM, MARTHA: *Zorn und Vergebung*. Plädoyer für eine Kultur der Gelassenheit. Aus dem Englischen von Axel Walter. Darmstadt [Wissenschaftliche Buchgesellschaft] 2017

STEMANN, NICOLAS: Das ist mir sowas von egal! Wie kann man machen sollen, was man will? – Über die Paradoxie, Elfriede Jelineks Theatertexte zu inszenieren. In: *stets das Ihre/Elfriede Jelinek*. Arbeitsbuch. Berlin [Theater der Zeit] 2006, S. 58-67

STIEKELE, ANNETTE: Karin Neuhäuser ist eine ausgezeichnete Theaterfrau. In: *Hamburger Abendblatt*, 3. November 2017. www.abendblatt.de/kultur-live/article212429621/Karin-Neuhaeuser-ist-eine-ausgezeichnete-Theaterfrau.html [4.11.2017]

TRENKLER, THOMAS: Jelineks ›WUT‹ in Klagenfurt: Totentanz mit Kalaschnikows. In: *kurier.at*, 7. Januar 2017. kurier.at/kultur/jelineks-wut-in-klagenfurt-totentanz-mit-kalaschnikows/239.759.453 [12.09.2017]

VOLKER MÄRZ

Fremde Früchte oder:
Der Affe fällt nicht weit vom Stamm

Dies ist ein provokanter Zwischenbericht über meine lebenslange Auseinandersetzung mit Projektionen, Fantasien und Bildern, die wir als Europäer_innen in Bezug auf andere Kulturen, vor allem Afrika, schaffen und beständig einsetzen, um unseren Alltag zu meistern. Ich verwende dafür kleine, von mir geschaffene Figuren von bekannten Kunst- und Kulturschaffenden wie Franz Kafka, Frantz Fanon, Friedrich Nietzsche oder Joseph Beuys um diese Projektionen und Bilder in Bewegung zu versetzen und andere Umgangs- und Blickweisen greifbar werden zu lassen. Sie fungieren als kleine, handhabbare Begleiter, die unseren Blick durch lachende Fenster hinausführen auf das, was uns mit unseren Projektionsfiguren verbindet.

Die Textcollage und die Bilder sind dem Buch *Fremde Früchte* entnommen. Sie vermitteln keine spezielle Blickrichtung, sondern sollen lediglich als Frage aufwerfen, inwieweit unser westliches Zivilisiertsein auf Kosten anderer Menschen geht.

Warum findet beispielsweise keine Identifikation mit einem Kontinent wie Afrika statt? Warum bekommt der europäische Mensch so wenig Informationen aus dem ihm naheliegendsten afrikanischen Universum außer Hunger, Korruption und Krieg? Ist das eine gezielte Propagandamaschine, um unsere kulturelle Überheblichkeit weiter zu schärfen? Zivilisiertsein/Hochkultur bedeutet auf jeden Fall, sich weiter von der Natur zu entfernen, und je weiter sich die Menschheit von ihrer Natur entfernt hat, umso furchterregender wurden ihre kriegerischen Verbrechen.

Diese Collage bietet hierfür keine Antwort. Sie stellt lediglich den Versuch dar, Afrika als Fenster zu nutzen, um einen neuen Blick auf uns Europäer_innen/Amerikaner_innen zu werfen, die seit Jahrhunderten in diesem ›kolonialen Keller‹ wüteten und weiter wüten, um den eigenen Wohlstand zu sichern oder zu erweitern.

Für mich mündet das koloniale Verhalten der diversen europäischen Großmächte, aber auch der etwas kleineren Nationen wie Belgien und die Niederlande nahezu logisch in das Gemetzel der letzten zwei Weltkriege mitsamt der maschinellen Judenvernichtung und mit der Vernichtung all der Anderen, die anders lebten und anders dachten. Der Drang zu Zucht und Ordnung ist bis heute nicht wirklich aufgearbeitet, auch wenn wir unendlich viele Fakten kennen. Warum sich die westlichen Menschen so fraglos in Normopathen verwandelten, die im Gleichschritt an die Front zogen oder sich heute dem Konsum und seiner Abfallproduktion hingeben, bleibt eine offene Frage.

1. Titel

Der Titel *Fremde Früchte* bezieht sich auf das Lied *Strange Fruit*. *Strange Fruit* ist ein Musikstück, das seit dem Auftritt der afroamerikanischen Sängerin Billie Holiday 1939 im *Café Society* in New York weltweit bekannt wurde. Das von Abel Meeropol komponierte und getextete Lied gilt als eine der stärksten künstlerischen Aussagen gegen Lynchmorde in den Südstaaten der USA und als ein früher Ausdruck der US-amerikanischen Bürgerrechtsbewegung. Der Ausdruck *Strange Fruit* hat sich als Symbol für Lynchmorde etabliert. Die im Lied angesprochene *Strange Fruit* ist der Körper eines Schwarzen, der an einem Baum hängt. Der Text gewinnt seine emotionale Schlagkraft vor allem dadurch, dass er das Bild des ländlichen und traditionellen Südens aufgreift und mit der Realität der Lynchjustiz konfrontiert.

> Southern trees bear a strange fruit,
> Blood on the leaves and blood at the root, Black body swinging in the Southern breeze,
> Strange fruit hanging from the poplar trees.
> Pastoral scene of the gallant South,
> The bulging eyes and the twisted mouth, Scent of magnolias sweet and fresh,
> And the sudden smell of burning flesh.
> Here is a fruit for the crows to pluck,

For the rain to gather, for the wind to suck, For the sun to rot, for the tree to drop, Here is a strange and bitter crop.

Ich habe das Lied umgetextet, und die Musikerin Bernadette La Hengst hat dafür eine neue Musik geschrieben: https://vimeo.com/458736938

Einheimische Bäume mit fremder Frucht, Grüne Blätter, Gold schimmert das Gesicht, Schwarze Ernte schaukelt im warmen Wind, Reife Frucht, die im Schlaf sich selber stillt.

Ein malerisches Bild der Hure Hochkultur: Die verschlossenen Augen, das stille Gehirn, Der Duft von Magnolien, ein stummes Herz, dessen Flügelschlag schwingt himmelwärts.

Diese Früchte sind für Krähen zu pflücken,

für Fliegen zu befruchten, für Fische zu besaugen, im Mittelmeer, wo diese fremden Früchte treiben, ... um fremden Früchten den Weg ins Glück zu weisen.

2.   Gerechtigkeit

Zwei algerische Jungen, 13 und 14 Jahre alt, ermorden während des Algerienkriegs ihren europäischen Spielkameraden. Sie geben die Tat zu – das Verbrechen ist rekonstruiert, den Akten sind Fotos beigefügt.

Der 13-Jährige:

»Er war ein guter Kamerad ... eines Tages haben wir beschlossen, ihn zu töten, weil die Europäer alle Araber töten wollen. Wir können ja noch nicht die Großen töten. Aber da er in unserem Alter war, ging es ... zudem kam er einfach mit uns.«
»Aber warum gerade ihn, er war doch euer Spielkamerad?«
»Warum wollen sie uns denn töten? Sein Vater ist Milizsoldat und sagt, dass man uns alle umbringen muß.«
»Aber er hatte dir nicht so etwas gesagt?!«
»Er? Nein.«
»Du weißt, dass er jetzt tot ist?«
»Ja.«
»Was ist der Tod?«
»Das ist, wenn es zu Ende ist und man in den Himmel kommt.«

Der 14-Jährige ergreift das Wort:

»Hast du schon mal einen Europäer in einem Algerischen Gefängnis gesehen? Hat man nur einen einzigen Franzosen verhaftet von all denen, die tausende Algerier gemordet haben?« »Ich weiß nicht«
»Eben, niemand ist verhaftet worden. ... Also habe ich mit meinem Freund beschlossen, einen Europäer zu töten.«
»Warum?«
»Was hätte ich deiner Meinung nach tun sollen?«
»Ich weiß nicht, aber du bist noch ein Kind, und das sind die Angelegenheiten der Erwachsenen ...«
»... die aber auch Kinder töten ...«
»Hatte dein Kamerad dir etwas angetan?«
»Nein.«
»Na also!«
»Was, na also?«

Tatsachenbericht aus Frantz Fanon: *Die Verdammten dieser Erde*

3.   Der Rebell

Es war an einem Novemberabend ...
Und plötzlich durchfuhr Lärm die Stille.
Wir waren aufgesprungen, wir die Sklaven; wir der Mist; wir die Tiere mit den geduldigen Hufen ...

Dann kam der Sturm auf das Herrenhaus.
Man schoss aus Fenstern.
Wir traten die Türen ein.
Das Zimmer des Herren war weit offen. Das Zimmer des Herrn war hell erleuchtet, und der Herr saß da, ganz ruhig ... und die unsrigen blieben stehen ... es war der Herr ... Ich trat ein. Du bist es, sagte er ganz ruhig zu mir ... Ich war es, gerade ich, sagte ich ihm, der gute Sklave, der treue Sklave, der sklavische Sklave, und plötzlich waren seine Augen wie verängstigte Küchenschaben zur Regenzeit ...
Ich schlug zu, das Blut spritzte: das ist die einzige Taufe, an die ich mich heute erinnern kann.
Aime Césaire, *Et les chiens se taisaient*

Das Wort Sklave kommt von dem Wort Slawe. Die Slawen, die im heutigen Osteuropa leben, wurden von Germanenstämmen gefangen genommen und auf den Sklavenmärkten im Römischen Reich angeboten. Es wurden so viele Slawen gefangen und in die Sklaverei verkauft, dass das Wort Slawe mit der Zeit die gleiche Bedeutung bekam wie das lateinische Wort Servus – »Sklave – Diener« – und sich im mittelalterlichen Latein als »Sclavus« findet.

Um das Jahr 1850 hat ein Sklave umgerechnet 25.000 Euro gekostet – heute kann man einen Sklaven schon für 50 Euro bekommen. 2001 hat ein verdeckter Ermittler in der Elfenbeinküste zwei 19-jährige Landarbeiter für 26 Euro gekauft. Bei der Schuldknechtschaft in Indien kann der Kredit, mit dessen Hilfe ein Sklavenhalter verschuldete Arbeiter versklavt, zwischen 10 und 100 Dollar liegen, und die Familien können zu diesem Preis noch mehrere Generationen in Sklaverei verbleiben.

4. Meine Liebe Mama,

es geht mir gut. Das Leben ist nicht sehr kompliziert und es lässt sich nicht viel darüber berichten. (...)
Als Handarbeiter verwenden wir Mauren und einen Sklaven. Dieser Unglückliche ist ein Schwarzer, der vor vier Jahren aus Marrakesch entführt wurde, wo seine Frau und seine Kinder leben. Da die Sklaverei hier geduldet wird, arbeitet er für den Mauren, der ihn gekauft hat, und liefert ihm allwöchentlich seinen Lohn ab. Sobald er verbraucht sein wird ... lässt man ihn sterben; so will es der Brauch (...) Ich würde ihn gern in ein Flugzeug einschmuggeln, das nach Agadir fliegt, aber dann würde man uns alle umbringen.
Saint Exupéry

Kein Mädchen würde sich entschließen, Hure zu werden, rechnete sie allein mit der tarifmäßigen Entlohnung durch ihre Partner. Gewiß, die Liebe der Hure ist käuflich. Nicht aber die Scham ihres Kunden. Die sucht für diese Viertelstunde ein Versteck und findet das genialste: im Gelde. So viele Nuancen der Zahlung wie Nuancen des Liebesspiels, träge und schnelle, heimliche oder brutale. Was ist das? Die schamgerötete Wunde am Körper der Gesellschaft sondert Geld ab und heilt. Sie überzieht sich mit metallnem Schorf.
Die Liebe zur Prostituierten ist die Apotheose der Einfühlung in die Ware.
Walter Benjamin

Bis zu 100.000 nigerianische Frauen arbeiten in Westeuropa in der Zwangsprostitution. Ihre Zahl wird von Frauen aus Osteuropa noch übertroffen, laut Schätzung der UNDP werden jährlich 500.000 Frauen aus Osteuropa und den GUS Staaten Opfer von Menschenhandel. In der Vergangenheit wurden in Deutschland nicht die Täter, sondern die Opfer strafrechtlich verfolgt und als illegale Einwanderer behandelt und abgeschoben.
Kevin Barrells und Berry Cornell, *Moderne Sklaverei*

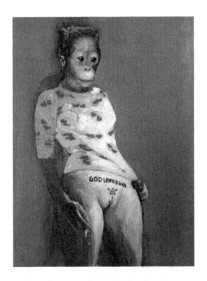

5. Ubuntu

Ubuntu, ausgesprochen [ùbúntú], bezeichnet eine afrikanische Lebensphilosophie, die im alltäglichen Leben aus afrikanischen Überlieferungen heraus praktiziert wird. Das Wort Ubuntu kommt aus den Bantusprachen der Zulu und der Xhosa und bedeutet in etwa »Menschlichkeit«, »Nächstenliebe« und »Gemeinsinn« sowie die Erfahrung und das Bewusstsein, dass man selbst Teil eines Ganzen ist.

Damit wird eine Grundhaltung bezeichnet, die sich vor allem auf wechselseitigen Respekt und Anerkennung, Achtung der Menschenwürde und das Bestreben nach einer harmonischen und friedlichen Gesellschaft stützt, aber auch auf den Glauben an ein »universelles Band des Teilens, das alles Menschliche verbindet«. Die eigene Persönlichkeit und die Gemeinschaft stehen in der Ubuntu-Philosophie in enger Beziehung zueinander.

Ubuntu enthält auch politische und religiös-spirituelle Aspekte, die die Verantwortung des Individuums innerhalb seiner Gemeinschaft betonen. Es gibt Versuche des südafrikanischen Verfassungsgerichts, diesen afrikanischen Kulturwert bei der Auslegung der Grundrechte in der südafrikanischen Verfassung einzubeziehen.

In der ruandischen/burundischen Sprache (Kinyarwanda/Kirundi) bedeutet Ubuntu auch *gratis*.

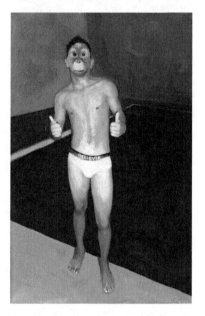

Ein Anthropologe schlug Kindern eines afrikanischen Stammes ein Spiel vor. Er legte einen Korb voller Früchte in die Nähe eines Baums und sagte den Kindern: »Wer zuerst ankommt, gewinnt den Korb.« Als er das sagte, nahmen sie sich alle an die Hand und liefen zusammen hin und aßen gemeinsam ihre Früchte.

Als er sie fragte, warum sie nicht das Rennen einzeln gemacht haben, sagten sie: »UBUNTU, wie könnte einer glücklich sein, wenn alle anderen traurig sind?« »UBUNTU« bedeutet zudem in der Xhosa-Kultur »Ich bin, weil wir sind«.

Fremde Früchte oder: Der Affe fällt nicht weit vom Stamm

6. Aller Anfang ist schwer

Du sagst, bei dir im Schlamm haben immer mehr Menschen freiwillig Affenköpfe.
Freiwillig weiß ich nicht ... aber ja ... Affenköpfe auf Menschenkörpern allüberall.
Sprechen sie unsere Sprache.
Ja, aber nur sehr ungern.
Was tun sie so? Sind sie sehr anders als all ihr Andern im Schlamm.
Natürlich sind sie anders – sie sind natürlicher, direkter, ruhiger, und sie machen sich immerzu über uns affenkopflose Menschen lustig.
Wie machen sie das?
Indem sie uns nachäffen.
Und wie findet ihr das?
Erheiternd und auch ein klein wenig bedrohlich ... Sie fassen uns zudem öfter mal in den Schritt, Männern wie Frauen, das ist ungewohnt, aber durchaus freundlich gemeint ... zudem tanzen sie sehr viel und jagen sich lustvoll gegenseitig durch die Schlammlöcher.
Gibt es auch vernünftige unter ihnen oder sind alle so durchgeknallt.

Durchgeknallt ist das falsche Wort – ich würde eher sagen unvernünftig, aber das ist ja das, was die Affenköpfe ausmacht – sie glauben nicht nur an Moral oder Vernunft und geben auch dem Verstand keine große Chance ... sie trainieren das Miteinander und füllen so die Lücke, die zwischen uns Menschen entstanden ist, die Lücke, die hervorgerufen wurde durch die Erfindung eines einzigen, wahrhaft unfehlbaren Gottes, dem damit verbundenen Auserwähltsein der Gläubigen ... Rassismus, Weltmeisterschaften und Talkshows – also alles in allem durch das Einteilen und Verurteilen mit Hilfe von Gut und Böse ... eine Lücke, die unüberbrückbar schien.

Das verstehe ich nicht ...

Das musst du auch nicht verstehen ... um es einfacher zu sagen: Der Mensch hat sich durch sein sogenanntes Zivilisiertsein, seine sogenannte Hochkultur, so sehr von seiner innersten Natur entfernt, dass er sich dabei nahezu selbst und vor allem vieles Andere ausgelöscht hat ... die Affenköpfe zeigen uns den Weg, wie wir aus diesem Schlamassel wieder herauskommen könnten.

Indem sie euch in den Schritt fassen?

Aller Anfang ist schwer.

Textmontage aus: Volker März: *Fremde Früchte*. Wien [Verlag für Moderne Kunst] 2015

Autorinnen und Autoren

NICO CARPENTIER ist außerordentlicher Professor an der Karls-Universität in Prag und hat eine Teilzeitstelle als assoziierter Professor an der Freien Universität Brüssel (VUB) sowie eine Teilzeitstelle als Senior Researcher an der Universität Uppsala inne. Seine jüngsten Buchpublikationen umfassen *The Discursive-Material Knot: Cyprus in Conflict and Community Media Participation* (2017, Peter Lang, New York); *Cyprus and its Conflicts. Representations, Materialities, and Cultures* (2018, Mitherausgeber, Berghahn, New York/Oxford); *Critical Perspectives on Media, Power and Change* (2018, Mitherausgeber, Routledge, London/New York); *Respublika! Experiments in the Performance of Participation and Democracy* (2019, Herausgeber, NeMe, Zypern); *Communication and Discourse Theory* (2019, Mitherausgeber, Intellect, Bristol/Chicago) und *Communication as the Intersection of the Old and the New* (2019, Mitherausgeber, Bremen, edition lumière).

VAIA DOUDAKI ist Senior Researcher an der Karls-Universität in Prag. Zuvor war sie als assoziierte Professorin an der Universität Uppsala wie auch als Lektorin und Assistenzprofessorin an der Cyprus University of Technology tätig. Ihre Forschungsschwerpunkte beziehen sich auf alternative Medien, Journalismus und Diskurs-Studien. Zu ihren jüngsten Buchpublikationen zählen *Cyprus and its Conflicts. Representations, Materialities, and Cultures* (2018, Mitherausgeberin, Berghahn, New York/Oxford); *Discourses of Legitimation in the News: The Case of the Economic Crisis in Greece* (2020, gemeinsam mit Angeliki Boubouka, Routledge, London/New York).

RICHARD DYER studierte französische Literatur an der Universität St Andrews (Schottland) und promovierte am Centre for Contemporary Cultural Studies in Birmingham. Er unterrichtete Film Studies, hauptsächlich an den Universitäten Keele und Warwick und am King's College London. Hinzu kommen umfassende weitere Lehrtätigkeiten auf nationaler und internationaler Ebene. Zu seinen Büchern zählen *Stars* (1979), *Heavenly Bodies* (1986), *Now You See It: Historical Studies in Lesbian and Gay Film* (1990), *Only Entertainment* (1992), *Brief Encounter* (1993), *The Matter of Images* (1993), *White* (1997), *Seven* (1999), *The Culture of Queers* (2002), *Pastiche* (2007), *Nino Rota: Music, Film and Feeling* (2010), *In the Space of a Song* (2012), *Lethal Repetition: Serial Killing in European Cinema* (2015) und *La dolce vita* (2017). Er ist Fellow der British Academy und erhielt Auszeichnungen von der Society for Cinema and Media Studies, der British Association of Film, Television and Screen Studies und den Universitäten von Bordeaux Montaigne, St Andrews, Turku und Yale.

SIMONE EGGER ist Kulturwissenschaftlerin und seit 2016 als Postdoc-Assistentin an der Alpen-Adria-Universität Klagenfurt. Sie hat Europäische Ethnologie, Ethnologie und Kunstgeschichte an der Ludwig-Maximilians-Universität München studiert. 2008 ist ihre Magisterarbeit zum *Phänomen Wiesntracht* erschienen, 2013 die Dissertation *München wird moderner. Stadt und Atmosphäre in den langen 1960er Jahren*. 2014 hat sie den Band *Heimat. Wie wir unseren Sehnsuchtsort immer wieder neu erfinden* veröffentlicht. Im Rahmen ihrer Habilitation befasst sie sich mit transnationalen Beziehungen in der ersten Hälfte des 20. Jahrhunderts, der Titel lautet *Über Liebe. Über Kosmopolitismus. Über Europa*. Simone Egger ist darüber hinaus in Projekten tätig, die sich an der Schnittstelle von bildender und darstellender Kunst, Stadt(teil-)kultur und Wissenschaft bewegen. Von 2014 bis 2018 war sie an der Konzeption eines Museums zur Alltags- und Industriegeschichte der Marktgemeinde Wattens in Tirol beteiligt, das sie weiterhin berät. Von 2015 bis 2019 war sie Mitglied der Jury für die Vergabe von Fördermitteln im Bereich Freie Szene Tanz für das Kulturreferat der LH München. 2020 kuratiert sie mit Karnik Gregorian und Bülent Kullukcu das Freie Szene Tanz- und Theaterfestival ›Rodeo‹ für das Kulturreferat der LH München.

MARTIN ERIAN arbeitet seit dem Studium der Fächer Germanistik und Geschichte als Lehrer und Fortbildner. Von 2015 bis 2019 war er wissenschaftlicher Mitarbeiter am Institut für Germanistik der Alpen-Adria-Universität Klagenfurt, insbesondere im FWF-Projekt Transdisziplinäre Konstellationen in der österreichischen Literatur, Kunst und Kultur der Zwischenkriegszeit (2014-2018). Publikationen (Auswahl): *Reportage und*

Feuilleton – Antipoden im Gleichschritt? Zur operativen Publizistik Elisabeth Jansteins und Klara Mautners (2017), *Ein österreichischer Zola? Zu Jakob Julius Davids ›Wiener Romanen‹* (2019), *›Endlich unser Vaterland, Sowjetrußland‹. Zu Russland-Diskursen im Feuilleton der Wiener Roten Fahne* (2019), als Herausgeber gemeinsam mit Primus-Heinz Kucher: *Exploration urbaner Räume – Wien 1918-1938. (Alltags)kulturelle, künstlerische und literarische Vermessungen der Stadt in der Zwischenkriegszeit* (2019).

ANGELA FABRIS ist assoziierte Professorin für Romanistische Literaturwissenschaft an der Alpen-Adria-Universität Klagenfurt. Sie studierte italienische und spanische Philologie und Film Studies an der Universität Triest. 2012 habilitierte sie sich mit einer Monografie über die venezianischen Moralischen Wochenschriften des 18. Jahrhunderts (*Tra dialogo e consenso. I giornali veneziani di Gasparo Gozzi sulla scia dello Spectator*. Florenz [Olschki] 2020). Zu ihren Forschungsgebieten gehören die Raumdarstellung in der mittelalterlichen Erzählliteratur (Boccaccio), die jüdische Literatur des 20. Jahrhundert, die Theorie der Mittelmeerliteratur, Filmgeschichte und -genres, Filmnarratologie sowie aktuelle filmische Repräsentationen von Beziehungen zwischen Menschen und künstlicher Intelligenz. Sie ist beteiligt an einem internationalen Forschungsprojekt über das Teatro pregoldoniano (http://www.usc.es/goldoni/), einem internationalen Forschungsprojekt über den spanischen Kurzroman der Barockzeit (http://www.prosabarroca.es/) sowie an einem Forschungsprojekt über die Editierung und Digitalisierung der Briefe des Hofdichters Pietro Metastasio (1698-1782) (http://archivio.epistolariometastasio.it/). Zu ihren jüngsten Buchveröffentlichungen zählen *Charakterbilder. Zur Poetik des literarischen Porträts* (Göttingen [Bonn University Press by V&R unipress] 2012), *Nuevos enfoques sobre la novela corta barroca* (Frankfurt/M. [Peter Lang] 2016), *Science-Fiction-Kultfilme* (Marburg [Schüren] 2016, mit J. Helbig) und *Horror-Kultfilme* (Marburg [Schüren] 2017, mit J. Helbig und A. Rußegger), *Cinerotic. Eroticism in Films and Video Games* (Trier [WVT] 2020, mit J. Helbig.) Sie ist Gründerin und Mitherausgeberin der wissenschaftlichen Reihe ›Alpe Adria e dintorni. Letteratura e cinema di confine‹ (De Gruyter).

EREC GELLAUTZ ist Universitätsassistent im Fachbereich Visuelle Kultur an der Alpen-Adria-Universität Klagenfurt und lehrt dort im Bachelorstudium Medien- und Kommunikationswissenschaft. Er studierte Kunstgeschichte, Germanistik und Philosophie in Köln und Paris. Als kuratorischer

Stipendiat arbeitete er von 2017 bis 2018 am Fotomuseum Winterthur und in der Sammlung Fotografie des Münchner Stadtmuseums, wo er u. a. die Ausstellung *LAND_SCOPE* kokuratierte. Am ZKM | Karlsruhe war er von 2015 bis 2017 wissenschaftlich, kuratorisch und organisatorisch tätig; er konzipierte u. a. die erste Retrospektive zum Werk von Albrecht Kunkel und kuratierte mit Peter Weibel zusammen eine Werkschau von Gerhard Rühm. Seine Forschungsschwerpunkte sind die Kunst der Moderne und Gegenwart, Fotografie, Film, Video und digitale (Bild-)Medien sowie epochenübergreifende medientheoretische Fragestellungen. Seine jüngste Veröffentlichung ist *Anatomisches Kino. Der transgressive Blick in den lebenden Körper bei Mona Hatoum und Yuri Ancarani* (In: FROHNE, URSULA; LILIAN HABERER (Hrsg.): *Display | Dispositiv. Ästhetische Ordnungen*. Paderborn [Wilhelm Fink Verlag] 2019, S. 241-280).

JÖRG HELBIG ist Professor für Englische Literatur und Kultur an der Universität Klagenfurt. Er habilitierte sich an der Freien Universität Berlin mit einer Schrift zur Theorie der Intertextualität. Zu seinen aktuellen Forschungsgebieten gehören Film- und Mediengeschichte, Filmnarratologie, Intertextualität und Intermedialität sowie populäre Kultur der 1960er-Jahre. Jüngste Buchpublikationen: *Quentin Tarantino* (edition text + kritik 2020), *Cinerotic. Eroticism in Films and Video Games* (WVT 2020, mit A. Fabris), *Horror-Kultfilme* (Schüren 2017, mit A. Fabris und A. Rußegger), *Enzyklopädie der Beatlesfilme* (Schüren 2016), *Science-Fiction-Kultfilme* (Schüren 2016, mit A. Fabris), *Digitale Spiele* (Herbert von Halem 2016, mit R. Schallegger), *Visuelle Medien* (Herbert von Halem 2014, mit A. Rußegger und R. Winter).

BRIGITTE HIPFL ist Ao. Professorin i. R. am Institut für Medien- und Kommunikationswissenschaft an der Alpen-Adria-Universität Klagenfurt. Sie studierte Psychologie und Pädagogik an der Universität Graz und habilitierte sich an der Universität Klagenfurt für Medienwissenschaft. Sie war Fulbright-Scholar-in-Residence an der Washburn University in Topeka, Kansas, USA und Maria-Goeppert-Mayer Gastprofessorin für Internationale Frauen- und Geschlechterforschung an der Universität Lüneburg, Deutschland. Ihre Forschungsschwerpunkte umfassen Cultural, Gender und Postcolonial Studies in Medienforschung und Medienpädagogik. Zu ihren jüngeren Publikationen zählen *Messy Europe: Crisis, Race and Nation State in a Postcolonial World* (herausgegeben mit Kristín Loftsdottir und Andrea

L. Smith, New York, Oxford [Berghahn] 2018); *Affect in Media and Communication Studies: Potentials and Assemblages,* in: Media and Communication 2018, 6, 3, S. 5-14; *Exploring Film's Potential for Convivial Civic Culture,* in: Media and Participation in Post-Migrant Societies (ed. Tanja Thomas, Merle-Marie Kruse und Miriam Stehling. Lanham [Rowman & Littlefield] 2019, S. 61-77).

ISABELL KOINIG ist Postdoc.-Assistentin am Institut für Medien- und Kommunikationswissenschaften an der Alpen-Adria-Universität Klagenfurt (Arbeitsbereich Organisationskommunikation und Medienmanagement). Sie studierte Anglistik und Amerikanistik und Publizistik an der Universität Klagenfurt und der University of West Florida/USA. Zudem absolvierte sie Forschungsaufenthalte an der San Diego State University (2014) und der University of Amsterdam (2019). Isabell Koinigs Dissertation widmete sich der Thematik, wie Pharmawerbeanzeigen in vier Ländern (Deutschland, Österreich, den USA und Brasilien) wahrgenommen werden und inwieweit diese Anzeigen RezipientInnen empowern können. Aktuell forscht Isabell Koinig zu den Themen ›eHealth/mHealth‹ und ›Organizational Health‹.

VOLKER MÄRZ (1957 geb. in Mannheim) studierte an der Hochschule der Künste Berlin. Er bezieht in seinem Werk verschiedene Kunstformen ein, u. a. Skulptur, Malerei, Installation, Text, Video oder Performance. Seit 1986 entstanden vielfältige Kunstinstallationen und Performances zu Friedrich Nietzsche, Giordano Bruno, Martin Heidegger, Joseph Beuys, Marquis de Sade, Georges Bataille, Peter Sloterdijk, Franz Kafka, Walter Benjamin und Hannah Arendt. Er verknüpfte dabei die Medien, Skulptur, Malerei, Fotografie, Text, Film und Musik zu raumbezogenen Inszenierungen, die in den letzten Jahren zunehmend provokant politische Bezüge tragen.

INA PAUL-HORN forscht und lehrt als ao. Univ. Prof. an der Fakultät für Interdisziplinäre Forschung und Fortbildung (IFF) der Alpen-Austria-Universität in Klagenfurt, studierte Pädagogik, Soziologie und Philosophie an der Universität Klagenfurt, Philosophie und Kunstgeschichte an der Universität Wien, war Scholarin am Institut für Höhere Studien (IHS) am Department Politikwissenschaft in Wien, habilitierte in Philosophie mit *Bausteine zur Bedeutung der Metaphorologie für die Philosophie* (2003). Forschungsaufenthalte am Warburg Institute in London, an der Sapienza Università in Rom und an der Universität Turin. Die letzten Publikationen (Auswahl): *Aktualität der Metapher. Das Meer, die Metapher und die Sprache.*

Frankfurt/M. [Peter Lang] 2015; ›Vom Meer als Metapher zur Metaphorologie‹, in: FELBER, SILKE; GABRIELE C. PFEIFFER (Hrsg.): *Das Meer im Blick. Betrachtungen der performativen Künste und der Literatur*. Rom [Artemide] 2018, S. 85-98; ›Hannah Arendt revisited. Mögliche Auswege aus der Aporie des Konsums‹, in: PIORKOWSKY, MICHAEL-BURKHARD; KARL KOLLMANN (Hrsg.): *Vergessene und verkannte Vordenker für eine kritische Konsumtheorie*. Wiesbaden [Springer] 2019, S. 133-156.

ALICE PECHRIGGL ist Philosophin und Gruppenpsychoanalytikerin. Nach Studien in Florenz (Facoltà di Scienze Politiche), Wien (Universität Wien, Promotion 1990, Habilitation 1999) und Paris (École des Hautes Études en Sciences Sociales, PhD 1998) bekleidete sie Gastprofessuren in Paris (Université Paris 8 St. Denis, Université Paris 1 Sorbonne) und Wien (Universität Wien). Seit 2003 ist sie Professorin für Philosophie an der Universität Klagenfurt, wo sie seit 2005 Mitglied des AK Visuelle Kultur ist. Sie arbeitet seit den 1990er-Jahren im Bereich der kultur- und sozialwissenschaftlichen Ästhetik zum Begriff des gesellschaftlichen Imaginären (Castoriadis), insbesondere zum politischen Geschlechter- und Körperimaginären zwischen Visuellem und Imaginärem (zuerst *Corps transfigurés. Stratifications de l'imaginaire des sexes/genres*, 2 Bände, Paris 2000) sowie im Bereich der art based research (u. a. *Korporale Performanz*, Bielefeld 2013 gem. mit A. Böhler und Ch. Herzog). Ihre letzte Monografie erschien 2018: *Agieren und Handeln. Studien zu einer philosophisch-psychoanalytischen Handlungstheorie*.

GABRIELE C. PFEIFFER ist Universitätsprofessorin an der KUG (Kunstuniversität Graz), sie lehrte und forschte davor am tfm | Institut für Theater-, Film- und Medienwissenschaft der Universität Wien, studierte Theaterwissenschaft und Philosophie an der Universität Wien. Aus dem Forschungsprojekt theatricalbeing.univie.ac.at (Elise Richter Programm, FWF) ging die Habilitation *Ephemer und leibhaftig* (2018) hervor. Forschungsaufenthalte u. a. an der Sapienza Università Roma, Instytut im. Jerzego Grotowskiego, Wrocław und an der Universität Catania, Lehrtätigkeiten außerhalb von Wien an den Universitäten Leipzig und Mainz (D), Catania/Ragusa (I), Bern (CH) und an der Universität der Künste Berlin (D). Die letzten Publikationen: *Negotiating and Introducing Identities: The ›Écriture Collective‹ of Ariane Mnouchkine, Hélène Cixous and the Théâtre du Soleil*, in: BARSTAD, GURI E.; KAREN S.P. KNUTSEN; ELIN NESJE VESTLI (Hrsg.): *Exploring Identity in Literature and Life Stories. The Elusive Self*. Newcastle/Tyne [Cambride Scholars] 2019,

S. 215-227; FELBER, SILKE; GABRIELE C. PFEIFFER (Hrsg.): *Das Meer im Blick. Betrachtungen der performativen Künste und der Literatur.* Rom [Artemide] 2018, darin ein Beitrag zu ›*Das Meer ist ein Loch.*‹ *Elfriede Jelinek und Die Schweigende Mehrheit,* S. 85-98.

KLAUDIJA SABO ist Postdoc-Assistentin für Visuelle Kultur an der Alpen-Adria-Universität Klagenfurt. Sie studierte Kulturwissenschaften und Kunstgeschichte an der Humboldt Universität zu Berlin, an der Goldsmiths University in London und an der Universität der Darstellenden Künste in Zagreb. Im Jahr 2016 schloss sie ihre Dissertation zu Held*innendarstellungen im südosteuropäischen Raum an der Universität Wien am Institut für Zeitgeschichte im Fachbereich Visuelle Zeit- und Kulturgeschichte ab. Verschiedenste Forschungsaufenthalte führten sie u. a. an die Universität Freiburg im Breisgau am Sonderforschungsbereich 948 ›Helden, Heroisierungen – Heroismen‹, an die Universität Zagreb und die Kunstuniversität Belgrad. Ihre jüngsten Publikationen sind *Ikonen der Nationen. Heldendarstellungen im ›post‹-sozialistischen Kroatien und Serbien* (De Gruyter 2017) und *Sexualität und Widerstand. Internationale Filmkulturen* (Hrsg. mit Aylin Basaran, Julia B. Köhne und Christina Wieder. Wien [Mandelbaum] 2018).

ANNA SCHOBER ist Professorin für Visuelle Kultur an der Alpen-Adria-Universität Klagenfurt. Sie studierte Geschichte, Kunstgeschichte und Politische Theorie in Wien, Frankfurt am Main und Colchester/UK. 2009 habilitierte sie sich an der Universität Wien. Sie absolvierte eine Reihe von internationalen Forschungsaufenthalten u. a. an der Jan van Eyck Academie in Maastricht sowie am Centre for Theoretical Studies in the Humanities and Social Sciences an der University of Essex, Colchester. Jüngere Publikationen (Auswahl) sind *The Cinema Makers. Public Life and the Exhibition of Difference in South-Eastern and Central Europe since the 1960s* (intellect books 2013) und *Particular Faces with Universal Appeal: A Genealogy and Typology of Everybodies,* in: SCHOBER, ANNA (Hrsg.): *Popularisation and Populism in the Visual Arts: Attraction Images* (Arts and Visual Culture Series). London, New York [Routledge] 2019, S. 59-79.

KLAGENFURTER BEITRÄGE ZUR VISUELLEN KULTUR

DIRK HOMMRICH

**Theatrum cerebri.
Studien zur visuellen Kultur der populären Hirnforschung**

Klagenfurter Beiträge zur Visuellen Kultur, 8
2019, 568 S., 46 Abb., 10 Tab., Broschur,
240 x 170 mm, dt.

ISBN (Print)   978-3-86962-434-1
ISBN (E-Book) 978-3-86962-435-8

Durch das Aufkommen und die zunehmende Nutzung von Smartphones mit eingebauter Kamera erfährt der Amateurfilm einen enormen Bedeutungszuwachs. Ausgehend von diesem Phänomen beschäftigt sich dieser Band mit historischen und gegenwärtigen Amateurfilmpraktiken. Das Spektrum der Beiträge ist breit angelegt und reicht von soziologischen, über filmwissenschaftliche, kulturwissenschaftliche und medienpädagogische bis hin zu archivarischen Fragestellungen. Der Band bietet im Themenfeld der Visuellen Kultur zum ersten Mal einen breiten Überblick zu den verschiedenen Bewegtbildpraktiken unter den Bedingungen einer fortschreitenden Digitalisierung. Neben theoretischen Überlegungen zum Amateurfilm und zum Bewegtbild finden sich Aufsätze zu audiovisuellen Darstellungen, zur Produktion und Distribution wie zur Rezeption von Bewegtbildern. Vorgestellt werden diverse Aufnahmegeräte und damit verbundene Praktiken und Ästhetiken – von Super-8- über Video- bis hin zu GoPro-Kameras und Drohnen. In einzelnen Beiträgen wird diskutiert, inwiefern Bewegtbildpraktiken im Kontext einer allgemeinen Tendenz zur gesellschaftlichen Ästhetisierung verstehbar sind.

 HERBERT VON HALEM VERLAG
Schanzenstr. 22 · 51063 Köln
http://www.halem-verlag.de
info@halem-verlag.de